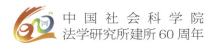
中国社会科学院
法学研究所建所60周年

法学所60年学术精品选萃

丛书主编／李 林 陈 甦

国家高端法治
智库报告

李 忠／主编

Reports of National High-End Rule of
Law Think-Tank

社会科学文献出版社
SOCIAL SCIENCES ACADEMIC PRESS (CHINA)

总　序

"辉煌一甲子，迈进双百年。"这是我在法学所成立 60 周年所庆纪念徽标上写的一句话，意在表达我对法学所 60 年历程的敬意与感激，以及对法学所未来的期待与信心。"辉煌一甲子"，是指法学所建所 60 年来，法学所人孜孜以求法学繁荣，倾力奉献法治事业，作出了学界称道、社会认可的突出贡献，履行了求真务实、守正出新的学术责任，其专业成就以"辉煌"形容恰如其分。"迈进双百年"，是指在新时代实现"两个一百年"奋斗目标的历史征程中，法学所人再整行装，重新出发，尊重法治规律，恪守学术正道，为人民追求法治的美好生活向往而尽学者职责，为社会实现公平正义的法治机制需求而致专业能力，以期再创佳绩、再铸辉煌，其奋发态势以"迈进"摹状差强人意。

60 年，是一个回思过往、细数家珍的好时刻。法学所 60 年来，几代学人在法治理念更新、法学理论创新、法治实践对策、法学教育树人等方面，创举纷呈，佳作迭出，建树卓著，学界共瞩。但每当回顾成就之时，只能有所例举而难以齐全。说到理论创新，常以为例的是，法学所及其专家学者在改革开放初期法治建设重启之时，率先组织人治与法治大讨论，确立法治的正当性与目标性；在社会主义市场经济体制甫一确立，即提出构建社会主义市场经济法律体系的规划性建议；随着我国法治事业的蓬勃发展，又适时率先提出依法治国、建设社会主义法治国家的方略性倡议。说到社会影响，常以为例的是，改革开放以来，法学所学者有 5 人次担任中南海法制讲座主讲人，4 人次担任中央政治局集体学习主讲人；法学所连年获得中国社会科学院优秀对策信息组织奖；法治蓝皮书连年获得皮书系列排名第一。说到人才培养，常以为例的是，改革开放以来，法学所有

7人当选中国社会科学院学部委员、7人当选荣誉学部委员，有74人享受国务院政府特殊津贴，有3人入选国家百千万人才工程，有6人被评为十大青年法学家。当然，这远不是编制只有120人的法学所的全部，而只是法学所60年来各项成就中代表的代表。编辑"法学所60年学术精品选萃"系列，目的在于更全面更系统更有时空感地反映法学所学者的学术贡献。

"法学所60年学术精品选萃"系列持以下编辑原则：以法学所各研究室为编辑主体，个别的以学科为编辑主体，各编一本文集，以集约反映法学所各研究室各学科的重要学术贡献，并呈现法学所科研团队的布局结构及其系统效能。将各室或各学科学者在不同时期不同领域最有创新性或代表性的论文予以精选汇集，以反映每一学者在其专业领域的主要学术贡献；原则上一个学者选一篇论文，如果该学者在不同学科不同时期学术建树较多，亦可多选；各室或各学科学者有人事关系变动的，亦将其在法学所工作期间发表的论文选萃收录。各室或各学科文集中均有"导论"一篇，阐释相关学科沿革及团队变动，特别是不同时期不同领域不同事件中学术创作的社会背景、科研因应、选题意义、论文价值及学术影响，由此，"法学所60年学术精品选萃"系列不仅具有纪念文集属性，而且具有当代法学研究学术史叙述的意涵，从而增进读者的阅读体验并更多地引发其掩卷沉思。

以今天的法学知识体系和科研学术训练形塑的法律人看来，"法学所60年学术精品选萃"系列所选的论文中有一些已经"过时"。诸如，论文选题因时过境迁而发生意义变化，随着社会变迁、体制转型与法治发展，甚至个别选题已无专业价值；有些论文中的观点已经化为常识，甚至还有些许错误或者已被弃用；知识来源不那么丰富，甚至没有引用外文资料；研究方法也过于简陋，甚至看来不那么科学或者讲究；学术上也不那么规范，甚至一篇论文连个脚注都没有。如果脱离选文形成的时空背景，形成这些评议实属自然。但是，如果读者迁移一下阅读参照系，将阅读语境由主体思考所在时空迁移到客体形成所在时空，就会发现平静书桌之上雷鸣电闪。如今看似平常的一段论述、一个建议、一句话语甚或一个概念，在当时或使阅读者眼前一亮，或使聆听者振聋发聩，或使思考者茅塞顿开。那种创新的理论阐释与首倡的对策建议不仅功在当时，其因何得以创新与首倡的缘由、机制、经验与精神亦利在当今。更何况在制度形成范畴，创新与首倡不易，正当其时而又恰如其分的创新与首倡尤为不易。60年来尤其是改革开放以来，法学所的学术前辈如何做到正当其时而又恰如其分的创新与首倡，是我们更为珍贵的历史经验和学术财富。尽管时光不会倒流（其实未必），主体不能穿越（其实也未必），"法学所 60 年学术精品选萃"系列传达的一些经验提炼与价值判断于今依然有益。那就是：见识比知识更重要，智慧比聪明更重要，胆略比勇气更重要，坚持比技能更重要，还有，信念比权衡更重要，境界比本事更重要，等等。如果读者在阅读时能够体会到这些，编辑"法学所 60 年学术精品选萃"系列也就很值了。

　　经过 60 年的变迁，中国的法治环境发生了巨大变化，与此相应，中国的法学境遇也发生了巨大变化，居于其中的法学所亦因之变化。法学所因时在变，那是要顺应历史、伴行时代、因应挑战；法学所有所不变，这是要坚持信念、恪守本分、维护特质。法学所当然是一个机构的存在，作为中国社会科学院下设的一个法学科研机构，要实现"三个定位"目标，即建成马克思主义法学和中国特色社会主义法治理论的坚强阵地、法学基础理论与法治重大现实问题研究的最高学术殿堂、党和国家在民主法治人权领域的高端思想库和智囊团。"法学所 60 年学术精品选萃"系列在相当程度上，可以佐证法学所人为此所作的努力及成效。法学所还是一个学术类群的存在，"法学所 60 年学术精品选萃"系列入选论文的作者们，有的一进法学所就沉浸其中直至退休，有的则入所后工作一段时间又华丽转身投向更为精彩的人生舞台。无论作者们人生规划的演绎场合选在哪里，法学所都深深珍惜那些正在或曾在的人生交集，"法学所 60 年学术精品选萃"系列的编辑正欲为此引发回忆与敬意。法学所还是一个气质润染而致精神聚合的存在，尽管法学所人为法治进步法学繁荣选择的专业领域、努力方式、科研理念以及学术风格各有不同，但其深层气质均内化有"正直精邃"即"心正、行直、学精、思邃"的因子，"法学所 60 年学术精品选萃"系列一定是彰显法学所人精神气质的优模良范。

　　致：所有与法学所有关的人，所有关心支持法学所的人，所有与法学所一起为法治进步法学繁荣努力的人。

陈甦

2018 年 10 月 18 日

于北京市东城区沙滩北街 15 号

目录
Contents

第二部分　人民大会堂法制讲座

第三部分　"百名法学家百场报告会"法制讲座

导　论

　　《国家高端法治智库报告》收录了中南海、人民大会堂及"百名法学家百场报告会"法制讲座的部分讲稿，共18篇。这是一个不同寻常的讲稿文集，它来自全国法学重镇、最高法学殿堂、党和国家的重要法治智库——中国社会科学院法学研究所。

　　法学所是根据党的一大代表、我国社会主义法制奠基人、时任最高人民法院院长董必武1956年在党的八大上提议①、1958年10月正式成立的，是我国唯一的国家级法学研究机构。其设立的宗旨和目的是，开展法学研究，服务法治建设。今年适逢法学所60周年华诞。值此甲子轮回之际，将这些讲稿结集出版，对于重温法学所走过的非凡历程，展示我国法治建设取得的辉煌成就，无疑具有极其重要的意义。

　　根据职责定位，法学所主要承担法学研究、决策咨询、法学教育三大职能。实践中，法学研究的重点是围绕决策咨询展开的，因而决策咨询堪称法学所第一职能。事实上，服务党和国家法治决策，是法学所最重要的工作和最典型特征，也是法学所区别于高校和其他研究机构的最大不同点。

　　60年来，法学所始终把决策咨询摆在极端重要的位置，以满腔的报国

---

　　① 中华人民共和国成立后，董必武多次呼吁组建国家级的法学研究机构。第一次提出此类建议是在1954年5月18日召开的中国共产党第二次全国宣传工作会议上，他说："法学在我国还没有进入科学之门，现在中国科学院有哲学研究所、历史研究所等，还没有法律科学研究所。恐怕今后应当考虑有步骤地设置这一机构。"提出此建议的主要背景：一是我国启动了大规模的社会主义建设，亟须法律保障；二是国家正在制定宪法，需要加强法学研究。1954年10月5日，董必武在向中共中央提交的专题报告中提出：应加紧在中科院设立法学研究机构，建议由中国政治法律学会担负具体筹备责任。在党的八大上，董必武提出："为了进一步加强人民民主法制，党必须注重法制思想教育……同时，我们还必须把法学研究所的机构迅速建立起来。"两年后这一提议直接促成了法学所的成立。

热情、精湛的业务能力、深厚的法学造诣，积极主动服务国家法治建设，取得了可圈可点的成绩。具体说来，法学所主要通过承接交办任务、组织对策研究、提出立法建议、创新法治理念、开展法制讲座等方式来进行决策咨询工作。

作为党和国家的法治智囊，法学所经常承办中央办公厅、中央宣传部、中央政法委、全国人大常委会、外交部等部门委托的课题研究和专项任务。① 比如，遵照中央指示，1979 年 11 月至 1981 年 4 月，法学所派出吴建璠、刘海年、欧阳涛、张绳祖参加"林彪、江青反革命集团"案件起诉书的起草工作，他们提出的"严格划清错误与犯罪的界限"和"关于适用新刑法"的建议，得到中央的采纳；1979 年下半年，王家福、刘海年和李步云应邀参加《中共中央关于坚决保证刑法、刑事诉讼法切实实施的指示》（也称中央 64 号文件）的起草工作，该文件首次提出"社会主义法治"概念，取消地方党委审批案件制度，要求法院依法独立行使审判权，强调加强和改善党的领导，被称为中华人民共和国成立以来关于政法工作"最重要的、最深刻的、最好的文件"；1991 年初受中央委托，中国社会科学院在法学所成立人权研究中心，开展人权理论与对策研究，1997 年以来人权研究中心主办了 20 多次"中国—欧盟司法中的人权保障"研讨会，成功接待了联合国人权事务高级专员，人权理事会人权特别报告员和有关国家主管人权事务的高级官员、国会议员、政党领袖，促进了我国和国际社会的人权对话交流，并创造了我国人权领域的多个"第一"：第一个组团赴美国、加拿大进行人权考察，参与起草中华人民共和国第一个人权状况白皮书，编撰出版我国第一部人权百科全书，第一个接待联合国人权事务高级专员并共同举办研讨会。这些成绩为维护我国国家形象、发展我国人权法治事业作出了突出贡献。

研究工作中，法学所紧紧围绕党和国家工作大局，针对法治建设中的重大理论和实践问题，积极开展对策研究。党的十八届四中全会召开前

① 据中国社会科学院荣誉学部委员、前法学所所长刘海年研究员回忆，法学所成立之初，领导干部在全国范围选择，享有从高校优先挑选毕业生的特权，毕业生进入法学所后，需经过工作考验，一两年后决定去留，因而人员业务精良、素质出众，且人与人之间的关系非常和谐，团结协作成为法学所的优良传统。这些是法学所能够顺利完成中央交办任务的重要原因。

夕，由中国社会科学院学部委员、时任法学所所长的李林研究员领衔的专家团队起草了《全面推进依法治国，加快建设法治中国》的专家建议报告，提出的一些建议被采纳，为《中共中央关于全面推进依法治国若干重大问题的决定》这一中国化的马克思主义法学文献和法治中国建设纲领提供了理论基础和智力支持。李林、田禾研究员主编的《法治蓝皮书：中国法治发展报告》，科学总结了我国法治建设取得的成绩和存在的问题，有针对性地提出了制度完善的建议，是国内外了解中国法治发展、研究年度热点法律问题的重要文献，连续 6 年获得全国优秀皮书一等奖。2006 年 10 月，学部委员梁慧星主持、历时近 20 年完成的《中国民法典草案建议稿附理由》丛书出版，代表了我国民法学研究的最高水平，在学术界和社会上产生广泛重要影响。2015 年 4 月，中央指定中国社会科学院为民法典编纂五家参与单位之一。据统计，2010—2016 年，法学所围绕宪法实施、司法改革、机构改革、刑法修改、死刑复核、社会保障、法治宣传、国家安全、反腐败立法、互联网治理、政府信息公开、食品安全监管、信用体系建设、法治文化建设、生态环境保护、行政审批制度改革、劳动教养制度改革、知识产权发展战略、社会主义核心价值观建设等重大问题，共提交对策建议和研究报告 490 篇，其中数十篇获得中央领导同志批示，法学所也多次获得"中国社会科学院优秀对策信息组织奖"，发挥了重要的"思想库"和"智囊团"作用。

对立法草案提出意见建议，是法学所的一项常规性工作。1959 年，即法学所成立的第二年，法学所就派人参加刑法、刑事诉讼法的起草工作。1978—1979 年，在我国立法工作重整旗鼓之时，法学所选派高西江、王叔文、吴建璠、张仲麟、徐益初、肖贤富等同志参加刑法、刑事诉讼法、全国人民代表大会和地方各级人民代表大会选举法、地方各级人民代表大会和地方各级人民政府组织法、法院组织法、律师法等法律的制定修订工作，在立法工作中发挥了积极作用。1982 年宪法修改时，老所长张友渔担任宪法修改委员会副秘书长，负责秘书处日常工作；王叔文参加宪法修改委员会秘书处工作，起草"公民的基本权利和义务"一章；国家法室（现宪法行政法室）收集了 51 个国家的 62 部宪法和宪法性文件，编辑出版了《宪法分解资料》、《各国宪法结构》等资料，成为宪法修改委员会的"资料室"，为现行宪法的诞生作出了重要贡献。此后，按照中央部署及国家部委要求，法学所参与了 1988 年、1993 年、1999 年、2004 年、2018 年历次宪法修改和大多数法律、法规草案的起草、论证、修改工作。1999 年宪法修改时，王家福、李步云等学者积极推动"依法治国，建设社会主义法治国家"入宪，陈春龙提出把"中国共产党领导的多党合作和政治协商制度将长期存在和发展"载入宪法序言，这些建言得到中央采纳。2004 年宪法修改时，法学所提交《关于修改完善我国宪法的若干意见和建议》，得到时任中共中央总书记胡锦涛同志的批示。2018 年宪法修改时，李林、莫纪宏、李忠、翟国强等向中央及有关方面提交了宪法修改方案和十多份修宪建议，许多建议被采纳。据统计，1997—2016 年，法学所向全国人大常委会、国务院法制办（现已并入司法部）等立法部门提交法律、法规的起草、修改建议达 400 多份，为建立完善社会主义市场经济、推进社会主义民主法治建设、推动中国特色社会主义法律体系如期形成、繁荣发展中国特色社会主义法学理论作出了应有贡献。

创新法治理念是法学所的一大特色。60 年来特别是改革开放以来，法学所开风气之先，率先组织推动有关法律面前人人平等、民主与法制、人治与法治、法的阶级性与社会性、社会主义初级阶段法制建设、宪法修改、法律体系协调发展、市场经济法律体系、人权理论与实践、依法治国建设社会主义法治国家、依法治国与反腐倡廉、依法治国与科学发展观、依法治国与精神文明建设、依法治国与司法体制改革、依法治国与法律体系构建、依法治国与和谐社会建设等重大理论和实践问题研讨，有力推动了我国的法治发展和法学繁荣。1978 年 6 月，法学所召开全国首个法制座谈会，围绕反右运动以来视为禁区的法律面前人人平等、法的继承性、无罪推定等问题展开研讨，这是"文化大革命"结束后我国法学界第一次冲破禁区、解放思想的会议，揭开了我国法学界拨乱反正的序幕，为党的十一届三中全会的召开提供了民主法治思想和理论支持。1980 年初，法学所举办全国第一次人治与法治专题讨论会，为依法治国基本方略的提出作了思想准备。1989 年 1 月 24 日，2 月 16、22、23 日，法学所接连召开"中国法制改革学术研讨会"，群贤毕至，盛况空前，与会专家对许多重大法治理论问题进行了深入研讨，取得了一系列共识，对我国法制改革和法治发展产生了广泛深远影响。1991 年，法学所主持召开第一个全国性人权研讨会，首次提出马克思主义人权概念，并向中央提出相关建议，为我国人权事业发展、应对国际人权斗争作出了积极努力。

而法学所研究人员在中南海、人民大会堂、全国政协、"百名法学家百场报告会"法制讲座或者集体学习讲台上担任主讲人，宣讲法学知识和法治理念，则是最特别、最直接、最有效的决策咨询方式，谱写了法学所履行法治智囊职责的重彩华章。

中南海法制讲座是中央政治局集体学习的重要内容。党的十六大召开前，中央政治局集体学习的名称就是法制讲座，截至 2002 年共举办 17 次。十六大后改称集体学习，除法制外，还广泛涉及经济、政治、文化、社会、生态文明建设和党的建设以及外交、国防、军事等领域，并形成制度长期坚持下来。由于授课对象是党和国家领导人，讲座题目由领导人选定，或由有关部门根据现实需要筛选报批确定，讲座进行中和结束后有面对面互动交流，主讲人的意见建议可能直接转化为法治决策，因而中南海法制讲座被称作咨询性学习，是党和政府科学民主决策的重要体现，对决策形成具有独特辅助作用，为各级领导干部学法树立了榜样，[1] 也向外界传递了我国未来发展动向的重要信号。对于主讲人来说，在中南海大讲堂上的讲解当属法治"隆中对"，是咨政建言的最高形式，是穷尽平生所学、发挥学术影响力的荣耀时刻和个人学术生涯的光辉顶点。截至 2018 年 7 月 24 日，中央政治局共举办 142 次集体学习，其中集体学法 29 次，23 位著名法学专家先后走进中南海为中央政治局主讲法制课。[2] 在 29 次法制讲座中，法学所参加了 10 次；在 23 位主讲人中，法学所有 7 人，约占 30.4%。无论是参加讲座的次数还是人数，在高校和其他研究机构中法学所均独占鳌头。

王家福研究员是法学所第一位走上中南海讲台的主讲人，他分别于 1995 年 1 月 20 日、1996 年 2 月 8 日为中央政治局作了题为《关于社会主义市场经济法律制度建设问题》、《关于依法治国，建设社会主义法治国家的理论和实践问题》的讲座。在第一次讲座中，他把社会主义市场经济界定为以公有制经济为主体、多种所有制经济共同发展的基本经济制度为基

---

① 中南海法制讲座举办后，绝大多数地方党委、不少地方政府和企业进行了类似集体学习的活动，专门邀请曾给中央政治局讲过课的专家授课。

② 23 位主讲人中，王家福、曹建明、郑成思、王利明、卓泽渊、李林均主讲 2 次，其中王家福、郑成思、李林为法学所研究人员。

础，倡导效率、竞争和崇尚公正、共同富裕的社会主义性质的市场经济；明确提出市场经济是法治经济；强调在经济体制转轨时期，为杜绝权力进入市场、发生权钱交易现象，为防止计划经济弊端和市场经济消极面叠加，建立健全社会主义市场经济法律制度具有特别重要的意义，并提出关于社会主义市场经济法律体系的基本构想。这些主张得到了中央领导同志的赞同和重视。在第二次讲座中，王家福提出，依法治国，建设社会主义法治国家，关系到国家的前途和命运，影响着经济的发展和振兴，涉及人民的切身利益和福祉，是建设有中国特色的社会主义伟大事业的根本大计。实现依法治国，建设社会主义法治国家，应当具有完备的社会主义法律体系、健全的民主制度和监督制度、严格的行政执法制度和公正的司法制度、坚强的靠得住的执法队伍、全民崇高的法律意识五项基本条件。为此要更新理论观念，进行立法、执法、司法等具体制度以及领导方式和习惯的改革，加强和改善党的领导。他还建议制定依法治国实施纲要，为推进依法治国基本方略提供制度保障；成立依法治国领导小组，保证党对依法治国基本方略实施的组织领导。这两项极富前瞻性、创造性、战略性的建议，分别在党的十八届四中全会和十九大上被采纳。讲座结束后，江泽民同志发表了重要讲话，将依法治国确认为我国治理国家的基本方略，并对依法治国的重大意义进行了全面深刻阐述。这是社会主义国家这种新型国家形态出现后，第一次提出建设"法治国家"。依法治国基本方略在我国的确立，被誉为"中国民主法治建设的里程碑"。1997 年 9 月，"依法治国，建设社会主义法治国家"写入党的十五大报告，1999 年 3 月写入宪法，在这两个关键历史时刻，王家福都是亲历者和见证人。2002 年 11 月，"依法治国，建设社会主义法治国家"写入党章。饮水思源，党的十八届四中全会在党的历史上第一次专题研讨法治问题，并作出具有重大历史意义的决定，就是王家福的第二次讲座结出的硕果。作为一名法学家，王家福为我国依法治国基本方略的形成作出了不可磨灭的贡献，在中国法学史上留下了浓墨重彩的一页。2008 年，中国法学会首次举办法学研究成果的全国性最高奖项"中国法学优秀成果奖"评选，鉴于王家福 1996 年中南海法制讲座对我国法治事业作出的杰出贡献，在改革开放以来法学界汗牛充栋的研究成果中，中国法学会把唯一的"中国法学优秀成果奖特别贡献奖"授予了王家福。2012 年 9 月 26 日，王家福荣获"全国杰出资深法学家"称号。梁慧星在王家福被评为 2009 年年度十大法治人物的颁奖典礼上所致的颁奖词——"他用 50 年时间做了两件事：提出关于社会主义市场经济法律体系的基本构想；提出建设社会主义法治国家这样一个国家治理的基本模式"，可以说是对这两次法制讲座的最佳注脚。

继王家福之后，吴建璠、郑成思、李林、梁慧星、信春鹰等先后登上了中南海怀仁堂的讲台。

1997 年 5 月 6 日，吴建璠为中央政治局主讲《"一国两制"与香港基本法》，明确提出香港基本法是在香港实行"一国两制"的法律基础。落实"一国两制"方针，必须按照基本法来处理中央和香港特别行政区的关系。这次讲座是在香港回归前夕举办的，为各级领导干部完整、准确理解"一国两制"方针，认真学习并严格按照香港基本法办事起到了表率作用，也表达了我国政府依法治港、维护香港基本法权威的原则性立场和基本态度。

郑成思两次步入中南海怀仁堂，为中央政治局主讲法制讲座。第一次是 2001 年 7 月 11 日，他主讲的题目是《运用法律手段保障和促进信息网络健康发展》。郑成思提出，依法加强信息网络管理已成为许多国家的共识，建议对信息网络立法问题作通盘研究，加强信息网络业行业自律，鼓励通过网络弘扬中华文化，积极参与保障网络安全的国际合作。在信息网络迅猛发展对政府治理和社会管理提出新问题新挑战的情况下举办这次讲座，充分表明党中央、国务院对国家信息网络健康发展的高度重视和实施依法治国基本方略的决心。第二次是 2006 年 5 月 26 日，他主讲的题目是《国际知识产权保护和我国知识产权保护的法律制度建设》。郑成思认为，在国际上知识产权保护不断得以强化、我国建设创新型国家的大背景下，我们应当吸收借鉴各国及国际知识产权保护中的经验做法，一方面利用知识产权制度业已形成的高端保护，来推动国民在高新技术和文化产品领域打开创造创作这个"流"，另一方面积极促成新的知识产权制度的形成，来保护我国目前可能处于优势的传统知识和生物多样化这个"源"，加快我国向知识经济与和谐社会发展的进程。这次讲座表明党和国家领导人对知识产权的充分尊重和对知识产权法律制度建设的高度重视。

李林也是两次登上中南海讲台、为中央政治局主讲法制讲座的法学专家。第一次是 2003 年 9 月 29 日，李林研究员、复旦大学林尚立教授为中央政治局主讲《坚持依法治国，建设社会主义政治文明》。李林在讲座中提出，发展社会主义民主政治、建设社会主义政治文明和法治国家是依法治国的目标，依法治国是建设社会主义政治文明的重要内容和根本保障。在改革开放和社会主义现代化建设进程中，必须始终坚持依法治国基本方略，建设社会主义政治文明。2004 年 3 月，"政治文明"写入新修订的宪法之中。第二次是 2018 年 2 月 24 日，李林再进中南海，为中央政治局主讲《我国宪法和推进全面依法治国》。他提出，我国宪法是治国理政的总章程，必须体现党和人民事业的历史进步，必须随着党领导人民建设中国特色社会主义实践的发展而不断发展完善。要加强宪法实施和监督，把国家各项事业和各项工作全面纳入依法治国、依宪治国的轨道。这次讲座是在 2018 年宪法修改之前举办的，为宪法修改提供了重要理论支撑。

2007 年 3 月 23 日，物权法通过仅 7 天，梁慧星研究员、中国人民大学王利明教授为中央政治局主讲《关于制定和实施物权法的若干问题》。梁慧星提出，物权法确认物权平等保护原则，重点针对现实生活中迫切需要规范的问题，统筹协调各种利益关系，切实维护最广大人民的根本利益，促进社会和谐。必须把物权法实施好、落实好。这次讲座对于认真学习和全面实施物权法，起到了积极推动作用。

2007 年 11 月 27 日，信春鹰研究员、中国政法大学徐显明教授为中央政治局主讲《完善中国特色社会主义法律体系和全面落实依法治国基本方略》。信春鹰提出，中国特色社会主义法律体系是全面推进依法治国的制度基础。要坚持科学立法、民主立法，不断完善法律体系，推进国家治理现代化。在现行宪法公布实施 25 周年和提出依法治国，建设社会主义法治国家 10 周年之际举办这次讲座，表明了我们党推进依法治国，建设社会主义法治国家的坚定信念。

人民大会堂法制讲座是由九届全国人大常委会于 1998 年开办的。其开办既有中南海法制讲座的示范效应，也有适应人大立法、监督工作自身需要的原因。1998 年是换届之年，一半以上的全国人大常委会、专门委员会组成人员是新人，需要尽快掌握人民代表大会制度基本理论和相关法律，尽快熟悉人大工作，在人大工作多年的人也需要适应新形势、充实新知识，进一步熟悉法律制度、提高履职能力。因此，九届全国人大常委会委员长会议决定，在每次人大常委会会议结束后，开办法制讲座，请专家、学者为人大常委会组成人员讲授宪法、法律和社会主义民主法制建设理论。随着法治建设深入社会各个领域，法制讲座的内容扩展到法律之外，十届全国人大常委会将法制讲座更名为"专题讲座"。截至 2018 年 6 月 25 日，全国人大常委会共举办法制讲座和专题讲座 126 次。法学所先后有 9 位研究人员步入人民大会堂，担任全国人大常委会法制讲座主讲人。他们是：李步云（1998 年）、王家福（1998 年）、刘瀚（1999 年）、梁慧星（1999 年）、郑成思（2001 年）、王晓晔（2002 年）、信春鹰（2004 年）、李林（2014 年）、孙宪忠（2016 年）。讲座题目涉及依法治国、社会主义市场经济法律制度建设、法学理论、民事法律制度、知识产权法律制度、反垄断法律制度、依法治国与推进国家治理现代化、民法典编纂等。他们的讲解，对于人大常委会组成人员熟悉法律和人大工作，进一步履行好宪法和法律赋予的职责，提高法律审议质量，起到了积极作用。

根据中央宣传部、中央政法委、司法部和中国法学会的统一部署，从 2006 年开始，用 3 年时间，在全国举行"百名法学家百场报告会"法治宣传活动，主要对象是广大党政干部、政法干警、大中型企业经营管理人员和在校大学生等。法学所有十多位研究人员参加了"双百"法治宣传活动。本书收录了陈甦、莫纪宏、翟国强在这些活动中的讲稿，他们围绕法制建设与完善社会主义市场经济体制、坚持依法治国和以德治国相结合、学习宪法及修正案等问题，进行了深入浅出的宣讲，提升了听众对法律的认知、信仰和遵从，推动了社会主义法治理念在全社会的建立，有力服务了地方经济社会发展。

本书讲稿的作者是法学界的一批知名人物：王家福、吴建璠、刘瀚、李步云、梁慧星、郑成思、李林、陈甦、孙宪忠、王晓晔、莫纪宏、翟国强。这是一幅法学所在 60 年间不同时期的杰出代表的群英谱。其中有建所之初加盟法学所的王家福、吴建璠等中华人民共和国培养的第一代法学家，有改革开放初期成长起来的梁慧星、郑成思、李林、陈甦、孙宪忠等第二代法学家，有 20 世纪 90 年代在法学界崭露头角、如今声名显赫的莫纪宏、翟国强等第三代法学家。他们全都是教授、研究员，其中博士生导师 12 名，学部委员 6 名，荣誉学部委员 2 名，"全国十大杰出青年法学家" 4 名，"全国杰出资深法学家" 2 名。王家福被誉为民法通则奠基人、"中国法学界的一面旗帜"；刘瀚被誉为中国法政治学的奠基人；郑成思被誉为知识产权法领域的拓荒者、"中国知识产权第一人"、"知识产权界第一小提琴手"，是改革开放后第一位法学研究生、第一位法学留学生、第一位法学"海归"；孙宪忠是中华人民共和国第一批民法学博士；莫纪宏是国际宪法学协会终身荣誉主席、执委会副主席。他们的研究成果或引领学术研究，或填补国内空白，或惠及法治建设，他们是名副其实的法学大家，共同打造了法学所法治智囊"国家队"这面金字招牌。

他们为什么能够步入党和国家最高议事殿堂，担纲法制讲座主讲人？在我看来，主要是因为他们身上充分具备法学家的优良品质。

一是家国情怀。法学所所在地北京大学地质馆旧址曾是五四运动策源地。这些法学大家传承了五四运动忧国忧民、以身许国的爱国主义精神，无论境遇起落、事业顺逆，都能以平常心对待，始终将研究重点放在关系国家前途命运的重大问题上，与国家需要同频共振。20世纪80年代，郑成思应邀出国讲学时，曾被美国、澳大利亚等国的名牌大学热切挽留，甚至开出"可举家迁居国外"的"优厚条件"，他均婉言谢绝。在为中南海第二次法制讲座作准备时，他正与病魔斗争，癌痛彻身，竟夜难眠。法学所领导与他商量，如果身体不行，可婉拒本次任务，但他坚持为讲座作学术和体力准备。郑成思弥留之际，反复说道：若上天眷顾，允我多活三五年，可为国家再多培养一些急需人才。李林深切认识到普及法律常识、传播法治精神对于国家法治建设的极端重要性，为履行"一个知识分子的社会责任"，在担任所领导职务、事务性工作占据大部分时间的情况下，仍然四处宣讲，从田间地头、工厂学校到省市机关的会议室，到中央政治局集体学习的讲台。王家福曾这样谈起做学问的态度："一名学者的研究和工作，应当始终与祖国、人民和时代共进，以满腔的历史责任感，用自己的学术成果，为国家的经济发展和社会进步尽绵薄之力。"

二是远见卓识。这些法学大家似乎都有一种智勇兼具的学者禀赋，就是在法治建设前景还不明朗，或是争议较大的时候，他们总是能做到不畏浮云遮望眼，众人皆醉我独醒，准确洞察和把握法治发展的趋向。正因如此，他们成为法学界的引路人和先行者。在改革开放初期的"民法经济法大论战"中，在舆论一边倒、于其不利的情况下，王家福坚称民法以平等主体之间的法律关系作为基础，是调整我国社会经济关系的基本法，这一观点最终为《民法通则》采纳，成为日后我国社会主义市场经济体制的立法基础。他最先提出制定民法典，认为民法是市场经济的基础，市场经济要靠一整套法律制度保障才能健康有序运行。在 20 世纪 80 年代初国人尚不知知识产权为何物时，郑成思就提出知识产权立国的主张，2002 年闻知日本启动知识产权国家战略后，他立即组织有关人员进行研讨，向中央提出制定国家知识产权战略的建议，促成了国家知识产权战略制定工作领导小组的建立。刘瀚 20 世纪 80 年代就意识到，在我国，法律问题不仅是法学问题，而且是政治学问题；只有把法学与政治学有机结合起来，综合运用两个学科的研究力量、研究方法和研究成果，才能有效解决我国的法律问题。2003 年他在《中国社会科学》上发表《法学中的政治学问题》，正式提出建立法政治学的倡议，成为我国当之无愧的法政治学奠基人。

三是关注现实。这是法学所的优良传统。据王家福回忆，1959 年到法学所工作时，张友渔、周新民、韩幽桐等前辈就教导他围绕党和国家中心工作，从我国实践出发、从人民需要出发从事研究工作。王家福也是这样做的，他很早就注意到征地拆迁中的公权力滥用问题。物权法专门规定征收征用制度，很大程度上反映了王家福的思想。刘瀚很重视田野调查，他认为，法理学是抽象与具体的结合、理性与现实的统一，中国法理学的生命力在于用法学理论来解释、回应和服务于中国现实，在于法理学对中国国情的感悟和适应。梁慧星的研究并不只是关注书本，他始终保持对社会生活中重大法律问题、法律事件的关注，并作出及时回应，还特别注重对社会公正的关注，研究在改革开放中如何保障农民、工人的利益。

四是勤勉敬业。这是这些法学大家的共同特点。郑成思没有上过一天外语强化班或培训班，却出版了 5 部英文专著，在国际学术刊物上发表数十篇英文论文，并在国际会议上用流利的英文发言，靠的就是自学。他常和学生说的一句话是："我没有天赋，也不是天才，我下的是死劲。"据同事讲，梁慧星做饭的时候，经常是一手拿铲子，一手拿书，许多时候饭菜煳在锅里。李林即便是当选学部委员后，也每天坚持工作 10 个小时以上，如果因为开会、处理其他事情耽搁了工作，也要利用晚上时间补回来。可以看出，他们之所以能够走上中南海、人民大会堂的讲台，全是年复一年潜心研究、厚积薄发的结果。

五是敢于创新。勤于思考、敢为天下先，是这些法学大家身上的显著标志。李步云被称为"敢开第一腔的法学家"。1978 年 12 月 6 日，他在

《人民日报》上发表《坚持公民在法律上一律平等》，被公认为法学界突破思想理论禁区的第一篇文章，成为法学界思想解放的标志之一；1979 年 9 月发表论文《论以法治国》，第一次明确提出我国要实行以法治国的方针；1979 年 10 月 30 日在《人民日报》上发表《论我国罪犯的法律地位》，最早提出罪犯也是公民、享有公民权利的观点。郑成思是世界上第一个提出"信息产权"理论的人，为知识产权事业发展作出了开创性贡献。莫纪宏是我国第一个提出依宪治国的人，他的观点充实了依法治国的内涵，得到了社会各界广泛认可。

六是品格高尚。在生活中，这些法学大家却是一个个普通得不能再普通的"平凡人"。郑成思出国前甚至没有一件像样的西服，到国家大部委开会也是坐地铁。梁慧星喜欢和学生们切磋专业、纵论古今，还喜欢同大家一道做广播体操。刘瀚担任过法学所党委书记、副所长，却慈眉善目，宽容大度，平易近人，一点也没有"领导"的架子。他们信仰法治、崇信真理、乐于奉献、宽厚沉稳、简约务实、讲究规范、恪守本分的品格，赢得了世人的尊敬和尊重，成为法学所、国际法所科研人员的标杆和榜样，塑造了两所独特的品质和风格。

讲座文稿是这些法学大家奉献给我们的大礼。它们是珍贵的法治建设的历史片段，是我国法治大厦的一张张图纸，研读这些文稿，可以知道我们是如何走过来的，现在处在什么方位，未来路在何方；它们是我国法治建设的一个个路标，有的甚至是里程碑，研读这些文稿，可以理解我国法治建设走过的不平凡历程；它们全面、准确、权威地介绍了我国法律制度，是了解中国法律的微缩百科全书，研读这些文稿，可以知悉我国法律制度的来龙去脉，领略这些法学大家的学术风采。

今年是改革开放 40 周年。站在新的历史起点上，承续前人开创的法治事业，把自己的命运与国家的命运紧紧联系在一起，投身国家法治建设，打造国家顶级法治智库，创造法学所新的荣光，是吾辈学人不可推卸的职责。

李忠

第一部分　中南海法制讲座

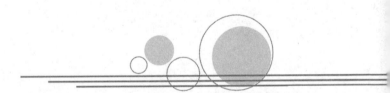

关于社会主义市场经济法律制度建设问题

（十四届中央政治局第二次法制讲座，
1995 年 1 月 20 日）

王家福

【内容提要】 建立社会主义市场经济法律制度，不仅是市场经济客观规律的内在要求，也是国家社会稳定、政治稳定的客观需要。社会主义市场经济法律制度主要包括确认市场主体资格、充分尊重和保护财产权、维护合同自由、国家对市场的适度干预、完善的社会保障五项基本制度。建立社会主义市场经济法律制度，必须确立财产所有权一体保护、合同自由、自己责任、公平竞争、经济民主、诚实信用、保护弱者、维护社会正义、违法行为法定、适当合理地兼顾国家集体个人利益和不同地区利益十项原则，并从中国实际出发，大胆借鉴和吸收市场经济发达国家和地区的成功经验，承认并正确区分公法和私法，区分作为公权者的国家与作为所有者的国家，摒弃与社会主义市场经济不相适应的国有企业财产权的旧理论，坚持市场经济法制的统一。为此，要完善民商法、经济法、社会法、行政法、刑法、诉讼法六个法律部门的法律，健全社会主义市场经济法律的实施制度。

【主讲人简介】 王家福，男，1931 年 2 月生，四川南充人。1959 年 8 月获苏联列宁格勒大学法学副博士学位，1991 年 9 月被日本立命馆大学授予名誉法学博士学位。中国社会科学院学部委员，法学研究所终身研究员、博士生导师，中国法学会民法学研究会名誉会长，全国总工会法律顾问、北京市人大常委会法制顾问、中国国际经济贸易仲裁委员会顾问。曾任中国社会科学院法学研究所所长，八届全国人大法律委员会委员，九届全国人大常委会委员，国务院学位委员会法学评审组成员，中国法学会副会长、中国民法经济法研究会会长、中国国际经济贸易仲裁委员会副主任、中国海事仲裁委员会顾问。2012 年 9 月 26 日，荣膺"全国杰出资深法学家"称号。

一　建立社会主义市场经济法律制度是一场深刻的法制改革

中国在邓小平理论的指导下，经过 13 年以市场为取向的成功改革，于 1992 年正式向全世界宣告实行社会主义市场经济。这不仅是理论上的一次大突破，社会主义事业的一次大飞跃，而且是体制上的一次根本性改革。它摒弃了那种经过实践证明容易导致社会主义事业萎缩甚至失败的旧模式，找到了一条使中国 960 万平方公里上所进行的社会主义事业能够逐步走向繁荣昌盛的正确的科学的道路。

什么是社会主义市场经济？社会主义市场经济是以先进技术武装起来的社会化、集约化、国际化、大生产的现代化市场经济，是以公有制为主体、多种所有制经济共同发展，倡导效率、竞争，崇尚公正、共同富裕的社会主义性质的市场经济。社会主义市场经济也是严格按照体现人民意志，反映社会主义市场经济规律的法律运作的法治经济，绝非有的人所想象的那样，是什么无法无天的经济、为所欲为的经济、坑蒙拐骗的经济、唯利是图的经济、权钱交易的经济。社会主义市场经济与其他市场经济一样，必须有与之相适应的法律加以规范、引导、制约和保障。没有规矩，不成方圆。资本主义市场经济的建立与发展，是同以 1804 年拿破仑民法典的制定为标志的资本主义市场经济法律制度的建立与完善紧密相连的，中国社会主义市场经济的建立与发展，也必须是与社会主义市场经济法律制度的建立与健全密切相关的。建立社会主义市场经济法律制度，这不仅是市场经济客观规律的内在要求，也是国家社会稳定、政治稳定的客观需要，是我国社会主义市场经济与国际市场、国际经济相通的客观需要。特别是在经济体制转轨处于关键时刻的今天，为了堵塞不法之徒可以利用的法律漏洞，杜绝权力进入市场、权钱交易现象滋生，防止计划经济的弊端和市场经济的消极面结合起来成为一种落后经济的可能性产生，使社会主义市场经济健康有序地发展，建立社会主义市场经济法律制度，则更具紧迫性和必要性。如果说历史上没有发达的资本主义市场经济法律制度，就不可能有今天发达的资本主义市场经济的存在，那么在 20 世纪 90 年代没有健全的社会主义市场法律制度的建立，也就不可能有繁荣、健康的社会主义市场经济的出现。社会主义市场经济法律制度和资本主义市场经济法律制度，在反映市场经济共同规律的一般规则、具体制度上基本是相同或大同小异的。可是，就其性质而言，二者则有本质的区别：前者是由人民当家作主的社会主义国家制定的，后者是由资本主义国家制定的；前者体现的是人民的意志，后者体现的主要是资产阶级的意志；前者是以公有制经济为主体为基础，后者是以私有制经济为基础；前者追求共同富裕目标，后者则归根到底保护少数富人的利益。

社会主义市场经济法律制度，不是在一张白纸上自然而然地建立起来的法律制度，而是要在否定或修改、废除行之多年的反映计划经济要求的计划经济法律制度基础上逐步建立起来的法律制度。社会主义市场经济法律制度和社会主义计划经济法律制度都是社会主义性质的法律制度。它们在由人民当家作主的国家制定，坚持以公有制经济为主体，追求共同富裕目标上无疑是相同的，但是在法律体制上则有根本性的区别。这是由社会主义市场经济和社会主义计划经济的内在属性所决定的。因此，建立反映社会主义市场经济规律要求的社会主义市场经济法律制度，是一场深刻的法制改革。

社会主义市场经济法律制度必须抛弃社会主义计划经济法律制度的适应计划经济需要的由国家直接管理经济的旧法制基础，而建立适应社会主义市场需要的新的法制基础。社会主义市场经济法律制度的新的法制基础，主要包括以下五个基本制度。

1. 确认市场主体资格制度

社会主义市场过程发生的首要条件，是存在市场参加者。这些在市场过程中追求自己利益的经济参加者，构成市场经济活动的法律主体。市场法律主体须符合以下要件：（1）他们是相互独立的人；（2）他们在法律地位上完全平等；（3）他们有完全的行为能力，能够从事法律行为；（4）他们有完全的责任能力，能够对自己行为的结果承担责任。符合这些条件的自然人或法人，没有行政依附，不存在因所有制不同而产生的身份差别，均可以真正独立、平等的市场主体身份进入市场，参加同他人的竞争。这与计划经济法律制度排斥市场，否定市场主体，禁止竞争是大相径庭的。

2. **充分尊重和保护财产权制度**

社会主义市场不仅要有参加者，而且须有财产才能发生。这里所说的财产不是指社会公共财产，而是指市场参加者自己的财产。因此，社会主义市场经济法律制度的法制基础当然应包括充分尊重和保护市场主体财产权的法律制度。这与计划经济法律制度条件下，只讲所有制，而对法人、自然人的财产权的尊重和保护不够不一样。

3. **维护合同自由制度**

市场活动参加者既然是彼此相互独立、法律地位平等的自然人或法人，任何人均不能将自己的意志强加于他人，以迫使他人接受自己的交易条件，因此他们之间的关系唯有采取合同形式。合同法律制度构成市场经济最主要的法制基础。这与计划经济法律制度否定合同自由是不相同的。

4. **国家对市场的适度干预制度**

在社会主义市场经济中必须有国家的适度干预。即使是历史上竭力鼓吹自由放任主义的经济学家，也认为政府应承担维护市场公正与秩序的职能，单凭市场自发的机制不可能保障市场秩序。因此，社会主义市场经济要求适度的国家干预和设置宏观调控的基本制度，以防止市场经济的自发性可能导致的滥用合同自由和各种违法行为。这同计划经济法律制度国家全面直接管理经济相差甚远。

5. **完善的社会保障制度**

市场本身意味着优胜劣汰，可以说市场竞争是激烈的。对于那些竞争中的失败者尤其是失业的劳动者，以及不具有竞争能力的老人、儿童和残疾者，应由社会提供相应的物质保障。在没有社会保障的条件下提倡进入市场、公平竞争，不符合现代市场经济要求，不利于维护社会的安定。这与计划经济法律制度下国家包揽一切、社会保障尚付阙如的状况根本不同。

社会主义市场经济法律制度的建立，并非仅仅对过去的法律制度的修补，而是法律体制上的一场深刻改革。它把社会主义与市场经济结合起来，加以法制化，在世界上建立起第一个社会主义市场经济法律制度，具有划时代的意义。目前我国正在加快进行宏大的立法工作，已取得了很大成就。只要我们在九届全国人大任期内初步形成适应社会主义市场经济的法律体系，就一定能够为我国社会主义市场经济的发展开辟广阔的道路。

二 确立新的社会主义市场经济法律制度的基本原则和社会主义市场经济的法律秩序

（一）社会主义市场经济法律制度的基本原则

为了建立和维护社会主义市场经济公正自由的法律秩序，就必须确立社会主义市场经济法律制度应当贯彻的、与计划经济法律制度迥异的新的基本原则。这些基本原则归纳起来，有以下十种。

（1）财产所有权一体保护原则。商品交换的基础是财产所有权，因此在社会主义市场经济条件下财产所有权的保护具有十分重要的意义。我国在原有计划经济体制下，由于实行单一的所有制，在法律制度上强调对国有财产的特殊保护原则。这种对某种所有制的财产特殊保护的原则已经不适应市场经济条件下多种所有制结构及市场主体法律地位平等的要求。因此，社会主义市场经济法律制度应贯彻对一切合法财产所有权一体保护的原则。

（2）合同自由原则。合同自由原则是市场经济的基本原则。没有合同自由原则也就没有市场经济。我国在旧体制下不承认合同自由，改革开放以来虽然承认当事人享有一定的合同自由，但实际生活中当事人的合同自由受到过多限制和干预。社会主义市场经济法律制度应当充分尊重和保护当事人的合同自由，非出于重大的正当事由不得加以限制和干预。

（3）自己责任原则。所谓自己责任原则，即市场主体对自己行为的后果负责。这一原则在一般违法行为的情形，表现为过失责任原则。在某些法定的特殊违法行为情形，则实行无过失责任原则。自己责任原则，与计划经济法律制度下的国有企业对自己的行为全然不负责任完全不同。

（4）公平竞争原则。公平竞争既是市场经济法律制度追求的目的之一，也是一项基本原则。在市场经济条件下，所谓公平不是指结果的公平，而是指一切竞争者应处于平等的法律地位，服从同一法律规则，并坚决制裁不公平竞争行为。

（5）经济民主原则。经济民主是政治民主在经济生活中的延伸。正如政治民主的对立面是独裁、专制，经济民主的对立面是垄断和独占。要实行经济民主，就应当坚持反对垄断和独占，并确保职工参与民主管理。

（6）诚实信用原则。诚实信用是市场经济活动的道德标准。在现代市场经济条件下，诚实信用已成为一切市场参加者所应遵循的基本原则。它要求市场参加者的行为必须符合于诚信的道德标准和法律原则，在不损害其他竞争者、不损害社会公益和市场道德秩序的前提下，去追求自己的利益。市场经济法律制度坚决禁止造假、欺诈、操纵市场，以谋取暴利。违反诚实信用原则，即构成违法行为。

（7）保护弱者的原则。在现代市场经济条件下，一方面是现代化的大公司、大企业，它们拥有强大的经济实力，在市场活动中居于优势地位；另一方面是广大消费者、劳动者，他们以分散的个体出现，经济实力微弱，在市场活动中最容易受到伤害，成为牺牲者。这就要求市场经济法律制度体现保护弱者的原则，要求国家从立法、行政、司法、教育等各方面担负起保护消费者和劳动者的责任。保护弱者的原则在社会主义市场经济条件下尤其具有重大意义。

（8）维护社会正义的原则。市场活动本身是一个潜伏着各种风险的领域，总是会有损失、失败和破产。参加市场，就应承担市场风险。在市场活动中，参加者会滋生一种作伪、欺骗、违约和规避法律的倾向。因此，社会主义市场经济法律制度，应致力于维护社会正义，维护市场道德秩序。不应容许任何制售假冒伪劣产品和坑蒙拐骗、巧取豪夺、恃强凌弱、寡廉鲜耻、为富不仁行为的存在。

（9）违法行为法定原则。市场经济法律制度应体现违法行为法定原则。凡一切违法行为和犯罪行为，均应由法律作出明示禁止规定。法律未明示禁止的行为，应当视为合法行为，行为人应不受制裁。法律法规中不得授予执法机关对法律未明示禁止的行为追究民事责任、行政责任和刑事责任的裁量权。因情事发生变更，对法律未明示禁止的某种行为欲加禁止时，须由立法机关修改或由有立法权的机关发布补充性规定，此种修改或补充性规定不得有溯及力。

（10）适当合理地兼顾国家、集体、个人利益，兼顾不同地区利益的原则。

以上这些基本原则也是社会主义计划经济法律制度过去所没有的。

（二）社会主义市场经济法律秩序的本质特征

社会主义市场经济与一切经济一样，必须有适应自己需要的法律秩序。为了防止市场经济的自发和消极的作用，促进和保障社会主义市场经济健康有序地发展，就必须造就新的社会主义市场经济法律秩序。这就是法学者所说的公正自由的竞争法律秩序。新的社会主义市场经济法律秩序，与计划经济条件下"计划就是法律"、"保障国家计划完成，就是维护计划经济法律秩序"的法律制度，是根本不同的。它具有以下本质特征。

（1）市场的统一性。社会主义市场经济法律制度应当致力于维护全国统一的大市场。因为只有全国统一的市场，才能有健康发展的市场经济秩序。要维护全国市场的统一性，首先要求全国市场经济活动遵循统一的法律、法规。我国现时的市场状况尚不符合统一性要求。各地区有各地区的市场，其间有许多人为设置的壁垒和障碍，存在各种保护性措施和优惠措施。这种全国市场在一定程度上被人为肢解分割的状态是多种原因造成的。但不论何种原因，时至今日，不应再容许其继续存在。

（2）市场的自由性。所谓市场的自由性，其表现是市场主体享有充分的合同自由。目前的状况是，市场参加者尤其是国有企业受到两方面的束缚和限制。一方面是企业主管机关基于隶属关系加于企业的束缚和限制。现在进行的建立现代企业制度、转换企业机制，将国有企业推向市场，如果不彻底改革原有的行政隶属关系是难以真正做好的。根本解决问题的办法就是废除这种行政隶属关系，实行政企分开，使国有企业获得完全解脱，成为真正独立自主的市场主体，即实现从身份（行政隶属关系）到契约的进步。另一方面的束缚和限制来自拥有对市场经济职能性管理权限的国家机关。这方面的束缚和限制当然不但不能取消，而且还需加强。但应当保持在与国家适度干预相符的程度上。国家的必要管理要通过制定市场经济管理法律使其法制化和科学化。

（3）市场的公正性。即一切市场主体，无论自然人或法人，无论大企业或小企业，无论其所有制性质，均以平等的资格，在平等的基础上进行相互竞争。市场经济法律制度应致力于维护这种公正性。要达到这一点，应当做到：①法律制度同一，即一切市场参加者，在市场经济中应遵守同样的法律法规。不容许有同一行为因行为者或行为地不同而服从于不同法律规则的情况存在。②经济机会均等，市场对一切市场参加者开放，法律不限制某一类主体进入市场，不对某一类主体实行优惠。它们在登记设立、取得场地使用权、领取证照、购买原材料、获得信贷资金等各方面都是平等的。③税负公平，即一切市场主体均应依法纳税及缴纳各种课负，且法律关于税负应设立公平合理的标准，不应因企业类别、所有制不同而畸轻畸重。

（4）市场的竞争性。社会主义市场经济依其本质应是自主竞争的经济，市场参加者享有充分的意思自由，并依据法律相互进行竞争。因此，市场经济法律制度应致力于抑制垄断，维持市场的竞争性。没有竞争性的市场，犹如一潭死水，终究要干涸。在市场经济法律制度中，制止垄断的法律、法规应居于特别重要的地位。

（5）市场从国家、社会整体利益出发的可控性。社会主义市场经济不是自由放任的市场经济，而是根据国家、社会整体利益需要，依法实行适度调控的市场经济。新兴产业的振兴，经济的持续、快速、健康增长，不适当竞争、垄断行为的限制，恶性投机、扰乱市场的防止，经济安全的维护，都需要国家的干预、调控和管理。因此，市场的可控性，就成为社会主义市场经济法律秩序的第五个特征。

以上这五个本质特征均为社会主义计划经济法律秩序所根本不可能具有的。

三 建立社会主义市场经济法律制度应当解决的理论问题

（一）关于大胆借鉴和吸收市场经济发达国家和地区的成功经验和从中国实际出发问题

建立社会主义市场经济法律制度，对我们来说是一个新课题，我们还缺乏这方面的经验。因此，在制定有关市场经济的法律、法规时，必须大胆借鉴和吸收国外成功的立法经验。借鉴和吸收市场经济发达国家和地区的成功立法经验，不仅是人类文明成果的承继，而且是市场经济客观规律的要求。我们所要制定的有关市场经济的法律、法规，本质上是现代市场交易的规则，这些规则背后起作用的是现代市场经济共同的客观规律。由于现代市场经济的基本经济规律是共同的，这就决定了我们在制定有关市场经济的法律法规时，不仅可能而且必须吸收和借鉴国外的立法经验。但是，建立社会主义市场经济法律制度，也非认真从中国实际出发不可。我国实行的市场经济，是以公有制为主体的社会主义市场经济，市场的发展还处于初步的阶段。我国是一个发展中的社会主义大国，经济发展水平、社会发展水平、文化发展水平都还相当低。我国是一个拥有12亿人口、发展极不平衡的大国，维护国家的经济安全具有特别重要的意义。我国又是一个文明古国，有自己的历史传统、文化背景和风俗习惯。因此，制定市场经济法律，借鉴和吸收外国经验时，必须从中国实际出发，认真挑选，择其对中国社会主义市场经济发展最有用、最有效的为我所用。属于一般市场规则的先进法律制度，我们应当坚决移植过来，以使我国社会主义市场经济的基本法律制度极为先进、有效。不能以从中国实际出发为借口把与市场经济相悖的现实固定下来，使改革无法前进。但是，与一国发展水平紧密相关的诸如金融衍生工具、期货交易等法律制度，我们则应该根据发展情况逐步吸纳、试验。因为这样做对我国市场经济健康发展才有利，如若不顾自身能力而操之过急，不仅容易自乱，甚至可能危及经济安全。

（二）区分公法与私法是建立市场经济法律制度的前提

虽然没有哪一个国家的立法明文规定"公法"或"私法"概念，但是现代法以区分公法私法为必要，乃是法律上的共识。公私法的区别，是现代法律秩序的基础，是建立法治国家的前提。在现代国家，一切法律规范，无不属于公法或私法之一方，且因所属不同而其效果不同。关于区分公私法的标准，约有三种学说，其一为利益说，即以规定国家利益者为公法，以规定私人利益者为私法。其二为意思说，即规定权力者与服从者的意思，为公法；规定对等者的意思，为私法。其三为主体说，即公法主体至少有一方为国家或国家授予公权者，私法主体法律地位平等。其中第三说为通说。

我国法学理论由于受苏联理论的影响，在一个相当长的时期，将我国一切法律均视为公法，而否认有私法之存在。这一理论正好符合了权力高度集中的行政经济体制的要求，并成为在这种体制下实行政企合一，运用行政手段管理经济，及否认企业、个人的独立性和利益的法理根据。毫无疑问,这种理论已经不能适应社会主义市场经济的本质和要求。当前强调公私法的区分,具有重大的理论意义和实践意义。

区分公法私法的必要性,在于市场经济本身的性质。在市场经济条件下存在两类性质不同的法律关系。一类是法律地位平等的市场主体之间的关系,另一类是国家凭借公权力对市场进行干预的关系。由此决定了规范这两类关系的法律法规性质上的差异,并进而决定了两类不同性质的诉讼程序和审判机关。对于任何法律法规,若不究明其属于公法或属于私法,就不可能正确了解其内容和意义,不可能正确解释和适用。因此,建立社会主义市场经济法律制度,要求以承认公法与私法的区别并正确划分公法与私法为前提。

(三) 区分作为公权者的国家与作为所有者的国家

在社会主义市场经济条件下,国家并不是无所作为的。相反,国家总是承担着一定的经济职能。在自由放任的市场经济条件下,国家只承担有限的经济职能,而在战后奉行凯恩斯经济政策的市场经济条件下,国家承担了繁重的经济职能。但无论是奉行自由放任还是干预经济政策,国家作为公权者的身份与国家作为财产所有者的身份,是严格区分的。国家在对市场进行管理、维持市场秩序及裁决市场参加者之间的争议时,是以公权者的身份出面,所依据的权力属于公权力(包括立法权、行政权和司法权)。作为财产所有者的国家,法律上称为“国库”,可以直接从事市场经济活动如进行投资、商业活动等,这种情形的国家与其他市场参加者处于平等的法律地位,须同样遵守法律法规。作为财产所有者的国家与作为公权力者的国家之严格区分,是市场经济本质的要求,是市场经济法律秩序的前提条件。

我国旧有法律理论受苏联法律理论的影响,并不区分国家的两种身份,而是强调两种身份的合一。旧理论认为,社会主义国家最突出的特点之一,就在于把全部国家权力同所有人的权力结合起来掌握在自己手中,就在于国家权力同所有人的一切权力密切不可分割的结合。这种理论正是“政企不分”的旧体制本质特征的法理依据。由此决定了社会主义国家承担了庞大的几乎是无所不包的经济职能,国家以公权者和财产所有者的双重身份直接管理经济。这种理论显然违反市场经济的要求。要建立社会主义市场经济法律制度，要求对原来所谓的国家经济职能加以区分，将作为公权者的国家与作为财产所有者的国家严加区分，使国家所承担的经济职能仅限于基于国家公权力对市场经济进行适度干预。国家作为全民所有制财产所有者身份进行的经济活动，不再属于国家经济职能，可以通过将国有企业改组为股份公司或有限责任公司，将财产所有权转化为股权，由国有资产管理机构去行使。这样，将使国家从繁重的经济活动中解脱出来，专注于行使应有的对市场进行职能性管理和宏观调控的经济职能。同时也才能真正实现政府职能的合理化，实现行政体制改革目标。再者，国家是政治组织，不是经济组织，更不是营利性经济组织。因此，恢复国家公权者身份的本来面目，使国家不再是一个超级的无所不管的牟利性经济组织，可以避免和防止以权力谋取私利的腐败现象。

（四） 摒弃与社会主义市场经济不相适应的国有企业财产权的旧理论

我们今天进行经济体制改革和建立社会主义市场经济体制，是经济体制的根本性变革，理所当然地要求坚决摒弃与市场经济不相适应的旧的法律理论。在应当坚决摒弃的旧的法律理论中，首先要摒弃的是关于国有企业财产权的传统理论。按照这一理论，国家对于国有企业财产享有所有权，企业只享有经营权。这一理论是 20 世纪 40 年代由苏联民法学家维尼吉克托夫提出来的，其物质基础是苏联高度集中的行政经济体制，其理论依据是斯大林的经济理论。这一法律理论的根本缺陷在于"政企合一"，使国有企业成为行政机关的附属物，为旧体制下国家直接运用行政手段，指挥和管理经济提供了法理根据。从改革开放一开始，这一法律理论就受到冲击和挑战并日益成为改革开放和发展社会主义市场经济的障碍。只有坚决抛弃国有企业经营权理论，承认国有企业作为企业法人对其财产享有法人所有权，才能真正实现企业体制的改革，使国有企业成为真正的市场主体。目前，我们已经承认国有企业享有企业法人财产权，但仍规定国家对国有企业或国有公司的财产享有所有权。虽然有进步但仍不妥。因为这一规定依然否定了国有企业和国有公司的企业法人资格，实际上承认国家对所有国有企业和国有公司承担无限责任。从法律上讲，我认为正确的表述应当是国有企业或国有公司作为企业法人对其财产享有法人所有权，国家对国有企业或国有公司的股份享有所有权。这样：①国家作为股东通过股份所有权保持对国有企业行使所有者（股东）的权利（包括人事权、决策权、收益权）。②国库得以同国有企业财产严格分开，使国家（股东）只对国有企业真正负有限责任。③国有企业真正获得独立人格和自主经营的物质基础，提高创造财富的积极性，使国有股份增值、企业及其经营者和职工依章程获得利益。④国有企业以其全部财产对自己的行为承担责任，使企业的经营者真正感到亏损的压力、破产的威胁，对经营不善、破产依法承担责任。⑤企业法人所有权是一种法律形式，它并不决定企业的性质。决定企业性质的只能是股东（投资者）的性质。只要这个企业或公司是国家单独投资，或者由国家控股的，就是国有企业或国有公司。

（五）坚持市场经济法制的统一

建立社会主义市场经济法律制度，目的在于建立和维护全国统一的大市场，因此必须坚持法制的统一。坚持法制的统一，首先要求统一立法权，即规范市场经济活动和管理的法律法规的立法权统一由中央一级立法机关行使。民商事法律包括民法典及公司、票据、海商、保险、证券交易法，及经济法中的反垄断和反不正当竞争等法律法规，只能由中央立法机关制定和修改。地方不能制定有关社会主义市场经济一般规则的地方性法规。由于社会主义市场经济的发展，涉内立法与涉外立法也必须逐步统一起来。其次是统一法律法规的解释权。法律解释权问题迄今未得到重视。现在的情况是哪一个机关草拟的法律法规就由哪一个机关解释，任意解释法律甚至借解释以修改法律的现象时有发生，并且未解决由哪一个机关对法律、法规进行统一解释的问题。建议分别在全国人大、国务院设立专门机构行使统一解释法律和法规的解释权，这两个机构可以分别隶属于全国人大法律委员会和国务院法制局。① 最后是统一司法权和执行权。我国目前严重存在地方人民法院受制于地方政府的现象，有的地方法院甚至变成了地方保护主义的工具，严重损害了司法权的统一。法院的执行权也存在被一些行政机关侵夺的问题。司法权和执行权统一由法院独立行使是维护法制统一的保障，应当受到高度的重视。

---

① 这两个机构现分别为全国人大宪法和法律委员会、司法部。——编者注

四 应当建立健全哪些适应社会主义
市场经济需要的法律制度

社会主义市场经济与其他市场经济一样，其生成和发展势必触及方方面面的问题，产生性质不同的各种社会关系，诸如财产归属、移转、交易的民事关系、商事关系、国家对经济的适度干预和宏观调控关系、劳动和社会保障关系、国家行政管理关系、刑事犯罪关系等。这些性质不同的社会关系，需要与之性质相应的法律来规范和调整。因此，这就从客观上决定适应社会主义市场经济的法律制度并非只是一种法律，而是由对社会主义市场经济进行综合调整的诸种性质各异、作用不同的法律部门组成的一个法律群体。从市场经济共同的客观规律来看，从世界各国特别是发达国家的经验来看，以及从我国社会主义市场经济健康发展的需要来看，一个健全而完备的社会主义市场经济法律制度群体，主要应当包括和涉及以下六个法律部门的法律。

（一）民商法

民法，这是社会主义市场经济的基本法律。正如恩格斯所指出的，民法乃是"以法律形式表现了社会的经济生活条件的准则"。它的调整对象是平等主体（市场主体）之间的财产关系和人身关系，集中地反映了社会主义市场经济自愿、平等、等价有偿、自负盈亏、诚实信用等属性的内在要求。民法属于私法，私法自治为其一般原则。它规定了自然人制度、法人制度、法律行为制度、代理制度、时效制度、物权制度、债权制度、人身权制度、知识产权制度、民事责任制度等市场经济所必需的法律制度。所以说，民法是一切市场经济国家特别是发达国家制定最早、最为完备、最为基本的法律。我国已于 1986 年制定了《民法通则》。同时，还先后制定了经济合同法、涉外经济合同法、技术合同法、城市房地产管理法、担保法、婚姻法、收养法、继承法等。尽管这些法律基本上反映了市场经济发展的要求，但是，有的还残留着计划经济的痕迹；有的则失之过分原则、缺乏应有的可操作性。我国民事法律尚不完善，还有不少工作需要去做。当务之急是要把统一合同法和物权法制定出来。合同法，是调整公民、法人因合同而产生的债权债务关系的法律。它是发展市场经济的基础性法律。市场经济一定意义上讲就是合同经济。我们应当抓紧对已由全民讨论、全国人大常委会两次审议，业已基本成熟的合同法草案的修改，力争于1999年3月由九届全国人大二次会议审议通过，以细化合同规则，强化合同债权的保护，加强不履行债务的责任，保障社会主义市场经济的正常运转。至于物权法，它作为调整公民、法人因直接控制和支配财产产生的社会关系的法律，是发展市场经济的前提性法律。我国在相当长的时间里漠视物权，以为有了公有制，社会生产力就会自然而然地发展起来。公有制有其优越性，它使人人在生产资料方面处于平等地位，可以消灭剥削现象。这无疑是历史的进步，也是中国人民长期追求取得的伟大成果。但在公有制条件下，如果具体物权制度没有或不完善，势必使生产者与财产的距离拉远；使人们创造财富的内在动因弱化；使所有者虚位，长期陷入无人负责的状态；使公有财产支配人失去监督，容易滥用权力，侵吞和挥霍公有财产；还可以在特定条件下造成私有制情况下不可想象的生产力大破坏。我们不能搞私有化。因为这是对劳动者的洗劫。它不利于我们这样的大国经济的持续发展和社会的稳定。而要坚持公有制，就必须有健全的物权制度，从而使公有制经济为主、多种所有制经济共同发展的基本经济制度的优越性充分发挥出来。实践证明，如果一个国家的物权法律制度不健全，财产关系不明晰、不稳定，就很难鼓励人们去创造财富、积累财富、爱护财富。我国改革开放20年来经济蒸蒸日上，不容忽视的一个重要原因就在于初步建立起了自己的物权法律制度。为了适应社会主义市场经济的发展，我们应当在民法通则规定的基础上进一步制定物权法，从而调动起全社会创造财富的积极性，使生产力得到发展，经济繁荣、国富民裕、社会发达。同时，制定不动产登记法，建立脱离土地和房屋主管部门的统一的登记制度，并在已有民事单行法律的基础上制定出民法典。

商法是民法的特别法，属于私法范围。我国采用民商合一原则，不制定商法典，而是主要制定包括公司法、票据法、保险法、海商法、证券法等在内的重要单行商事法律。其任务在于规范市场主体，规定交易活动的支付、融资手段，确立减少风险的途径，制定海上运输的规则、规范资本市场等。我们已完成海商法、公司法、票据法、保险法的制定。现在还需要制定独资企业法、合作社法、商事登记法，以进一步完善市场主体法律制度；制定证券法、信托法、期货交易法、商品交易所法，用法律规范证券、商品、期货交易和信托行为。

（二）经济法

经济法，是社会主义市场经济的重要法律。这里所说的经济法不是我们平时所讲的有关经济的法律，也不是多数经济法学者所说的对纵横统一关系都调整的经济法，而是各国都认同的作为一个法律部门的经济法。它是国家从社会整体利益出发对市场干预和调控、管理的法律。就其性质而言，它是公法，也就是经济管理法。经济法的源头，可以追溯到一百多年以前。但是经济法作为一个法律部门是 20 世纪 30 年代特别是第二次世界大战以后发展起来的，并且越来越显其重要性。这表明现代市场经济虽然应以市场主体的自主、自治为前提，但为了维护社会的整体利益，保障市场的健康发展，国家对市场的适度干预和宏观调控是非常必要和必不可少的。如果说民商法是允许亿万市场主体在法律规定的范围内，八仙过海，各显神通，去创造最新技术，夺取最佳业绩，以促进生产发展和经济繁荣，那么，经济法则是利用国家强制干预克服市场经济的消极因素，保障其沿着有利于全社会的方向发展。经济法大体可以包含三个部分。一是创造竞争环境、维护市场秩序的法律，如反垄断法、反不正当竞争法、消费者权益保护法、广告法、商业秘密保护法等。现在反垄断法和商业秘密保护法还没有制定出来。反垄断法是禁止垄断和其他限制竞争行为的法律，其立法目的在于禁止限制竞争行为，创造公平竞争的良好环境，以求市场经济得以健康发展。制定反垄断法对于我们社会主义国家来说，还有一个维护社会主义宗旨的意义。因为任何企业不靠提供更优质的产品、更优良的服务的竞争获取利益，而是通过垄断捞取好处，实质上是以超经济手段占有他人劳动。这是与社会主义宗旨相悖的，必须予以反对。而且，反垄断法与规模经营、强强联合、组织企业集团不相矛盾。它反对的只是限制竞争、扼杀经济活力。因为只有适时反对国内的经济垄断和行政垄断，才能消灭地方和部门保护主义，防止诸侯经济的形成，拆除重复建设的保护墙。只有适时地反对国际垄断，才能防止涌入中国的跨国公司操纵我国的经济命脉，危害国家经济安全。二是国家宏观调控和管理的法律。我国是社会主义大国，人口众多，发展又不平衡。因此，这种法律非常重要。我们已制定了预算法、审计法、中国人民银行法、价格法、税收征收管理法等重要法律。下一步需要逐步制定计划法、国有财产法、国库法、税法（由国务院制定各种税收条例的授权应逐步收回）、外汇法、经济稳定增长法、国民生活安定法等法律。这些法律主要是拟定国家间接调控经济的规则，但是也必须规定在特定的条件下依法采取直接行政调控和管理的手段，以维护经济的稳定和社会的安定。这类法律我国不是多了而是相当缺乏，以致必须采取措施时常常缺乏法律依据。三是国家对重要产业和新兴产业促进的法律。这方面，我们已经制定了农业法、电力法等法律。现在有必要制定诸如高新技术产业促进法、中小企业发展促进法等重要法律。

（三）社会法

社会法也是规范社会主义市场经济一种必不可少的重要法律，主要是保障劳动者、老人、失业者、丧失劳动能力的人和其他需要扶助的人之权益的法律。社会法成为一个法律部门是 20 世纪 60 年代以后的事情，法律性质介于公法与私法之间。其目的在于，从社会整体利益出发，保护劳动者，维护社会安定，保障市场健康发展。主要包含了三类法律。第一类是劳动法、劳动就业法、职业培训法等。第二类是社会保险法，即社会强制（义务）保险法如养老保险法、医疗保险法、失业保险法、事故保险法等。第三类是社会救济法。我国劳动法业已颁布，但还有一些有关配套法律需要草拟。至于社会保障方面的法律还没有制定出来。但随着改革的深入，市场经济的发展，产业结构的调整，这方面的问题已经很多，而且直接触及我们党和政府所依靠的基本群众。因此，尽快制定有关法律，把社会保障制度建立起来，是至关重要的。这不仅关系到改革的进程、市场经济的发展，而且势必影响国家的政治稳定和社会稳定。

（四）行政法

社会主义市场经济的建立与发展，还需要作为公法的行政法的调整。因为社会主义市场经济的建立与发展既需要政府的组织与推动，还要求政府转变职能、提高管理水平、改变旧的管理方法。为适应市场经济的需要，政府对经济从直接管理到间接管理；由经营性的具体管理到宏观的管理；从行政隶属管理到依法定职能管理的转变，势必对政府的工作从客观上提出更高、更多而且崭新的要求。因此，进一步健全行政法律制度以促进、保障社会主义市场经济的健康发展就显得极为迫切与必要。应该尽快制定公务员法以提高公务员的素质，强化公务员考核与管理。应当制定行政组织法，使我国的国家机关的设立、职权、编制均由法律规定，从根本上推进和巩固机构改革之成果。要制定行政程序法，以保证行政工作的高效、透明、合法。要用法律把高级公务员的财产申报制、任期制、回避制等好的制度规定下来，杜绝公务员以权谋私之可能。要进一步完善经济行政法，以加强、改善国家对环保、自然资源、基础设施、电信、卫生、海关、口岸等方面的管理。总之要对我国的行政法加以完善，使政府管理工作高效、廉洁、合法，从而保障我国社会主义市场经济健康发展。

（五）刑法

社会主义市场经济的建立和发展，还离不开作为公法的重要组成部分的刑法的保障。市场经济固有的自发性和消极作用，必然会引发一系列新的犯罪的出现。如违反公司企业管理秩序罪、内幕交易罪、生产和销售伪劣产品罪、金融诈骗罪、商业贿赂罪、破坏金融管理秩序罪、违反税收征管罪、洗钱罪等。过去闻所未闻的新的犯罪层出不穷。因此，我们必须修改或补充刑事法律，对这些犯罪严惩不贷。否则，任由贪污横行，犯罪猖獗，社会主义市场经济是绝不可能建立起来，也绝不可能健康发展下去的。

（六）诉讼法

社会主义市场经济的建立和发展，最后还离不开作为公法重要组成部分的诉讼法的保障。诉讼法是实体法实现的形式和生命。市场经济运作中引起的民事纠纷，要通过民事诉讼解决；发生的行政争议要凭借行政诉讼了结；产生的犯罪，则要通过刑事诉讼处罚。目前，我国民事诉讼法、刑事诉讼法、行政诉讼法已臻完善，达到了世界先进水平。但是，为了更好地保护债权，同时避免太多企业破产，有必要进一步研究制定强制执行法、破产法（包括私人企业和自然人）、公司重整法等。

李鹏委员长在九届全国人大常委会一次会议上提出，要在本届任期内初步形成社会主义法律体系的立法任务。中国社会主义法律体系中的六部最基本的法律，已有宪法、刑法典、刑事诉讼法典、民事诉讼法典、行政诉讼法典这五部已制定出来。现在唯一缺的一部是民法典。它是非常重要的一部法律，既是社会主义市场经济的基础性法律，也是社会生活基础法律。我国曾三次起草民法典，一次是1954年至1956年；二次是1962年至1964年；三次是1979年至1981年。但均因客观条件不具备，未获成功。而现在起草民法典的时机已完全成熟了。一是我们业已制定了一系列单行民事法律；二是有了社会主义市场经济初步发展的客观基础；三是民事立法的资料、经验的积累，对理论和实践的研究，都取得了长足的进步。我想，在李鹏委员长的领导下，在本届全国人大的任期内，经过大家通力合作，我们一定能把中国民法典制定出来。如果说1804年问世的法国民法典为资本主义市场经济和社会发展开拓了广阔的道路，有中国特色的社会主义民法典在2002年通过，也定将为中国社会主义市场经济的发展和社会进步奠定更加坚实的基础。

五 完善社会主义市场经济法律的实施制度

社会主义市场经济法律制度的建立，不仅要求有完备的有关社会主义市场经济的法律，做到有法可依，而且还要求这些法律在生活中真正得到实施，做到有法必依，执法必严，违法必究。如果法律不能很好地付诸实施，再好的市场经济法律也只能是一纸空文。因此，社会主义市场经济法律的实施问题具有特别重要的关键性意义。为了更好地促进和保障社会主义市场经济的发展，为了更快地建立起社会主义市场经济法律秩序，有必要对我国执法制度、司法制度进行深入的改革。

（一） 进一步强化严格执法的观念

国家行政执法机关、司法机关，都是忠于人民、忠于法律的实施法律的机关，必须坚决推进依法治国、建设社会主义法治国家的进程，彻底摒弃和清除执法不严的思想根源，真正做到只服从法律，不受一切个人意志的干扰。法律是人民意志的体现，任何权力都是人民通过法律赋予的，并受法律的约束。法大于权，而不是相反。要彻底肃清人治的影响，坚决实行法治。在我国，每一个共产党员、每个国家干部、各级党政领导都必须模范地遵守法律。党和国家都必须在宪法和法律范围内活动。一切合法权利都必须一视同仁地加以保护；一切违法犯罪行为都必须依法予以追究。任何人、任何组织都没有凌驾于法律之上、超越于法律之外、以任何形式干预执法与司法的特权。只有坚定不移地树立起法律至上的权威，牢固地树立起严格执法观念，才能排除一切不正之风的干扰，执好法、司好法，从而保障社会主义市场经济的健康发展。

（二）转换职能，严格执法制度

为了适应社会主义市场经济发展的需要，国家的经济职能正由直接管理向间接管理转变。这对执法的要求日益严格。要逐步推行统一的公务人员任职资格考试制度。只有考试合格的才能进入国家机关任职，切实保证执法机关人员的业务素质。要明确规定执法机关的权限和执法的程序，保证执法机关能依法执法。执法机关执法的出发点和归宿，只能是人民利益和法律的尊严。地方利益、部门好处、单位实惠绝不应成为执法的驱动源。要提高执法机关的地位，保证执法机关的经费，提高执法人员的待遇。同时，应坚决制止执法机关以任何方式进入市场，以权谋私，搞权钱交易。坚决刹住以罚代刑现象。要严格按照法定程序执法，增加执法的公开性、透明度，严禁涉及执法的公事在私下进行。行政执法机关要适当集中，避免执法过分交叉，提高执法质量。要建立严格的拒腐倡廉、勤政为民制度，使我国的执法机关成为高素质、高效率、公正廉明的执法机关，更好地为社会主义市场经济健康有序发展服务。

（三）改革司法制度，保证法院独立行使审判权

司法机关是法律得以实施的最后一道关口。改革开放 20 年来，我国司法机关工作取得了重大的成就，这是有目共睹的。但是，社会主义市场经济的发展，向我们的司法工作提出了更高的要求。为了保证法律的更好实施，更好地维护社会主义市场经济法律秩序，为了保证公正司法，防止司法腐败，司法体制仍需作必要改革。

（1）整个司法体系中的机构设置、职能划分要改革，既要符合中国国情，又要同国际惯例相通。我们现行的状况，大多是从苏联学来的，既不符合当今世界大多数国家的通行做法，有的地方也难以适应市场经济对司法机关的要求。

（2）要进一步提高司法机关的地位和威望。目前，我国司法机关的实际地位低于宪法和法律所规定的法定地位。这种状态对实施法律极为不利，应当予以改变。

（3）要进一步提高法院依法行使审判权的独立性。目前，地方保护主义猖獗，各种干预情况严重。由于法院在很多方面依附于地方，有的法院已不能很好地行使维护法制统一、法律尊严的神圣使命，而实际上成为地方保护主义的工具。为了保证法院不受地方保护主义的干扰，能依法独立公正地行使审判权，应当逐步解决这样几个问题：①要按照司法区设立若干最高人民法院分院或者最高人民法院巡回法院，负责审理跨省、市、自治区的重大案件。②法院的经费要有保障。无论法院的建设经费、办案经费，均应统一按各国通行的惯例，由国家财政单独编列预算，由政府负责司法行政工作的部门具体运用和分配。如中央财政不够的部分，可以由地方财政上交中央财政。法院是代表国家行使审判权的机关，经费必须充裕，而且直接由国家财政保障。③法院的人事管理要有专门办法。法院是一个专业性极强的司法机关，要逐步实行法官任职资格制度。法官资格考试不应由法院系统自己进行。应建立全国统一的包括法官、检察官和律师的司法考试制度。只有考试合格，才有担任法官、检察官和律师的资格。没有通过司法考试取得法官资格的任何人均不能担任法官。法院院长的任免权可考虑向上提一级，即不是由同级的人民代表大会而是由上一级人民代表大会任免。④法官、检察官和其他司法人员的工资待遇要有与其地位职务相称的标准。

（4）要进一步创造法院公正适用法律的条件。要进一步贯彻执行诉讼法，更好地实行公开审判制度、辩护制度和举证责任制度，切实保护当事人的权利。要进一步严格执行诉讼费、赃款上缴国库制度，严禁以任何方式与法院利益挂钩。不允许法官到任何机构、企业兼任法律顾问等职。

（四）进一步加强人大的执法检查监督，保障法律得到统一切实地实施

要加强人大对国家行政执法机关、国家司法机关的执法和司法的监督检查，及时发现问题，解决问题，以保障国家法律得到统一和切实实施。权力是需要监督的，没有监督的权力是容易腐败的。因此，应当加快制定监督法，使我国的政党、人大、政府、司法机关，都严格地置于法律监督之下。鉴于我国某些行政法规、地方性法规已有与国家法律抵触的现象发生，鉴于新中国历史上两次大的动乱都与违反宪法有关，因此加强宪法监督也是十分必要的。

（五）促进中介组织的发展，大力加强法律服务工作

社会主义市场经济需要健全的中介组织、发达的市民社会。因为它们是政府与生产者、经营者、消费者之间的桥梁，是市场经济运作的润滑剂、自律器。为了维护好法律秩序，正确地执行法律，保护好当事人的合法权益，应当大力发展律师事务所、公证事务所、会计师事务所、审计事务所、同业公会等中介组织。律师工作是神圣的工作。要提高律师的地位和素质，加强对律师的管理，使我国的法律服务水平有一个大的提高，以保障我国社会主义市场经济法律得以更好地实施。

（六）切实保护合法权利，坚决制裁违法犯罪

为了保障社会主义市场经济法律真正得到实施，还必须依法切实保护公民和法人的合法权利。凡是合法取得的一切财产、权利，都应当一视同仁予以保护，不能因时、因人、因所有制之不同而变化。同时，为了保障社会主义市场经济法律得以实施，还必须坚定不移地制裁违法，打击犯罪。惩治经济领域犯罪，不仅要严厉，更重要的是要不漏，做到法律面前人人平等、一切犯罪行为都应受到惩处。不能搞点击、不应有选择。要真正做到法网恢恢，疏而不漏；让犯罪人员意识到躲得过初一，躲不过十五。通过惩治起到惩一警百、以儆效尤的作用。对于大案要案，尤其是内外勾结的大案要案，要一查到底，依法坚决惩处。坚决维护市场经济法律秩序，制止贪污腐败，保障改革开放健康有序发展。

建立社会主义市场经济法律制度，是前无古人的伟大创举。我们一定能在党中央领导下完成建设这一庞大系统工程的任务，以保证 21 世纪的中国经济发达，社会全面进步，人民更加幸福，社会主义旗帜高高飘扬。

关于依法治国，建设社会主义法治国家的理论和实践问题

（十四届中央政治局第三次法制讲座，
1996 年 2 月 8 日）

王家福

【内容提要】1996 年 2 月 8 日下午，十四届中央政治局第三次法制讲座在中南海举行。中国社会科学院法学研究所王家福研究员主讲。王家福认为，依法治国，建设社会主义法治国家，关系到国家的前途和命运，影响着经济的发展和振兴，涉及人民的切身利益和福祉，是建设有中国特色的社会主义伟大事业的根本大计。实现依法治国，建设社会主义法治国家，应当具有完备的社会主义法律体系、健全的民主制度和监督制度、严格的行政执法制度与公正的司法制度、坚强的靠得住的执法队伍、全民崇高的法律意识五项基本条件。为此，要更新理论观念，进行立法、行政执法、司法等具体制度的改革，以及领导方式和习惯的改革，加强和改善党的领导。这是一次非同寻常的法制讲座。正是在这一次讲座的总结讲话中，江泽民同志提出了依法治国方略，并对依法治国的重大意义进行了全面深刻阐述。一个多月后，八届全国人大四次会议把"依法治国，建设社会主义法治国家"作为一项基本方针，写入《国民经济和社会发展"九五"计划和 2010 年远景目标纲要》。1997 年 9 月，"依法治国，建设社会主义法治国家"写入党的十五大报告，1999 年 3 月写入宪法，2002 年 11 月写入党章。

【主讲人简介】王家福，男，1931 年 2 月生，四川南充人。1959 年 8 月获苏联列宁格勒大学法学副博士学位，1991 年 9 月被日本立命馆大学授

予名誉法学博士学位。中国社会科学院学部委员，法学研究所终身研究员、博士生导师，中国法学会民法学研究会名誉会长，全国总工会法律顾问、北京市人大常委会法制顾问、中国国际经济贸易仲裁委员会顾问。曾任中国社会科学院法学研究所所长，八届全国人大法律委员会委员、九届全国人大常委会委员，国务院学位委员会法学评审组成员，中国法学会副会长、中国民法经济法研究会会长、中国国际经济贸易仲裁委员会副主任、中国海事仲裁委员会顾问。2012 年 9 月 26 日，荣膺"全国杰出资深法学家"称号。

一　依法治国，建设社会主义法治国家，是建设有中国特色的社会主义伟大事业的根本大计

我国在邓小平同志建设有中国特色的社会主义理论的指引下，经过 17 年的改革取得了举世瞩目的辉煌成就。在全国人民满怀信心开始实施"九五"计划，向 2010 年宏伟的目标迈进的时候，在即将送走 20 世纪，迎来充满希望的 21 世纪的关键时刻，我国明确地提出，实行依法治国，建设社会主义法治国家，具有重大的现实意义和深远的历史意义。这不仅是邓小平同志社会主义民主法制思想的深化和发展，也是治国方式的进一步完善。

大家都知道，法律是国家权力机关制定，由国家强制力保证实施的社会规范。所谓依法治国，就是指依照体现人民意志、反映社会发展规律的法律来治理国家。也就是说，国家的政治、经济、社会的活动以及公民生活各个领域的活动都统统依照法律来进行，而不受任何非法的个人意志的干预、阻碍和破坏。一句话，依法治国，就是依照表现为法律形式的人民意志来治理国家。那么，什么是法治国家呢？所谓法治国家，就是指国家的立法机关依法立法，政府依法行政，法院、检察院依法独立行使审判权、检察权，公民的行为依法进行，公民的权利受到法律的切实保护，国家机关的权力受到法律制约的国家。换言之，法治国家，就是包括立法机关、政府、司法机关、政党在内的任何机构、组织以及个人都受法律的支配，都在法律范围内活动的国家。第一，它必须有好的法律，即体现人民意志的、反映社会发展规律的法律；第二，它的法律必

科教兴国并重，使其发挥出无穷的精神和物质力量，以达到经济繁荣、社会进步、国强民富的崇高目标。

（四）国家稳定、长治久安的关键所在

国家稳定、长治久安，是人民的最高利益。特别是今天，我们国家所面临的形势是：在国外，国际共产主义运动在 20 世纪 90 年代遭受了严重的挫折，西方发达国家控制着科学技术的制高点。强权政治和霸权主义仍然猖獗，他们在政治上对我们搞颠覆渗透，经济上搞制裁封锁，意识形态上搞西化、分化；在国内，我们在改革开放中取得了伟大成就，也遇到了一些新的矛盾和问题，存在不少不安定因素。因此，社会稳定、政局稳定、国家稳定，尤其重要。历史经验表明，法令行则国治，法令弛则国乱。保持稳定最根本、最靠得住的是搞法治。因为，它最具有稳定性、连续性，不会因领导人变动而变动、因领导人的注意力变化而变化；它最具有权威性，体现了人民的意志、党的意志、国家的意志；它最具有科学性，能够反映规律；它规范明确，具有普遍约束力。依法治国，建设法治国家，是国家稳定、长治久安的关键所在。因为，只有实行依法治国，建设法治国家，才能做到：①保证对重大问题的决定科学化、民主化，符合人民的根本利益；②保证国家重大事项的决定依照法律程序进行；③保证令行禁止，国家生活高效运作；④保证坚决、及时铲除任何颠覆活动，有理、有效地粉碎阴谋；⑤保证及时而妥善地化解一个个不安定因素，解决人民群众内部的一个个矛盾或纠纷，以增强凝聚力，加强团结，调动一切积极因素，为现代化建设事业共同奋斗。

依法治国，建设社会主义法治国家，和发挥领导者的个人作用是完全一致的。因为只有好的制度，只有稳定、连续的制度，才能使好人、使英明的领导人发挥他应有的作用。同时，依法治国和建设社会主义法治国家，和中央适度集中权力也是完全一致的，因为只有把集中到中央的权力和地方应有的权力制度化、法律化了，利用法律本身所具有的规范性、权威性和强制性，才能使中央集中的权力很好地得以实施，地方所拥有的权力也能够很好地发挥。当前，国内形势是好的，国际形势中和平与发展成为主要潮流。但是，也必须清醒地看到，有人还想遏制中国，我们还处在较弱的地位。要居安思危，更好地依法治国，使国家各方面按照法律来运

作，以保证我们的国家长治久安，彻底跳出人亡政息的历史周期，使我们国家世世代代保持稳定。依法治国，建设社会主义法治国家，关系到国家的前途和命运，影响着经济的发展和振兴，涉及人民的切身利益和福祉，也关系我们中国是以什么样的姿态进入 21 世纪，这是使我们国家在 960 万平方公里的大地上所进行的社会主义伟大事业能够节节胜利、永葆青春的根本大计。

二　依法治国，建设社会主义法治国家必须具备的基本条件

依法治国和建设法治国家是历史的范畴，是人类在文明进程中经过共同努力和不断摸索所取得的进步成果，也是全人类共同的崇高理想。依法治国的思想源远流长，早在古代就已产生。如古希腊的亚里士多德就提出过依法治国的思想。"依法治国"一词在中国古籍中首先见于《管子》一书。其后，战国的商鞅、韩非等人又对依法治国思想进行了发展和实践。这种思想代表人们在当时的社会经济条件下的进步要求，是人民要求安宁和进步的表现。但由于奴隶制国家和封建制国家实行自然经济和专制主义，因此尽管在古代有过不少依法治国的论述，有过不少高明的见解，有过重视用法律手段进行统治的文景之治、贞观之治和康乾盛世，但真正意义上的法治国家在古代是不可能建立的，依法治国的思想也是无法变成现实的。

依法治国的思想随着社会生产力的发展和社会形态的更替而发生着变化。随着资本主义商品经济和生产关系在封建社会末期的萌芽，出现了一批代表资产阶级利益的思想家，如 18 世纪的洛克、孟德斯鸠和潘恩等人。他们和资产阶级革命家极力宣传依法治国的思想，把矛头直指王权和神权，否定和鞭笞了中世纪的专横和无法无天的状态，代表了资产阶级的进步思想。这种思想在与封建阶级的多年斗争中取得了胜利，并且促进了资产阶级革命的成功和资本主义法治国家的逐步建立。

在资本主义法治国家中，有以美国为代表的三权鼎立的法治国家，有以英国为代表的议会制的法治国家，有以法国为代表的总统制的法治国家，千差万别，形式多样。但他们一般都标榜这样几条：①法律至上；②保护人权和公民的权利；③政府必须依法行政并接受法律的制约；④司法独立；

⑤公民的权利受到侵犯应当得到公正的司法救济。由于资产阶级国家性质所决定的局限性，他们不可能实现真正的、全面的法治，但与封建社会的行政专横、司法肆虐、无法无天的状况相比，是一个历史进步。

今天我们提出的依法治国不是资产阶级的依法治国，而是人民的依法治国，我们所建设的不是资本主义的法治国家，而是社会主义的法治国家。两者存在本质区别。首先，反映的意志和利益不同。资产阶级法治国家反映资产阶级的意志和利益，而社会主义法治国家反映人民的意志和利益。其次，经济基础不同，前者建立在私有制基础之上。而后者建立在以公有制经济为主体、多种所有制经济共同发展的基础之上。再次，政权性质不同。前者是资产阶级当权，而后者则是人民当家作主。最后，追求的目标不同。前者追求少数富人的利益，后者则追求全体人民的共同富裕。因此，资本主义国家的性质就决定了他们的法治国家只能是有产阶级理想的产物。当然，鉴于资本主义法治国家某些具体制度，有一定可取之处，因此尽管两者性质有别，在一些具体的法律制度上也可以互相借鉴。综观历史和各国实践，中国要实现依法治国，建设社会主义法治国家，应该具备以下五个基本条件。

（一）完备的社会主义法律体系

要建设社会主义法治国家，首先要有反映社会发展规律和时代潮流，代表人民利益和意志的法律体系，做到有法可依。这里的法律体系是指实现依法治国所必需的体系，而不是只看制定了多少部法律。大陆法系资产阶级法治国家建立了包括宪法、行政法、民法、民事诉讼法、刑法和刑事诉讼法在内的六法体系，构成了资产阶级法律的基本框架。我国自改革开放以来的十几年间，立法工作取得了突飞猛进的进展。据统计，包括新宪法在内，全国人大及其常委会共制定了280多部法律，国务院制定了700多部行政法规，地方政权机关制定了4000多部地方性法规。可以说，一个以宪法为核心的社会主义法律体系的框架，已基本形成；在社会政治、经济和其他主要领域，已经基本上做到了有法可依。特别是近两年来，八届全国人大按照市场经济体制要求加快了立法步伐，这方面的成绩十分显著。由于我国的社会主义法律体系是在20世纪中后期开始建立的，而资产阶级法律体系是在19世纪和20世纪上半叶完备起来的，两者相差几十年乃至一百多年，因而我们的社会主义法律体系实际上应当远比资产阶级的法律体系更加完善、更能够体现时代精神。

我认为，我国的社会主义法律体系主要应当由以下九法构成：一是规定国家根本制度、公民基本权利和义务、国家机关设置的宪法；二是规定国家行政机关的职权、组织、行使行政职权的程序、行政人员遴选的行政法；三是国家从整体利益出发对经济生活进行干预、对经济秩序予以维护和对市场进行宏观调控的经济法；四是对行政机关侵犯公民、法人的权利进行救济的行政诉讼法；五是规定市场经济活动的主体制度，物权、债权、知识产权、人身权制度，行为规则制度和公司、票据、保险、海商制度的民商法；六是解决民事、商事、经济纠纷的民事诉讼法；七是规定犯罪和刑罚的刑法；八是公正地进行刑事诉讼，有效地打击犯罪和保护无辜的刑事诉讼法；九是规定保护劳动者权益、提供社会保障，对社会弱者予以救济的社会法。我们的立法不能头痛医头、脚痛医脚，遇到什么问题解决什么问题，临时对应。最为重要的是，应当从国家长治久安出发，建立一个包含不同性质的法律部门，反映社会发展规律和时代潮流，体现全体人民利益和意志的，能够规范调整各类社会关系的基本法律制度。这样，才能为依法治国，建设法治国家提供一个根本前提。

（二）健全的民主制度和监督制度

法律本身是经民主程序制定的，它体现着当家作主的人民的意志和利益，因此依法治国必须以民主为基础，社会主义法治国家首先应当是民主国家。如果没有民主，也就没有真正意义上的依法治国和社会主义法治国家。社会主义法治国家的根本就在于，人民通过法定的民主程序当家作主，进行重大决策，管理国家大事。而且这一民主运作的结果，依然应当代表人民的根本利益，得到举国上下的一体遵行。

与民主制度相关联的是监督制度。凡是法治国家都赋予人民对自己选出来的立法机关、行政机关和司法机关依照法定程序进行监督的权力。我国当前应加强人民代表大会的监督、行政监督、司法监督和人民的监督（包括舆论监督）。如果没有有效的监督机制，就很难说是社会主义法治国家，也很难实现人民当家作主、参政、议政的权利。

（三）严格的行政执法制度与公正的司法制度

社会主义法治国家必须有严格的行政执法制度。必须明确行政权是法律赋予的，行政机关的行政行为必须在法律规定的范围内进行，特别是在涉及公民权利时尤为如此。行政机关必须依据法定程序行政，行政权力不允许滥用，必须接受法律的制约，行政权力滥用造成的损害必须能够经过法定程序予以补偿。同时，还应建立发生违法行政行为时对行政违法责任人的追究制度。

公正的司法制度是对受到侵害的人民权利给予补救的最后一关，也是保障法律得以正确实施的最后一关。在健全公正的司法制度时必须注意以下四点：①司法机关依法独立行使审判权、检察权时，任何行政机关、社会团体和公民个人都不应当进行干涉。②司法机关必须享有较高的地位。应当把司法机关的位置摆到宪法和法律规定的应有层次上。③公正的审判制度。我们应当建立与健全更为科学而公正的审判制度。④司法工作的条件必须是充分的。司法机关应当有独立的办案经费。司法人员应当享受能够维持体面生活的待遇，并为他们公正执法创造良好条件。还应建立严明的冤案、错案责任追究制度。如果没有公正的司法制度，法律立得再多，也不可能被真正遵守。可以这样说，如果没有建立起一套切实有效的公正司法制度，就不能建成真正的法治国家。

（四）坚强的靠得住的执法队伍

古人云："徒法不足以自行。"法律是靠人来执行的，法律秩序也是靠人来维持的。我们必须建设一支数量足、素养高的执法队伍，包括公务员队伍、行政执法队伍、法官队伍、检察官队伍。也要建立从事高质量法律服务的律师、公证人队伍。

所谓素养高，包括三层含义。一是要有很高的政治觉悟和品德素质。要忠于人民、忠于法律、忠于事实、大公无私、廉洁奉公和有以身殉法的精神。不允许任何假公济私、品质恶劣的人钻进公务员队伍和司法队伍。二是要有很高的业务素质。要精通法律，并能正确运用法律解决问题。只有经过统一资格考试合格的人，才能有资格进入公务员队伍和司法队伍。中国古代的科举考试尽管有许多弊病，但科举制度的进步意义在于，通过考试将社会上有法律知识、文化素养的人吸收到政权中来。如果我们没有对公务员队伍和司法队伍的资格考试，就难以避免一些庸才滥竽充数，难以将真正的英才选拔到适当的执法岗位上去。三是要有崇高的职业道德和敬业精神。我们的公务员和司法工作者不仅要廉政，而且还要勤政，兢兢业业。只有这样，我们的法律才会真正走入社会，落到实处，得到切实的实施。

（五）全民的崇高的法律意识

所谓法律意识，是指依法办事、依法行政、依法律己、依法维护自己权利的意识。法律仅靠公务员、法官和检察官来执行是远远不够的，要靠我们12亿人民去遵行。有了法律意识，法律才能变成生活，成为干部和民众的内在自我要求，严格执法光荣、守法光荣、违法可耻、徇私枉法可恶的道德标准和价值观才能树立起来，"路不拾遗，夜不闭户"的情况才会出现。

要树立全民的法律意识，必须加强法治宣传教育。我们在20世纪末举行的"一五"普法、"二五"普法和即将开始的"三五"普法教育，都是增强法律意识的必要途径。这种大规模的、有计划的法治宣传教育活动，以惊人的速度使广大干部和民众掌握必要的法律知识，这在世界上是独一无二的。由于领导干部的地位和作用，提高他们的法律意识尤为重要。邓小平同志非常重视法治宣传教育工作，他指出，"法制教育要从娃娃抓起，小学中学都要进行这个教育，社会上也要进行这个教育"。从小培育孩子的法律意识，教育他们依法办事，依法律己，依法保护自己的权利，是百年树人的重要工作。我们希望把普法教育制度化、法律化，把掌握法律知识、具备法治观念作为各级领导干部和全体公民的必备素质，作为应当履行的义务，因此，应当尽快制定公民法制教育法。要将依法治理活动长期坚持下去，从基层政权、从各行各业做起，通过依法治村、治乡、治县、治省及各行各业的依法治理活动，为依法治国奠定坚实的基础。另外，要把法律知识作为公务员考试、干部考核晋升的重要内容。只要法律意识能在每个人的头脑中扎下根来，那时我们的社会主义法治国家就会真正建立起来。

三　依法治国、建设社会主义法治国家是一个渐进的历史发展进程

　　依法治国和建设法治国家是一场深刻的革命，是社会历史进步的体现，是人类社会文明发展的标志。依法治国和建设社会主义法治国家在我国将是一个历史的过程，不会一蹴而就。当今的资本主义国家虽然建立了法治，但并非完全意义上的法治国家。它们仍然面临着政治腐败、政治丑闻层出、官商勾结、警察横行、犯罪猖獗、邪教肆虐、种族排外、新法西斯主义抬头等各类问题。资本主义的法治国家并不像它们自我标榜的那样完美，也并非法治的楷模。只有我们这样的社会主义国家，经过不懈努力，才有可能成为真正意义上的法治国家。

　　中华人民共和国从成立那天起，就在进行社会主义法治国家的建设工作。但是，由于"左"的思潮的泛滥，法律虚无主义的盛行，以及"文化大革命"对法律的大肆践踏、破坏，使我们依法治国和法治国家的建设工作受到挫折，使这一工作在相当长一段时间内停顿下来。但是，我们的人民、我们的党并没有抛弃这一治国方略。我们在清理了自己的错误，吸取了"文化大革命"教训之后，从 1978 年起，我们国家按照小平同志的民主法治思想，坚定不移地举起了依法治国的旗帜。小平同志提出的"发展社会主义民主，加强社会主义法制"、"一手抓建设，一手抓法制"等一系列民主法制建设的基本方针，为我们依法治国，建设社会主义法治国家指明了方向。在短短 17 年内，我们初步建立起了有中国特色的社会主义法律体系，确立了依法行政制度，组建了现代的司法机关，构筑了全面的民主监督和法律救济系统，极为广泛地普及了法律意识，在依法治国，建设社会主义法治国家方面取得了空前伟大的成就。在这样短的时间内，有这样大的飞速进步，在人类历史上是从来没有的。但是，我们不能自满。成就固然非凡，但与人民的要求和期望相距尚远，同法治国家的理想目标仍有较大距离。时代和人民要求我们进一步深化改革，作出更大的努力，以便使我们的依法治国，建设社会主义法治国家的事业朝着理想的目标日臻完善。完成这一变革，首先要解决以下三个理论和实践问题。

（一）理论观念更新问题

要建立社会主义法治国家，要依法治国，就必须肃清不适合现时情况的传统观念和陈旧的理论对人们的影响，使新观念、新思想在人们头脑中占据统治地位。需要变革、更新的理论观念包括以下五点。

（1）法治观念问题。所谓法治观念，就是依法治理国家、经济、社会的观念。由于我们国家有很长的封建社会历史，由于我们过去实行了多年的高度集中的计划经济体制，由于我们过去有长期按领导人意见办事的习惯和作风，以致一些领导干部和相当多的群众法治观念淡薄。要树立法治观念，必须明确：第一，法律具有极大权威。即由于法律是人民的意志、党的意志、国家的意志的体现，理应具有至高无上的权威，任何人都必须无条件遵从，因为遵从它就是遵从人民意志，遵从党的意志，遵从国家的意志。第二，法大于权。就是说，我们国家的任何权力都是宪法和法律赋予的，任何权力都要受到法律的约束。法就是大于权，而不是权大于法，任何人不得以权代法、以权压法、以权乱法。第三，在法律面前人人平等。就是说，任何人在法律面前都是平等的，权利平等、义务平等、违法受追究平等。从普通公民到担任领导职务的干部，任何人没有凌驾于法律之上、超乎于法律之外的特权，都必须受制于法。

（2）权力制约问题。在中国，一切权力属于人民。人民通过科学分工的各种国家机关来行使权力。一定的国家机关享有法定的权力，同时它又受到其他国家机关的法定权力的配合和制约。就是说，司法机关，要受到人民代表大会的制约；政府，也必须受到人民代表大会的制约；政府机关的违法的具体行政行为，也要受到司法机关的制约。我们不照搬三权鼎立的模式，但要搞对权力的制约。没有制约的权力，像脱缰的野马，必然产生腐败和罪恶。这是人类历史证明了的真理。在任何时候，一个组织、一个机构，头上没有法律之剑，自己不受任何权力的制约，不受监督，那么这个组织、这个机构必然要出怪事、出坏事，小则犯错误、犯罪，大则给国家和民族带来灾难。

（3）权利观念问题。所谓权利，实质上就是法律规定并保护的利益。权利是人民本身所具有的、关系到亿万人民的切身利益。我们必须树立对人民的权利切实保护的观念。作为人民民主专政的社会主义国家，作为以全心全意为人民服务为宗旨的共产党，必须把保护人民的权利作为我们的根本出发点和归宿。只有保护了人民的权利，才能把全心全意为人民服务的口号落到实处。如果对人民的权利随意侵犯，实际上就是对人民的侵犯，就必然要导致人民的反对，在某种意义上，就是动员人民反对自己、反对政府、反对党。我们应当从这样的高度来看待这一问题。

权利和义务是统一的，但是权利总是基本的。老百姓没有权利或者权利被任意侵犯，要他们自觉履行义务，是不可能的。中华人民共和国是社会主义国家，社会主义是最讲公平、最讲权利、最保护人民权利的。我们应该理直气壮地讲人权，高举人权的旗帜、尊重人的旗帜、保护权利的旗帜。这样，才能使我们的观念转过来，才能使我们国家昌盛。漠视人民的权利，乱摊派、乱收费屡禁不止，刑讯逼供屡禁不止，非法拘禁屡禁不止，无视法治现象屡禁不止，往往和我们的权利观念不强有关。

（4）依照法律维护国家安全和社会公共秩序问题。我们国家的安全、社会的公共秩序，是国家的生命线、人民的生命线。因此，对任何危害国家安全，扰乱社会公共秩序的行为，我们必须坚决打击，严厉制裁。但是，在惩罚危害国家安全、破坏社会公共秩序的行为时，必须依照合乎时代精神的法律来进行。这样，既能达到保护国家安全、保护社会公共秩序的目的，也能得到全国广大人民群众的拥护，并在国际上树立良好的形象。

（5）国家是公共权力机关的问题。国家应该是公共权力机关。恩格斯在《家庭、私有制和国家的起源》里讲，国家是阶级斗争不可调和的产物，国家是凌驾于社会之上的公共权力。这种公共权力可以抵御外来侵略，可以惩治内部的反抗，可以组织经济、文化的建设。但是，它是公共权力机构，是政治组织，绝非经济组织，更不是谋利的经济组织。把国家这种公共权力机关和谋利的经营活动联系在一起，这是违反人们建立"公共权力"的本意的。实践证明，这样做经济工作搞不好，政治容易腐败，权钱交易容易产生，因而必须要改正。国家应该是一个公共权力的政治组织，决不能去经商。如果我们的党、政府、法院、检察院以及其他政法机关、军队全都经商，这国家成何体统？国家与民争利，必然会产生腐败，政企不分现象也始终解决不了。必须把政权从经济中剥离开来。政权本身是要管经济，但这是行政的管理，是职能性管理，而不是经营谋利。不改变这种现象，法治国家就建立不起来。

（二）具体制度的改革

我们国家的根本制度在宪法中已作了明确规定，必须坚定不移地坚持下去。但我们要更好地依法治国，建设社会主义法治国家，就必须对一些具体的制度，进行必要的改革。

（1）立法制度的改革。要更加重视基本法律的完善，因为这些基本法律是我们建设法治国家的基础。要完善国家的立法体制，不能搞"立法本位主义"，逐步减少和免除部门立法色彩以及长官意志。要尽快完善物权法和合同法，为市场经济的发展提供最基本的准则。要把反垄断法尽早制定出来，防止国内和国际垄断市场行为的发生、发展。要进一步完善刑事立法，更加严格地实行罪刑法定主义，将反革命罪名尽早改为危害国家安全罪。根据国际贸易规则的发展和我国市场经济的发展，涉外立法和国内立法应当适时统一起来，使国有企业和外商投资企业处在同一个竞争条件之下。

（2）行政执法制度的改革。现在行政执法中最突出的问题是以罚代刑。这往往是部门利益驱动的结果。应当更好地保障办案经费，而罚没款则必须依法移送司法机关直至上交国库。要保障行政执法机关能依法执法，不受其他机关、组织和个人的干涉。要尽快制定行政程序法，以保障行政执法机关执法的公正性和合法性。要健全监督和制约机制，以保证执法质量，防止执法犯法。应当把现在设在大中城市的劳动教养管理委员会改成治安法院，把现有的劳动教养所改为教管所，以简易程序处理不良青少年的严重违法行为。通过立法确认这种简易的司法程序，既可以建立起必要的监督机制，避免出错，保护当事人的人身权利，又可以充分发挥现有劳动教养制度的优点，有利于维护治安，有利于对有严重不良行为的青少年进行教管。

（3）司法制度的改革。我国的司法机构体系是学习苏联模式建立起来的，与国际习惯有所不同，存在一些弊端，应当不断完善和改革。当前一个重要的任务就是要整体推进司法体制改革。要在总结中华人民共和国成立以来多年实践的基础上，适应我国现代化建设进程和市场经济体制的建立，借鉴国际通行的做法，对我国司法机关从机构设置、职权划分到管理体制、诉讼制度，进行必要的完善和改革。总之，要树立司法机关应有的地位和权威，完善监督制约机制，从制度上防止司法腐败，保证司法公正。

（三）领导方式和习惯的改革

要把长期习惯的主要依靠行政手段、行政指示、行政命令来领导国家事务的方式，逐步改变为主要依靠法律手段、法律程序进行领导。领导人讲话，要同法律相一致。领导干部的任免，要经过法律程序后再公布。领导机关的决策，要符合现行法律的规定。只有这样做，才能使我们国家逐步成为法治国家，使依法治国工作做得好上加好。

四　加强和改善党的领导，为更好地依法治国，建设社会主义法治国家而努力奋斗

依法治国和建设社会主义法治国家是一个伟大的系统工程。这一任务关系到国家的命运、党的前途和人民的福祉。如果说依法治国、建设社会主义法治国家工作在中国有什么特色的话，这就是在共产党领导下的依法治国，在共产党领导下建设社会主义法治国家。共产党的领导是依法治国、建设社会主义法治国家的根本保证。只有坚持马克思主义的共产党才能把这件事做好，才有能力把这一事业推向前进。

要做好这一工作，在坚持加强党的领导的前提下，还要改善党的领导。

我认为，改善党的领导有这样几点内容。

（1）要处理好党政关系。党应通过把自己的路线、方针、政策变成国家意志的办法来实现对国家事务的领导。该政府办的事，要交政府办；该司法机关办的事，要交司法机关办。

（2）党要改善执政方式。近几年的重大进步是，我们党的领导人都到我们立法机关、政府、政协、司法机关去担任领导，这一点非常好。执政党，顾名思义，必须到国家内部去执政，而不应在国家之外执政。这样做既可锻炼我们的干部，又可使我们党的政策、主张，通过党员和党的领导干部所在的国家机关得到贯彻。这样就可以避免党在国家之外来指挥国家，也可以避免人们把国家工作中的失误当成党的失误。苏联、东欧国家的历史经验证明，如果不改变执政方式，共产党难于超脱具体的事务来进行领导与监督，这对党不利。因此，应该坚持和总结现在的做法，更好地改善我们党的执政方式。

（3）党必须在宪法和法律范围内活动。党领导人民制定宪法和法律，党也要领导人民遵守宪法和法律。我们党无论是发文件，还是领导什么工作，都应该以宪法和法律为依据。党的政策、党的主张应变成法律。这样，就可以维护法律权威，维护我们党领导下制定的法律的权威。如果不这样做，我们就可能自毁我们党领导人民所制定的法律，就可能导致法制被破坏。法制被破坏，就可能导致类似"文化大革命"的混乱局面再现，甚至会危及国家政权的稳固。

（4）党应当更好地接受人民的监督和法律的监督。我们党作为执政党，作为马克思主义政党，作为工人阶级的先锋队，除了追求人民的利益以外，没有别的任何私利。所以，我们必须接受人民的监督，必须接受法律的监督。我们党的肌体上出现的任何毒瘤，我们党内出现的任何坏人坏事，都应通过法律程序，坚决予以揭露，坚决予以惩治，这样才能使我们的事业兴旺发达。

我们过去认为，共产党一定万岁，人民政权一定万岁。但是，苏联、东欧国家的历史经验告诉我们，如果党和人民政权背离了全心全意为人民服务的根本宗旨，任意践踏法律，同样可能被人民唾弃，同样可以党亡国灭。所以，我们党要把我们社会主义事业建设好，把我们依法治国，建设社会主义法治国家这一伟大系统工程建设好，很重要的一点，就是要更好地把自己置于人民和法律监督之下。

同志们，依法治国，建设社会主义法治国家是一个前无古人的伟大创举，也是一个伟大的系统工程。我们一定会在党中央领导之下，通过全党和全国人民的共同努力来很好地完成这一伟大事业，把21世纪的中国建设成更加繁荣富强、人民更加幸福的伟大国家，巍然屹立在世界的东方。

"一国两制"与香港基本法

（十四届中央政治局第五次法制讲座，
1997 年 5 月 6 日）

吴建璠

【内容提要】"一国两制"是我们党和国家为解决历史遗留下来的香港、澳门和台湾问题，实现祖国和平统一而确定的一项基本国策。"一国两制"构想包含一个国家、两种制度、高度自治三个基本点。特别行政区的高度自治权来源于国家授权。基本法是在香港实行"一国两制"的法律基础。落实"一国两制"方针，必须按照基本法来处理中央和香港特别行政区的关系。

【主讲人简介】吴建璠，1926 年 5 月生，湖南常德人。长期从事法学理论、中国古代法制史和港澳基本法研究，曾任中国科学院法学所副所长、终身研究员，中国社会科学院台港澳法律研究中心主任、中国社会科学院研究生院法学系主任，香港特别行政区、澳门特别行政区基本法起草委员会委员，香港特别行政区筹委会委员、预委会委员，中国法学会理事、香港法律研究会副会长，八届全国人大常委会香港特别行政区基本法委员会委员、八届全国政协委员。参加了香港基本法、澳门基本法的起草工作。2004 年 7 月 8 日因病于北京逝世。

"一国两制"是我们党和国家坚持实事求是的思想路线，为解决历史遗留下来的香港、澳门和台湾问题，实现祖国和平统一而确定的一项基本国策。在这项基本国策的指引下，我们顺利地解决了香港问题和澳门问题，成功地制定了两部体现"一国两制"方针的基本法。当前，我们正在按照基本法有条不紊地开展筹组香港特别行政区的工作。再有56天，香港就要回归祖国，基本法将自1997年7月1日起实施，香港的历史将翻开新的一页。当前，我们正在按照基本法有条不紊地开展筹组香港特别行政区的工作。

一　"一国两制"的伟大构想及其法律化

"一国两制"构想最初是为解决台湾问题提出的，但首先被用于解决香港问题。香港自古以来就是中国的领土。19世起中叶英国帝国主义以武力入侵我国，迫使清政府先后签订《南京条约》（1842年）、《北京条约》（1860年）和《展拓香港界址专条》（1898年）三个不平等条约，强占了包括香港岛、九龙和"新界"在内的整个香港地区。根据当代国际法原则，对于一个主权国家武装侵略是非法的；以侵略战争为手段强迫他国签订的任何条约都是无效的。中国人民从来不承认这些不平等条约。中华人民共和国成立后，我国政府曾多次阐明对香港问题的立场：香港是中国领土的一部分，中国不承认帝国主义强加给中国的三个不平等条约，在条件成熟的时候，将通过谈判解决香港问题，恢复对香港行使主权。邓小平同志高瞻远瞩，审时度势，提出了"一国两制"的伟大构想，为和平解决香港、澳门和台湾同题，完成祖国统一大业，找到了一条切实可行的途径。

"一国两制"构想的核心是在一个统一的中华人民共和国的范围内，中国内地实行社会主义制度，香港、澳门和台湾实行其原有的资本主义制度。"一国两制"构想，是考虑到香港、澳门和台湾的历史与现实，为保持那里的稳定和繁荣而提出的；它的根本目的是实现香港、澳门的回归，完成祖国的和平统一大业。"一国两制"构想包含了三个基本点。

（一）"一个国家"

"一个国家"是指统一的中华人民共和国，香港、澳门、台湾是国家不可分割的神圣领土。在对内方面，只有一个中央人民政府，一部适用于全国的宪法；在对外方面，只有一个由中华人民共和国政府代表的统一的国家主权。在解决香港、澳门、台湾问题时，国家的主权、统一和领土完整是前提，这是不容置疑、不容谈判的。

（二）"两种制度"

在一个国家的前提下，香港、澳门和台湾可以实行与内地社会主义制度不同的资本主义制度，两种制度长期共存，和平共处。允许资本主义制度在中国的一些特定区域存在是为了尊重已有的事实，保持那里的社会稳定和经济发展。一个国家之中又是以实行社会主义制度的祖国内地为主体。主体是很大的主体，在这个前提下，可以允许在小地区和小范围内实行资本主义。在小地区和小范围内容许资本主义存在，不仅无损于社会主义，相反它可以作为社会主义经济的有益补充，有利于社会主义经济的发展。

（三）高度自治

"一国两制"构想的第三个基本点是在统一后的香港、澳门和台湾实行高度自治。地方事务由地方政府按照法律自行管理，叫作地方自治。高度自治也是地方自治。它与一般地方自治不同之处，在于它的自治程度比较高，享有的自治权比较大。香港特别行政区享有的自治权不仅比我国内地的省、自治区、直辖市的权力大得多，在某些方面，如货币发行权、财政独立和税收独立、司法终审权上，甚至超过联邦制国家的成员邦或州。

实行"一国两制"并且赋予香港特别行政区高度自治权，理所当然必须实行"港人治港"，由香港的永久性居民自己管理香港高度自治范围内的事务。"港人治港"要以爱国者为主体，只要是尊重自己的国家，诚心诚意拥护祖国恢复对香港行使主权，不损害香港的繁荣和稳定，不论他是赞成资本主义还是社会主义，都是爱国者，都可以参加治港的行列。"港人治港"以爱国者为主体的方针，在爱国爱港的旗帜下，最大限度地把港人团结起来为管好香港而奋斗，在过渡期筹建特别行政区的工作中已经发挥了重要作用。

香港基本法制定前，"一国两制"还只是以党和国家方针政策的形式出现。1982年修改宪法时增加了一个新的条文——宪法第31条，专门规定国家在必要时可以设立特别行政区，使基本法的制定有了宪法的依据。此后，中央制定了解决香港问题的12条基本方针政策，进一步充实了"一国两制"构想的内容。1984年，中英两国政府签署了体现"一国两制"各项基本方针政策的《中英联合声明》。中英两国在声明中向全世界宣布，中国将于 1997 年 7 月 1 日对香港恢复行使主权。在"一国两制"方针的指引下，七届全国人大三次会议制定了《香港特别行政区基本法》。这部基本法以宪法第 31 条为依据，根据《中英联合声明》中确定的基本原则和香港实际情况，规定了在香港特别行政区实行"一国两制"的基本内容，从而把国家对香港的各项方针政策进一步具体化、法律化、条文化，使之成为具有普遍约束力的国家法律，成为今后香港特别行政区一切运作的法律基础，同时也成为全国人民都要遵守的行为规范。香港基本法的制定，最后完成了"一国两制"从构想到基本方针政策，到成为全国性法律的过程。

二 基本法是在香港具体实行"一国两制"的重要法律基础

《香港特别行政区基本法》是在中国共产党领导下，由全国人民代表大会根据宪法的规定，为在香港落实"一国两制"方针而制定的一部基本法律，是中华人民共和国法律体系的重要组成部分。特别行政区与省、自治区、直辖市同属直辖于中央人民政府的地方行政区域，为什么省、自治区、直辖市不需要制定基本法，而特别行政区却要制定基本法呢？这是因为，省、自治区、直辖市实行的是社会主义制度，我国宪法和有关法律对此已有规定，而特别行政区实行的是宪法和已有法律未作规定的资本主义制度，为了规范和调整这种特殊制度，不能不制定一部专门的法律。宪法第 31 条规定："国家在必要时得设立特别行政区。在特别行政区内实行的制度按照具体情况由全国人民代表大会以法律规定。"设立特别行政区是国家的大事，所以宪法把制定法律来规定特别行政区实行的制度的权力交给全国人大，目的是赋予此项法律以更大的权威性，使"一国两制"方针得到切实可靠的法律保障。

（一）香港基本法是国家的基本法律

在我国的法律体系中，法律效力的高低是按照宪法、法律、行政法规和地方性法规的次序排列的。法律的效力低于宪法，而高于行政法规和地方性法规。香港基本法作为由全国人大制定和修改的基本法律，具有与其他基本法律相同的法律效力，所有行政法规和地方性法规，都不得同它相抵触。

香港基本法是一部全国性法律。有人以为香港基本法只在香港特别行政区实施，与其他地区无关，这是一种误解。基本法中有些规定直接涉及全国的国家机关、民间团体和公民。例如，中央人民政府所属各部门，各省、自治区、直辖市均不得干预香港特别行政区根据基本法自行管理的事务，香港特别行政区的民间团体和宗教组织同内地相应的团体和组织的关系，应以互不隶属、互不干涉和互相尊重的原则为基础，中国其他地区的人进入香港特别行政区须办理批准手续等，这些规定全国都要遵守，这是自不待言的。即便是那些只在特别行政区实行、不在中国内地实行的有关资本主义制度和政策的规定，全国的国家机关、社会团体、企事业单位和公民也有对其加以尊重和维护的义务。

同时，香港基本法也是香港特别行政区的立法基础，香港特别行政区立法机关制定法律要以基本法为依据，不得同基本法相抵触。特别行政区立法机关制定的任何法律，如果同基本法相抵触，都将失去法律效力。

（二）特别行政区的高度自治权来源于国家授权

香港特别行政区是中华人民共和国的一个直辖于中央人民政府的地方行政区域。就此而言其法律地位同内地的地方行政区并无两样。它的不同之处或者说特别行政区之"特"，在于它实行"一国两制"并因此享有其他地方行政区所不具有的高度自治权。特别行政区享有广泛的行政管理权，立法权，凡是属于特别行政区自治范围的事项，它都有权立法，但必须以基本法为依据，不能同基本法相抵触。特别行政区享有独立的司法权，不单是指法院独立进行审判、不受任何干涉，更重要的是指特别行政区有自己的司法制度，特别行政区法院自成体系，同内地法院没有组织上的从属关系。在单一制国家，终审权通常是属于中央的权力。香港在英国殖民统治下，终审权也在英国中央司法机关，不在香港。在普通法系国家，由于终审法院的判例对于所有下级法院具有法律约束力，终审权是用来指导司法实践、保持法制统一的重要手段，因此，殖民统治者牢牢抓住这个权力不放，直到撤退的最后一天。我们为了贯彻"一国两制"方针，不将终审权收归中央，而将它下放给特别行政区，由特别行政区终审法院行使。此外，特别行政区在对外事务方面，特别是在文化、经济领域，还享有比内地的地方行政区更大、更广泛的权力。

在起草基本法时，有一个权力来源问题引起了人们的关注：香港特别行政区享有的高度自治权究竟是香港原来就有的呢，还是中央授予香港特别行政区的？这个问题又同剩余权力连在一起，因此不能不作出回答。基本法正确地解决了这个问题。香港基本法第 2 条规定："全国人民代表大会授权香港特别行政区依照本法的规定实行高度自治，享有行政管理权、立法权、独立的司法权和终审权。"这个条文明确规定，特别行政区享有的高度自治权是最高国家权力机关授予的。

不同的权力来源决定于不同的国家体制。联邦制国家先有成员邦或州，后有联邦。许多联邦制国家的成员邦或州本来就是主权国家，它们在组成或参加联邦时，各自把部分权力交给联邦统一行使，而将余下的权力保留在自己的手里。成员邦或州同联邦的权力关系为分权关系，体现在法律上就是逐项列举联邦的权力，此外的权力包括未经列举的所谓剩余权力属于成员邦或州。在单一制国家，国家主权属于全体人民，由中央政权代表国家统一行使。地方行政区享有的权力不是它本身固有的，而是从国家主权派生的。它同中央的权力关系是授权与被授权的关系。我国是单一制国家，特别行政区享有的权力无论多大，都不是它本身固有的，而是中央对它的授权。基本法关于特别行政区权力来源的规定，为正确处理中央与香港特别行政区的权力关系提供了法律依据。今后如果发生某项权力是否为特别行政区所享有的问题，就要看此项权力是否经中央授权或者业已包括在中央授予特别行政区的权力范围之内。越权问题也应照此办理。

（三）体现"一国两制"的政治体制

中国政府在中英联合声明中宣布的基本方针政策，只说香港原有的资本主义制度不变，社会、经济制度不变，没有说政治制度或政治体制不变。这是因为香港实行的总督制本质上是一种典型的殖民主义政治制度，香港回归后不能不变。香港基本法规定的政治体制，不是保留香港原有的政治体制，而是本着"一国两制"方针，根据香港的实际情况，并参考世界各国的经验，重新设计出来的一种政治体制。这种政治体制尽量保留了香港原有政治体制中不具有殖民统治性质且行之有效的东西，如"行政主导"、行政机关与立法机关既互相制衡又互相配合、公务员制度、区域组织和社会咨询等，在政府架构和分工上也尽量保留了原来的格局。

香港特别行政区政治体制的特点是"行政主导"。行政长官是特别行政区的首长，代表特别行政区，既对特别行政区负责，也对中央人民政府负责。行政长官之下有个行政会议，是协助行政长官决策的机构。特别行政区的立法机关叫作立法会，议员按基本法规定的办法选举产生，特别行政区政府对立法会负责：要执行立法会通过并已生效的法律，定期向立法会作施政报告，答复立法会议员的质询，有关征税和公共开支的事项须经立法会批准。立法会还可以弹劾行政长官，行政长官也可解散立法会，但都有严格限制，以免影响政府的稳定性。

在这里我要讲一下行政长官对中央人民政府负责的问题。在近现代政治学上，"权"与"责"是一对紧密相连的概念。政府和政府官员行使法律赋予的权力，也要对此承担法律规定的相应责任。基本法规定，行政长官要依照基本法的规定对中央人民政府负责。这句话的意思是说，行政长官对中央负责的事项以基本法作出规定者为限。依照基本法的规定，负责执行基本法和在特别行政区实施的全国性法律，执行中央人民政府就国防、外交以及其他属于中央职权范围事务对特别行政区发出的指令，都是行政长官应尽的职责，行政长官应就履行这些职责对中央人民政府负责，也就是要向中央人民政府报告工作并接受中央人民政府的监督。

三　实施香港基本法的若干问题

（一）根据基本法正确处理中央和香港特别行政区的关系

在中央和香港特别行政区的关系上，基本法为我们实行"一国两制"规定了明确的准则。基本法专设一章对中央和香港特别行政区关系集中作了规定，但有关中央和香港特别行政区关系的规定并不以此章为限，其他章节还作了有关的规定，也是十分重要的。

依照基本法的规定，中央和香港特别行政区的关系是一种特殊的中央和地方的关系，在许多方面都不同于中央和内地的省、自治区、直辖市的关系。

我国宪法规定，国务院统一领导全国地方各级国家行政机关的工作，对全国的经济工作和城乡建设、教育、科学、文化、卫生、体育、民政、公安、安全、司法行政、监察、对外事务、国防建设等，无一不实行领导和管理。依照基本法的规定，中央人民政府负责管理香港特别行政区的防务和与香港特别行政区有关的外交事务。基本法第 48 条第 8 项规定，行政长官"执行中央人民政府就本法规定的有关事务发出的指令"。可见，在落实基本法规定的有关事务上，中央人民政府还通过发布指令的方式对特别行政区实行领导。在高度自治事务领域，除在某些情况下由于涉及国家主权或中央与特别行政区关系要由中央认可外，都由特别行政区自行管理。这里说的某些情况，例如，外国军舰和外国国家航空器进入香港要经中央特许，特别行政区与外国和外地区签订或修改民用航空协定要经中央具体授权等。

我国宪法规定，全国人大常委会对各省、自治区、直辖市制定地方性法规实行监督，有权撤销它们制定的同宪法、法律和行政法规相抵触的地方性法规和决议。依照基本法的规定，特别行政区享有立法权，特别行政区立法机关制定的法律，经立法机关"三读"通过、行政长官签署和公布后生效。特别行政区制定的法律虽要报全国人大常委会备案，但备案不是批准，对法律的生效并无影响。全国人大常委会对特别行政区立法只保留了一项监督权，就是特别行政区制定的法律，如果不符合基本法关于中央管理的事务及中央和香港特别行政区关系的条款，可将该项法律发回特别行政区，但不作修改。经全国人大常委会发回的法律，立即失效。发回与撤销都使被发回的法律和被撤销的法规立即失效，在这一点上二者是相同的。它们的不同之处是：省、自治区、直辖市的地方性法规被撤销后不能再作其他处理，而特别行政区法律被发回后，特别行政区立法机关还可以作进一步处理，可以将法律撤销，也可以对法律进行修改。修改后的法律须再报全国人大常委会备案，全国人大常委会当然也可以对它再次进行审查。

我国宪法规定，最高人民法院是国家最高审判机关，有权监督地方各级人民法院和专门人民法院的审判工作。由于香港特别行政区享有独立的司法权和终审权，最高人民法院对香港特别行政区的各级法院的审判工作不实行监督。

依照基本法规定，中央对香港特别行政区还行使几项重要的权力。

第一项是行政长官和政府主要官员的任命权。有人说，既然行政长官人选在当地协商后选举产生，特别行政区政府主要官员由行政长官提名，报中央人民政府任命，中央人民政府对行政长官和特别行政区政府主要官员的任命只是一种形式，就如同英女王任命获得议会多数支持的政党领袖组阁一样。这种看法是不正确的。中央人民政府的任命权是一种实质性的权力，是否任命全由中央人民政府决定。中央人民政府的此项权力是对行政长官和特别行政区政府主要官员符合基本法标准的有力保证。

第二项是立法会对行政长官的弹劾由中央人民政府决定是否有效。世界各国通常的做法是，对行政首脑的弹劾案经议会以特别多数（通常是三分之二）通过后即为成立，行政首脑随即解职。按照基本法的规定，立法会对行政长官的弹劾要报请中央人民政府决定，这是因为特别行政区直辖于中央人民政府，行政长官本是中央人民政府任命的，所以行政长官的解职也应由中央决定。

第三项是在国家宣布战争状态或者在香港发生不能控制的危及国家统一或安全的动乱时，全国人大常委会有权决定香港进入紧急状态，中央人民政府可颁布命令，将有关的全国性法律在香港实施。

我们要落实"一国两制"方针，就必须按照基本法来处理中央和香港特别行政区的关系。基本法规定由中央行使的权力，是维护国家的主权、统一和领土完整的需要，是单一制国家中央对地方主权的体现，是"一国"的主要内容，是实施"两制"的前提，必须由中央行使。基本法规定由香港特别行政区自行处理的事务，中央要充分相信特别行政区政府有能力把这些事务管好，不加干预，还要约束中央人民政府所属各部门和各省、自治区、直辖市不去干预特别行政区依照基本法自行管理的事务，也要约束派驻香港特别行政区负责防务的部队不去干预特别行政区的地方事务。

（二）关于香港原有法律的保留问题

香港法律属于普通法系，与内地法律制度有很大不同。就法律形式而言，内地法律可归大陆法系。普通法系和大陆法系是世界上的两大法系。普通法系的特点是以不成文的判例法为主，辅以成文的制定法。大陆法系则是以成文法为主，判例只可作参考，不具有法律效力。

作为普通法系的香港法律和法律制度来源于英国。英国在占领香港的第二年（1843 年）就宣布把英国的法律，包括成文法和不成文法，都直接适用于香港，唯一的限制是不适合本地情况和本地居民的规定除外。后来香港的立法机构逐渐将一部分成文法，主要是英国议会制定的法律，转化成香港本地的法律。其办法是根据本地的情况，对英国法律作一些修改，但英国法律的基本内容和框架结构保持不变，因此香港本地法律不过是英国法律的香港版。直到今天，直接在香港适用的英国法律仍有一百多项，而且其法律效力在香港本地法律之上。至于英国的不成文法，也就是判例法，一直是香港法院办案的法律依据。香港本地案例只起补充作用，香港法院办案主要还是根据英国和其他英联邦国家的判例。

基本法对要保留的香港原有法律规定了一个范围，它们是普通法、衡平法、条例、附属立法和习惯法。在这里我想对这五种法律作一点解释。普通法和衡平法是来源于英国的两种判例法。11 世纪，诺曼底人征服英国时，没有用罗马法完全取代英国原有的法律。诺曼底王朝的威廉一世多次颁布宪章，允许各地依照原来的习惯法办案。当时的英国是个封建国家，各地习惯法不统一。例如，无遗嘱财产继承，大部分地区实行长子继承制，但也有一些地区实行诸子平分制或幼子继承制。英王为了在全国建立统一的法制，从伦敦派法官到各地巡回参加审判。在这些巡回法官的努力下，本来是地方性的习惯法逐渐被改造成全国通用的习惯法，普通法即由此而得名。

由判例积累而成的普通法，无论是在法律的实体还是在程序上，都存在一些缺陷，因此，依照普通法办案，有时会出现不公平的情况。诉讼当事人受到不公平的对待后，往往向英王申诉。英王通常将这类申诉交给宫廷大臣处理。宫廷大臣手下有一个机构专门负责处理申诉案件，后来就演化成衡平法院。衡平法院本着公平原则办案，不受普通法的限制。久而久之，衡平法院也积累出一套不同于普通法的法律规范，这就是衡平法。

条例和附属立法是香港本地制定的两种法律。条例是主要法律，要由立法局"三读"通过并由总督签署。附属立法是由条例授权的政府部门为实施条例而制定的法规。附属立法制定后要提交立法局省览，立法局不提出异议，即为有效。香港现有条例 640 多章，附属立法 1160 多项。

习惯法是指英国占领香港前就已经存在的本地惯例。大清律例也被视作香港的习惯法。习惯法的适用范围很小，只有无遗嘱继承、新界土地产权的转移、家庭亲属关系等方面，法院可以按照习惯法办案。

目前在香港适用的英国成文法回归后不在保留之列。这是因为我国对香港恢复行使主权后，外国法律在香港适用违反国家主权原则。不过，在香港适用的英国法律当中，有些今后仍是需要的，例如《官方保密法》，但必须先将这些法律本地化，然后作为香港法律加以保留。中英双方通过联合联络小组磋商，"法律本地化"的问题已基本解决。

香港原有法律既然是在英国殖民统治下产生和发展而成的，无论在实质内容还是名词术语上，自然有许多抵触基本法的地方。名词术语的抵触，可以采取名词替换的办法解决。内容方面的抵触，大部分可以通过规定香港原有法律在特别行政区如何适用的原则来解决。真正由于同基本法相抵触，不能保留下来的香港原有法律剩下不多。今年2月，全国人大常委会根据筹委会的建议通过了一项《关于处理香港原有法律问题的决定》。依照该决定，香港原有条例和附属立法，由于抵触基本法，整部不采用的只有14项，部分不采用的只有10项。在640多章条例和1160多项附属立法当中，不采用为特别行政区法律的仅有20来个，可见全国人大常委会在处理这个问题上是十分慎重的。当然，一次审查未必能够解决所有同基本法相抵触的问题，有鉴于此，决定又规定，在全国人大常委会作出决定后，如发现被采用为香港特别行政区法律的香港原有法律与基本法相抵触，可依照基本法规定的程序修改或停止生效。全国人大常委会对香港原有法律问题的处理，体现了香港原有法律基本不变的精神，严格地执行了基本法的有关规定，得到香港社会各界的好评和支持。

（三）关于全国性法律在香港特别行政区的适用问题

全国性法律理应在我国领土范围内普遍适用，但在实行"一国两制"的香港只适用涉及国家统一和主权的少数必要的全国性法律。在特定情况下，即国家宣布战争状态或香港进入紧急状态时，中央有权发布命令，将有关的全国性法律在香港实施。此外，有些事情在全国应该保持统一，例如国家领海有多宽、大陆架如何确定，国旗和国徽如何使用，中国公民的国籍如何定等，香港特别行政区要遵照有关全国性法律的规定办事，不能另搞一套。基本法对在香港特别行政区实施的全国性法律划了一个范围，同时还规定了一项程序：凡是要在香港特别行政区实施的全国性法律，都必须首先列入基本法的附件三，没有列入附件三的不在特别行政区实施。这样就为在法律领域贯彻"一国两制"方针提供了切实的保障。

（四）关于香港基本法的解释问题

法律的适用要靠解释，解释不同，法律的适用也就两样。因此，法律的解释权是一项十分重要的权力。这个权力在实行普通法的国家或地区尤其重要。美国联邦最高法院掌握美国宪法的解释权。20世纪60年代，美国联邦最高法院作出一项判决，宣布死刑违反宪法，结果各州纷纷停止适用死刑。到了70年代，美联邦最高法院又作出一项判决，说死刑不违反宪法，美国不少州又重新恢复了死刑。从这个例子可以看出，法律解释权在实行普通法的国家或地区有多么重要。

基本法对其规范的事项只作了原则性规定，给解释留下的余地颇大。在基本法由谁解释的问题上，我们遇到了两种制度的矛盾。我国宪法明确规定，解释法律是全国人大常委会的权力，因此基本法的解释权应当属于全国人大常委会。但在实行普通法的香港，法律由法院解释，立法机关只制定法律，不解释法律。香港特别行政区的法院如果对基本法没有解释权，遇到需要解释基本法的案件，就只能把案件停下来，等待全国人大常委会作解释。这种情况如果很多，就会对特别行政区司法工作产生不利影响。基本法根据"一国两制"方针，考虑到香港的实际情况，对基本法的解释权问题作了如下处理。

首先，基本法规定，基本法的解释权属于全国人大常委会。

其次，基本法规定，全国人大常委会授权香港特别行政区法院，在审理案件时对基本法关于香港特别行政区自治范围内的条款自行解释。关于香港特别行政区自治范围内的条款占基本法条文的绝大部分。可见，特别行政区各级法院在审理案件时对绝大部分基本法条文有权自行解释，无须提请全国人大常委会解释。

最后，基本法规定，香港特别行政区法院在审理案件时对基本法的其他条款也可解释。将两项规定合起来看，可知特别行政区法院在审理案件时对基本法的全部条文都可以解释。

基本法对香港特别行政区法院解释基本法的唯一限制是：如果法院要对基本法关于中央人民政府管理的事务或中央和香港特别行政区关系的条

款进行解释，而该条款的解释又影响到案件的判决，那么在对该案件作出终局判决以前，应由香港特别行政区终审法院提请全国人大常委会对有关条款作出解释。由于基本法关于中央人民政府管理的事务和关于中央和香港特别行政区关系的条款涉及国家的主权，事关重大，为避免香港特别行政区法院对上述条款的解释同全国人大常委会不一致，因此采取了由终审法院提请全国人大常委会解释的办法。基本法对基本法解释问题的处理，既保证了基本法涉及国家主权的条款在全国范围内获得统一的理解和实施，又照顾到普通法由法院解释法律的惯例，是在两种法律制度存在矛盾的情况下贯彻"一国两制"方针的好例子。

（五）关于基本法的修改问题

法律的稳定是保持社会稳定的必要条件。法律要稳定，当然不是不能修改。根据社会发展的需要，对法律及时作出修改是完全必要的，但一定不可轻易修改。作为香港特别行政区的基本法比一般法律，应该具有更高的稳定性。保持基本法的稳定，对于消除港人的疑虑，坚定其信心，至关重要。因此，基本法第159条对修改基本法规定了严格的程序。

第一，基本法规定，基本法的修改权属于全国人民代表大会。

第二，基本法规定，对基本法有修改提案权的仅限于全国人大常委会、国务院和香港特别行政区。大大缩小了通常享有法律修改提案权的权力机关的范围。

第三，基本法规定，香港特别行政区行使修改提案权，须经该特别行政区的全国人大代表三分之二多数、立法会全体议员的三分之二多数分别通过，并经行政长官同意，始可由香港特别行政区全国人大代表团向全国人大提出修改议案。

第四，基本法规定，基本法的修改议案列入全国人大的议程前，先由香港特别行政区基本法委员会研究并提出意见。

第五，基本法还规定，对基本法的任何修改均不得同中华人民共和国对香港的既定基本方针政策相抵触。

第一项规定是把基本法的修改权留给了全国人大，第二、三、四项规定是从程序上防止基本法的轻易修改，第五项规定则是从实质上防止改变基本法的原则和基本精神。

（六）　关于基本法具体实施中的法律问题

从 1997 年 7 月 1 日开始基本法将正式实施，我们还有大量的法律工作要做。对基本法规定的某些事项，我们要制定与之配套的单行法。例如，基本法对驻军的任务和职责、纪律等作了规定，但驻军进入香港后会面临一系列具体问题，例如驻军与香港特别行政区的关系，驻军人员诉讼案件的司法管辖等，需要有法律的规范，这就需要制定驻军法。又如基本法对香港永久性居民的六种情况作了原则性规定，但要在实际工作中落实这个规定，还需要解决一系列与之有关的法律问题。为此，全国人大常委会通过了《关于〈中华人民共和国国籍法〉在香港特别行政区实施的几个问题的解释》等。为使基本法的规定具有可操作性，应由特别行政区根据基本法的规定并参照有关法律文件，结合香港的实际情况，进一步立法。目前，特别行政区临时立法会正在为此而努力。

最近，香港方面有人提出香港回归后土地的批租年限问题。香港实行土地批租政策，即由政府主管部门按照一定年限将土地批给个人或法人团体使用。港英政府过去批租"新界"土地，因受"新界"租期的限制，只批到 1997 年 6 月 27 日为止。中英联合声明签订后，批租期延长到不超过 2047 年 6 月 30 日。香港回归后，特别行政区政府批租土地是否也不能超过 2047 年 6 月 30 日，还是不受时间限制？这个问题在我们看来也许觉得多余，因为批租年限是用来限制殖民当局的，特别行政区政府是我们自己的地方政府，怎么会与殖民政府相提并论。但是香港是个讲法治、依法办事的社会，香港居民的法律意识比较强，凡事都要于法有据，同他们谈问题，如果只讲道理、讲政策，却拿不出法律的规定来，是很难使他们相信的。这是香港社会的特点。基本法的实施能否成功，在很大程度上要看我们对实施中的法律问题处理得如何，所以一定要把这些问题处理好。

（七）　妥善处理"一国、两法和两法域"引起的法律问题

香港回归祖国后，我国就有了两种不同性质的法律：内地实行的社会主义法律和香港实行的资本主义法律。两种法律各有其适用地域，我国由此又出现了内地和香港两个不同的法域。这种"一国、两法和两法域"的新格局必将给我们带来新问题。不同法域之间，在案件的管辖上，在案件

的调查取证和文书送达上，在案犯的移交上，在法律的适用上，在判决的相互承认和执行上，都将有许多问题需要解决。不同法域之间的差异，将产生一些法律冲突，这些问题都很复杂，在司法实践中有其紧迫性，因此要及时将其提上议事日程，进行研究，妥善解决。基本法第 95 条对香港特别行政区与全国其他地区的司法联系和协助只作了一项原则性规定，就是由它们的司法机关通过协商并且依法进行解决。所谓依法，是说香港和内地对处理这些问题本来都有一些法律规定，进行协商时要依照而不是违背这些规定。在处理司法联系和协助的问题上，就要坚决贯彻"一国两制"方针和基本法的有关规定。香港特别行政区成立后，我们要强调两个法域的相互尊重和协调，相互尊重对方法律的尊严和权威。同时也应该提倡相互学习、借鉴和吸收对方的有益经验，积极推进法律上的交流合作。而市场经济的法律许多方面是相通的，法律趋同化也是一种国际趋势。要采取具体措施，妥善解决香港特别行政区和内地的司法联系和协助问题。

四　严格按照基本法办事，维护香港的长期繁荣稳定

在香港回归祖国的过渡期，以江泽民同志为核心的党的第三代领导集体，坚定不移地贯彻"一国两制"方针，坚定不移地按照基本法办事。这是我们在过渡期能够得到广大港人拥护，在筹组特别行政区的工作中取得节节胜利的原因所在。

香港回归后，我们面临的任务是全面实施基本法，按照"一国两制"的蓝图建设一个更加美好、更加繁荣稳定的新香港。这是一项光荣而艰巨的任务。能不能胜利完成这项历史性的任务，关键在于是否严格按照基本法办事。

香港是我们实现祖国和平统一的第一站。香港回归后，能否保持长期繁荣稳定，对解决澳门特别是台湾问题，具有率先垂范的作用，受到全世界的关注。它的成功将为解决台湾问题奠定基础，也为国际社会以和平方式解决国家间存在的历史遗留问题和争端提供了一种模式和范例。少数别有用心的人妄图把"香港问题"国际化，在所谓"人权"、"民主"等问题上做文章，干涉我国的主权和内政，把香港搞乱。而这些矛盾和斗争，往往表现为法律斗争的形式，围绕成立"临立会"、修改《公安条例》和

《社团条例》的斗争就是明证。因此，我们要以香港基本法为武器，依法处理矛盾，通过法律斗争，排除国际和香港内部敌对势力的干扰，实现香港的长期繁荣稳定。

（1）严格按基本法办事，就要坚持依法治港。香港是一个国际性大都市，是一个法治化的社会。保持香港的长期繁荣稳定，最根本的是要靠法律和制度，靠法治所特有的连续性、稳定性、规范性和权威性。对香港我们也要贯彻依法治国方略，尊重香港的特殊法律地位和法治传统，坚持依法治港，保证"一国两制"、港人治港、高度自治的实现。

（2）严格按基本法办事，就要坚持依法保证香港原有的经济制度、自由港地位和国际贸易、金融、航运、通信中心的地位不变。尊重和维护香港在国际条约和国际组织中的权利和义务，保持香港的繁荣发展。

（3）严格按基本法办事，要求中央政府各部门、各省、自治区、直辖市不得干预香港特别行政区依照基本法自行管理的事务。恢复对香港行使主权，是一种重大的国家行为。只有中央最高国家机关即全国人民代表大会及其常委会、中华人民共和国主席、国务院及中央军事委员会才有权代表中央同香港特别行政区发生关系，此外任何部门、地方未经授权均无权力。

（4）严格按基本法办事，要求香港特别行政区正确行使高度自治权，不论处理香港本地区的事务，还是处理和中央政府及外部世界的关系，都应视基本法为其行为的重要依据，自觉维护国家的统一和主权。

（5）严格按基本法办事，要求广大干部群众，特别是中央各部门、各地方的领导同志，要正确理解、充分认识基本法实施的重大现实意义和深远的历史意义，都要认真学习基本法，广泛宣传基本法，严格遵守基本法，使之成为香港长期繁荣稳定的根本保障。广大港人也应以基本法为准则，以主人翁的责任感，肩负起治港重任。

坚持"一国两制"方针，研究、学习、宣传和执行香港基本法，维护香港的繁荣稳定，是一项任重而道远的历史任务。我们相信，在党中央领导下，在"一国两制"方针的指引下，有宪法和香港基本法的保障，有全国人民的大力支持，有特别行政区政府和600万香港同胞的共同努力，我们一定能够完成这一历史任务，把香港建设得更加美好、更加繁荣昌盛！

运用法律手段保障和促进信息网络健康发展

(十五届中央政治局第十二次法制讲座,
2001 年 7 月 11 日)

郑成思

【内容提要】信息网络安全涉及国家安全、社会安全、经济安全、个人安全,依法加强管理已经成为许多国家的共识。由于信息网络技术在世界范围内广泛应用的时间不长,加上信息网络技术的发展更新很快,世界各国还没有形成完善的法律体系,不过有些起步相对早一些的国家及国际组织已有一些经验可供我们研究与参考。从 20 世纪 90 年代中期至今,我国已出台一批信息网络安全方面的法律、法规和行政规章,但还存在一些问题:缺少基本法,造成多头管理、相互冲突;侵权责任法存在缺陷;缺少大多数发达国家及一些发展中国家有关电子商务的法律;刑法和诉讼法的一些规定不适应电子商务发展;以法律手段鼓励网上传播中国声音还不够。建议对信息网络立法问题作通盘研究,尽早列入国家立法规划;加强信息网络业行业自律立法,鼓励行业自律;鼓励通过网络弘扬中华文化,开展精神文明建设;认真研究国际动向,积极参与保障网络安全的国际合作;对各级领导干部进行网络知识培训。

【主讲人简介】郑成思,1944 年生,云南昆明人。中华人民共和国版权理论的重要开拓者,中国版权制度建设的主要奠基人之一,被誉为"中国知识产权第一人"。曾任中国社会科学院法学研究所研究员、博士生导师,中国社会科学院学部委员,中国社会科学院学位委员会委员,中国社会科学院知识产权研究中心主任,中国版权研究会副理事长,国际版权学会顾问,世界知识产权组织仲裁中心仲裁员,国际知识产权教学与研究促进协会执行委员，九届、十届全国人大代表、法律委员会委员，参加了我国著作权法、专利法、商标法、计算机软件保护条例、民间文学保护条例、网络传播权保护条例和民法典、反不正当竞争法等法律法规的起草、修订工作。1986 年被授予"国家级专家"称号，1989 年被授予"全国劳动模范"称号。2006 年 9 月 10 日因病于北京逝世。

在当今世界，信息网络技术对人类文明的影响，超过了其他任何高新技术。信息网络化的发展水平，已经成为衡量一个国家现代化水平与综合国力的重要标志。推动国民经济和社会信息化，是党中央高瞻远瞩，总揽全局，面向 21 世纪作出的重要战略决策。对于信息网络化问题，江泽民总书记提出了"积极发展、加强管理、趋利避害、为我所用，努力在全球信息网络化的发展中占据主动地位"的要求，这不仅是我国信息网络发展的指导方针，也是我们运用法律手段保障和促进信息网络健康发展的重要指导思想。

一　信息网络的发展与加强法律规范的必要性和重要性

（一）依法加强管理已经成为许多国家的共识

信息传播技术的发展，在历史上一直推动着人类社会、经济与文化的发展，同时也不断产生出新问题，需要人们不断去解决。在古代，印刷出版技术的发明与发展，为大量复制与传播文化产品创造了条件，同时也为盗用他人智力成果非法牟利提供了便利，于是产生了版权保护的法律制度。近现代无线电通信技术的出现，录音、录像技术的出现以及卫星传播技术的出现等，也都曾给人们带来便利，推动了经济发展，繁荣了文化生活，同时也带来了需要用法律解决的问题。中国古老的辩证法告诉我们：利弊相生、有无相成。法律规范得当，就能够兴利除弊，促进技术的发展，进而促进社会的发展。

20 世纪 90 年代至今，信息网络的迅速发展，对政治、经济、社会等各个领域都产生了广泛、巨大而又深远的影响。截至 2000 年底，全球互联网上网人数共 4.71 亿人。美国上网人数超过 1.5 亿人，欧盟国家上网人数超过 4600 万人，日本超过 4700 万人。截至 2000 年 7 月，我国上网人数也已经达到 2600 万人。1997 年 10 月，我国上网计算机，共 29.9 万台，而到 2001 年 7 月，已经发展到 1000 万台，这种发展速度，令人瞩目。

根据美国知识产权协会的统计，自 1996 年之后，美国每年信息产业中版权产业的核心部分，即软件业、电影业、图书出版业等产品的出口额，都超过农业与机器制造业。该协会把这当作美国已经进入"知识经济"的标志。根据我国今年年初"国家经济信息系统工作会议"公布的数据，2000 年我国电子信息产品制造业增长速度已经大大高于传统产业，总产值已经突破 1 万亿元，成为我国工业的第一支柱。

网络（主要指互联网络，特别是国际互联网络）给人们带来的利（或便利）在于其开放性、兼容性、快捷性与跨国传播。而网络的"弊"，也恰恰出自它的这些特点。正是由于这些特点，产生出应用网络来传播信息的重要问题——安全问题，以及其他一些需要用法律去规范的问题。

国内外都曾有一种观点认为：计算机互联网络的发展环境是"无法律"的。在互联网发展初期，由于缺乏专门以互联网为调整对象的法律，而大都以原有的相关法律来规范互联网上的行为，许多国家认为可以不立新法。于是，这被一些人误解为"无法律"。所谓"无法律"，一开始就仅仅是一部分网络业内人士对法律的误解。计算机网络上日益增多的违法犯罪活动，使人们认识到：必须运用法律对计算机信息网络进行管理。而网络技术本身的发展也为这种管理提供了客观的基础。计算机互联网络是 20世纪 90 年代才全面推广开的新技术，而且发展迅速，对它的法律调整滞后、不健全，是不足为奇的。但若由此断言互联网络处于法律调整的"真空"之中，是现实社会的法律所不能触及的"虚拟世界"，那就错了。国际互联网的跨国界传播，无疑增加了各国在其主权范围内独立调整和管理网上行为的困难，但这并不意味着无法管理。而且，由于出现了强烈的网络管理的社会要求，各种行之有效的网络管理技术也应运而生。面对安全问题，起初很多国家考虑的是通过技术手段去解决。而今天，越来越多的国家已经认识到：仅仅靠技术手段是不够的，还必须有法律手段。网络作为一种传播媒介，不仅不可能自动消除不良信息的危害，而且因其使用便利、传播快捷的特点，反而可能在缺乏管理的状态下大大增强其危害性。

事实上，通过法律手段加强管理，解决信息网络化进程中产生的安全问题，已经成为相当多国家的呼声。几乎所有应用和推广网络传播技术的国家，无论发达国家还是发展中国家，都颁布了或正在起草相应的法律法规，都不同程度地采用法律手段开始了或加强了对计算机信息网络的管理。

（二）信息网络安全问题的几个主要方面与法律规范的必要性

涉及信息网络安全的问题，主要有四个方面。

第一，国家安全。网络的应用，给国家的管理，例如统计、档案管理、收集与分析数据、发布政令或公告等带来了便利。电子政务的开展，有利于密切政府与人民群众的联系，有利于提高国家机关的工作效率，有利于加强人民对国家事务的参与。近年来，我国海关在查处走私活动，公安部门在严打的过程中，取得的很多显著成效也得益于计算机网络的应用。网络的应用还为国防建设提供了新的技术手段，为尖端科学技术的研究与开发提供了条件。但同时，一旦有人利用网络，侵入国防计算机信息系统或侵入处于极度保密状态的高科技研究的计算机信息系统，乃至窃取国家、国防、科研等机密，其危害就远不是非网络状态下的危害可比的了。国内外敌对势力煽动反对政府、颠覆国家政权、破坏国家统一等有害信息，也可以通过网络得到迅速传播。而保障国家安全，是稳定与发展的前提。迄今为止，所有应用及推广信息网络技术的国家，无论发达国家还是发展中国家，都极度重视伴随着这种应用与推广而产生的国家安全问题。

第二，社会安全。网络以迅捷、便利、廉价的优点，丰富了社会文化生活与人们的精神生活。但同时，发送计算机病毒，传播黄色、暴力、教唆犯罪等精神毒品，网上盗版，网上煽动民族仇恨、破坏民族团结，网上传播伪科学、反人类的邪教宣传，如法轮功等，也利用了这种迅捷、便利、廉价的传播工具。对网上的这些非法活动必须加以禁止和打击，以保障社会的安全。例如，如果不在网上"扫黄打非"，那么，有形的传统市场上打击黄色的、盗版的音像及图书的执法活动，就在很大程度上会落空，因为制黄与制非活动会大量转移到网上。

第三，经济安全或市场安全。在经济领域，首先应用网络技术的是金融市场。金融电子化与信息化方便了储户，使储蓄实名制成为可能，同时还加速了证券交易在网上运行的进程。企业开展电子商务，有助于提高管理效率，降低经营成本，增强竞争能力。国外英特尔公司的总裁与国内北大方正的王选都说过一句相同的话："企业若不上网经营，就只有死路一条。"今年年初以来，纳斯达克指数的暴跌以及大量中介性网络公司倒闭的事实，决不说明电子商务应当被否定。它与电子商务的兴起这一事实，反映的是同一事物的两个方面。它说明了网络经济本身不能靠炒作，网络经济只有同物质经济、传统产业相结合，才有生命力。从 1998 年至今，北京郊区一些收益较好的菜农，得益于网上经营或电子商务。1999 年，上海市政府开通农业网，鼓励农民上网经营。上海奉贤县仅去年一年，就在网上获得 1 亿元订单。但同时，在网上把他人的商标抢注为自己的域名，网上的金融诈骗、合同欺诈，利用网络宣传、销售假冒伪劣产品，搞不正当竞争等种种违法犯罪活动，也不断增加。若不及时禁止这些活动，人们会对网络上的虚拟市场缺乏安全感，从而将妨碍我国企业的电子商务活动。

第四，个人安全。随网络发展起来的电子邮件、网络电话、电子银行信用卡等，给大多数网民提供了便捷与低价的服务，大大提高了网民们的工作效率和生活质量。但同时也出现了破译他人电子邮箱密码，阅读、篡改或删除他人电子邮件，破解他人网上信用卡密码，利用网络窃取他人钱财乃至敲诈勒索，利用网络散布谣言、诽谤他人、侵犯他人隐私权等侵权或犯罪活动。今年 4 月，鞍山市中级人民法院审结的通过网络交友引诱与绑架人质勒索钱财的案件，表明了以法律手段规范网络运营、保障个人安全的必要性。

上述几个方面的安全问题是相互联系的。国家安全与社会安全非常重要；市场安全与个人安全的问题，则是大量的。今年 4 月至 5 月，在黑客大量攻击我国网站的事件中，被攻击的商业网站占 54%。市场与个人安全问题，又都直接或间接影响国家安全与社会安全。例如，若不能依法制止利用互联网编造并传播影响证券、期货交易或其他扰乱金融市场的虚假信息，社会稳定就必然出现隐患，进而会影响到国家安全。

二　国外的做法及立法现状

由于信息网络技术在世界范围内广泛应用的时间还不算太长，加上信息网络技术的发展更新很快，目前，世界各国还没有建立健全完善的法律体系。总的来讲，各国在这方面的立法与依法管理的实践都处于初期。不过，有些起步相对早一些的国家及国际组织，已经有了一些经验可供我们研究与参考。

（一）打击网络犯罪的国际合作与立法情况

20 世纪 90 年代以来，针对计算机网络的犯罪和利用计算机网络犯罪的数量，在许多国家包括我国，都有较大幅度的增长。针对这种情况，许多国家明显加大了运用法律手段防范和打击网络犯罪的力度。同时，在这方面的国际合作也迅速发展起来。

欧盟委员会于 2000 年初及 12 月底先后两次颁布了《网络刑事公约（草案）》。这个公约目前虽然只是面对欧盟成员国的地区性立法，但它开宗明义表示要吸纳非欧盟成员国参加，试图逐步变成一个世界性的公约。现在，已有 43 个国家（包括美国、日本等）表示了对这一公约草案的兴趣。这个草案很有可能成为国际合作的打击网络犯罪的第一个公约。这个公约草案对非法进入计算机系统，非法窃取计算机中未公开的数据等针对计算机网络的犯罪活动，以及利用网络造假、侵害他人财产、传播有害信息等使用计算机网络从事犯罪的活动，均详细规定了罪名和相应的刑罚。草案还明确了法人（即单位）网上犯罪的责任，阐述了国际合作打击网络犯罪的意义，并具体规定了国际合作的方式及细节，如引渡、根据双边条约实行刑事司法协助、在没有双边条约的国家之间怎样专为打击网络犯罪实行司法协助等。

在各国的刑事立法中，印度的有关做法具有一定代表性。印度于 2000 年 6 月颁布了《信息技术法》。印度并没有物权法之类规范有形财产的基本法，却优先制定出一部规范网络世界的基本法。这部《信息技术法》主要包括刑法、行政管理法、电子商务法三个大的方面。同时，还包括对已有刑法典、证据法和金融法进行全面修订的一系列附件。刑法部分的主要内容与欧盟的《网络刑事公约（草案）》大致相同。有两点内容是欧盟公约中没有的：一是规定向任何计算机或计算机系统释放病毒或导致释放病毒的行为，均为犯罪；二是对于商业活动中的犯罪行为列举得比较具体。例如，为获取电子签名认证而向有关主管部门或电子认证机构谎报、瞒报任何文件或任何事实的，均认定为犯罪。该法对犯罪的惩罚也作了详细的规定。例如，第 70 条规定：未经许可进入他人受保护的计算机系统，可判处十年以下徒刑。第 71 条规定：在电子商务活动中向主管部门谎报与瞒报，将处两年以下徒刑，还可以并处罚金。

还有一些国家修订了原有刑法，以适应保障计算机网络安全的需要。例如，美国 2000 年修订了 1986 年的《计算机反欺诈与滥用法》，增加了法人犯罪的责任，增加了与上述印度法律第 70 条相同的规定，等等。

（二）禁止破解数字化技术保护措施的法律手段

1996 年 12 月，世界知识产权组织在两个版权条约中，作出了禁止擅自破解他人数字化技术保护措施的规定。至今，欧盟、日本、美国等多数国家和组织，都把它作为一种网络安全保护的内容，在本国的法律中予以规定。尤其是美国，虽然总的来说，它认为网络时代无须立任何新法，全部靠司法解释就能解决网络安全问题，但却例外地为禁止破解他人技术保护措施制定了专门法，而且从网络安全目的出发，把条文规定得极其详细——不仅破坏他人技术保护措施违法，连提供可用以搞这种破坏的软硬件设备也违法，同时还详细规定了图书馆、教育单位及执法单位在法定条件下，可以破解有关技术措施，以便不妨碍文化、科研及国家执法。值得注意的是，有关网络安全的许多问题，均是首先在版权领域产生的，其解决方案，又首先是在版权保护中提出，再扩展到整个网络安全领域的。例如破解技术保护措施的违法性，就是因为 1992 年英国发生的一起违法收看加密电视节目的版权纠纷，而引起国际关注的。

（三）与"入世"有关的网络法律问题

在 1996 年 12 月联合国第 51 次大会上，通过了联合国贸易法委员会的《电子商务示范法》。这部示范法对于网络市场中的数据电文、网上合同成立及生效条件、运输等专项领域的电子商务，都作了十分具体的规范。这部示范法的缺点是：当时还没有意识到数字签名认证机构的关键作用，所以针对这方面作的规定较少，也较原则。1998 年 7 月出台的新加坡的《电子交易法》，被认为是解决这一类关键问题较成功的法律。我国的香港特别行政区，于 2000 年 1 月颁布了《电子交易条例》。它把联合国贸易法委员会示范法与新加坡的电子交易法较好地融合在一起，又结合了香港本地实际，被国际上认为是较成功的一部保障网络市场安全的法规。

早在 1999 年 12 月，世贸组织西雅图外交会议上，制定对电子商务的规范就是一个主要议题。这是因为 1994 年 4 月世贸组织在马拉加什成立时，网络市场作为世界贸易的一部分还没有被充分认识，而 1996 年之后，这一虚拟市场已经以相当快的速度发展起来了。联合国已有了示范法，世贸组织也不甘落后。西雅图会议虽然流产，但下一次世贸组织的多边外交会议，仍将以规范电子商务为主要议题。届时我国可能已经"入世"。所以从现在起，我国有关主管部门就应对这一议题作深入研究，以便在必要时提出我们的方案，或决定支持那些于我国网络市场安全及健康发展有利的方案。

（四）其他有关立法

有一些发展中国家，在单独制定从不同角度保障网络健康发展的部门法之外，还专门制定了综合性的、原则性的网络基本法。例如韩国 1992 年 2 月制定、2000 年 1 月修订的《信息通信网络利用促进法》，就属于这样一部法。它与我国的《科技进步法》的形式类似，但内容更广泛些。它虽不及印度的基本法那样详细，但有些内容却是印度所没有的。例如对信息网络标准化的规定，对成立韩国信息通信振兴协会等民间自律组织的规定等。

在印度，则依法成立了网络事件裁判所，以解决包括影响网络安全的诸多民事纠纷。这种机构不是法院的一部分，也不是民间仲裁机构，而是地道的政府机构。它的主管人员及职员均由中央政府任命，但主管人员资格是法定的。西欧国家及日本，近年来在各个领域都制定了大批专门使信息网络在本国能够顺利发展的法律、法规，同时对现有法律进行了大量修订，使之能适应网络安全的需要。例如德国 1997 年的《网络服务提供者责任法》与《数字签名法》，它们出现在欧盟共同指令发布之前，足以说明其规范网络活动的迫切性。日本 1999 年的《信息公开法》与同时颁布的《协调法》，对作者行使精神权利（即我国版权法中的人身权），规定了过去从来没有过的限制，以保证政府有权不再经过作者许可即可发布某些必须发布的信息。英国 2000 年的《通信监控权法》第三部分专门规定了对网上信息的监控。这部法的主要篇幅是对行使监控权的机关必须符合怎样的程序作出规定。在符合法定程序的前提下，"为国家安全或为保护英国的经济利益"，该法授权国务大臣对行使监控权的机关颁发许可证，以截收某些信息，或强制性公开某些信息。

（五）民间管理、行业自律及道德规范手段

无论发达国家还是发展中国家，在规范与管理网络行为方面，都很注重发挥民间组织的作用，尤其是行业的作用。德国、英国、澳大利亚等国学校中网络使用的行业规范均十分严格。在澳大利亚，大学各系的秘书每周都要求教师填写一份保证书，申明不从网上下载违法内容；在德国，凡计算机终端使用人，一旦在联网计算机上有校方规定禁止的行为，学校的服务器立即会传来警告。慕尼黑大学、明斯特大学等学校，都制订有《关于数据处理与信息技术设备使用管理办法》，要求师生严格遵守。

1996 年，英国的网络服务提供者们在政府引导和影响下，组成一个行业自律组织，即英国信息网络监察基金会。它的工作是搜寻网络上的非法信息（主要是色情资料），并把发布这些非法信息的网站通知网络服务提供者，以便他们采取措施，阻止网民访问这些网站，也使网络服务提供者避免被指控故意传播非法信息而招致法律制裁。韩国在保障网络安全方面，尤其是防止不良信息及有害信息方面，也很注意发挥民间组织的作用。韩国在民间建立起信息通信伦理委员会，其主要作用是监督网络上的有害信息，保护青少年的身心健康。新加坡也很注重民间力量在网络安全方面的作用，在其 1996 年 7 月颁布的《新加坡广播管理法》中规定："凡是向儿童提供互联网络服务的学校、图书馆和其他互联网络服务商，都应制定严格的控制标准。"该法还规定："鼓励各定点网络服务商和广大家长使用，诸如网络监督员软件、网络巡警软件等，阻止（青少年）对有害信息的访问。"

（六）国外立法保障信息网络健康发展的两个重点问题

网络上信息传播有公开与兼容的特点，各国网络的发展目标又都是使越来越多的人能够利用它。这与印刷出版等传统的信息传播方式完全不同。许多国家的立法界、司法界及学术界普遍认为：在网上，每一个人都可能是出版者。用法律规范网络上每个人的行为，从理论上说是必要的，

从执法实践上看则是相当困难的。从上述各国的情况看，他们主要抓住了两个关键点，来采取相应的管理措施。

1. 加强对网络服务提供者经营活动的规范与管理

网络服务提供者又称在线服务提供者，他们是网络空间重要的信息传播媒介，支撑着网络上的信息通信。网络服务提供者有许多类别，主要包括以下五种：（1）网络基础设施经营者；（2）接入服务提供者；（3）主机服务提供者；（4）电子公告板系统经营者；（5）信息搜索工具提供者。上述各类网络服务提供者对用户利用网络浏览、下载或上载信息都起着关键作用。网络服务提供者的基本特征是按照用户的选择传输或接收信息。但是作为信息在网络上传输的媒介，网络服务提供者的计算机系统或其他设施，却不可避免地要存储和发送信息。从信息安全的角度看，网络服务提供者是否应当为其计算机系统存储和发送的有害信息承担责任，按照什么标准承担责任，是网络时代的法律必须回答的关键问题。网络服务提供者法律责任的标准和范围，不仅直接影响信息网络安全的水平和质量，而且关系到互联网能否健康发展；不但关系到国家利益，也关系到无数网络用户的利益。因此，法律在界定网络服务提供者责任的同时，必须考虑对其责任加以必要的限制。

总的来讲，法律如果使网络服务提供者在合法的空间里和正确的轨道上放手开展活动，那么网络的安全、信息网络的健康发展，就基本有保障了。网络安全的法律规范主要针对网络服务提供者，同时许多国家还在法律中采用了"避风港"制度。就是说，一旦网络服务提供者的行为符合法律规范，他们就不再与网上的违法分子一道负违法的连带责任，不会与犯罪分子一道作为共犯被处理。这样，他们的经营环境就宽松了。这将有利于网络的发展。正像传统生活中我们对旅店的管理，许多犯罪分子在流窜、隐藏时都会利用旅店，如果对犯罪分子逗留过的旅店一概追究法律责任，那么正当经营者就都不敢开店了。如果旅店经营者做到以下三点：（1）客人住店时认真查验了身份证；（2）发现房客有犯罪行为或嫌疑，及时报告执法部门；（3）执法部门查询犯罪嫌疑人时积极配合。那么，就可以免除旅店经营者的法律责任，就是说，他不再有被追究法律责任的风险。这样，在打击犯罪的同时，又不妨碍旅店业的健康发展。法律在规范网络服务提供者的责任时采用的"避风港"制度，正是这样一种制度。网络服务提供者从技术上讲，掌握着确认其网民或接入的网站身份的记录，他们只要做到这三点：（1）自己不制造违法信息；（2）确认了违法信息后立即删除或作其他处理，如中止链接等；（3）在执法机关找寻网上违法者时予以协助。那么，他们也就可以进入"避风港"，放心经营自己的业务了。如果绝大多数网络服务提供者真正做到了这几点，则网络安全也就基本有保障了。所以，大多数以法律规范网络行为的国家，大都是首先明确网络服务提供者的责任，又大都采用了"避风港"制度。从美国 1995 年的《国家信息基础设施白皮书》，新加坡 1996 年的《新加坡广播管理法》，直到法国 2001 年的《信息社会法（草案）》，都是如此。

2. 加强对认证机构的规范与管理

数字签名认证机构，是法律必须规范的又一个关键点。数字签名认证机构的重要作用，远远不限于电子商务。在电子证据的采用方面，在电子政务、电子邮件及其他网上传输活动中，它都起着重要作用。就是说，凡是需要参与方提供法定身份证明的情况，都需要数字签名认证机构。因为数字签名是最有效的身份证明，是保障信息安全的基本技术手段之一。

三　我国在信息网络法制建设方面的基本情况

（一）已有的法律法规及管理措施

从 20 世纪 90 年代中期至今，我国已出台了一批专门针对信息网络安全的法律、法规及行政规章。属于国家法律一级的，有全国人大常委会 2000 年 12 月通过的《关于维护互联网安全的决定》；属于行政法规的，有从 1994 年的《计算机信息系统安全保护条例》到 2000 年的《电信条例》等 5 个法规；属于部门规章与地方性法规的，则有上百件。我国各级人民法院，也已经受理及审结了一批涉及信息网络安全的民事与刑事案件。

此外，在我国的《合同法》中，增加了有关网络上电子合同的规范内容。《预防未成年人犯罪法》规定，"任何单位和个人不得利用通讯、计算机网络等方式"，提供危害未成年人身心健康的内容与信息。

2000 年是我国网络立法较多的一年。据不完全统计，专门针对网络的立法，包括最高人民法院的司法解释，达到几十件，超过以往全部网络立法文件的总和，调整范围涉及网络版权纠纷、互联网中文域名管理、电子广告管理、网上新闻发布、网上信息服务、网站名称注册、网上证券委托、国际联网保密管理等许多方面。过去进行网络立法的部门主要是公安部、信息产业部等少数几个部门，2000 年则明显增加，文化部、教育部、国家工商局、中国证券监督管理委员会以及一些省、市的地方政府均在各自职权范围内，颁布了有关网络的法律文件。这些立法及管理活动对推进我国网络健康发展起到了积极作用。

在行业自律方面，今年 5 月，在信息产业部的指导下，我国成立了互联网协会。它将借鉴国外已有经验，结合中国的实际，发挥自己的作用。

（二）存在的问题和不足

1. 缺少必要的基本法，已产生多头管理、相互冲突的情况

我国规范网络的部门规章及地方性法规很多，这反映出各方面力图促使网络健康发展的积极性，是应该予以肯定的。但暴露出来的问题也不容忽视。第一，立法层次低。现有的网络立法绝大多数属于管理性的行政规章，而属于国家法律层次上的网络立法只有一件，并且不具备基本法性质。第二，立法内容"管"的色彩太浓，通过管理促进积极发展的一面则显得不够。第三，行政部门多头立法、多头管理，甚至必须统一的一些标准，都导致过部门冲突的情况。例如，北京市通信管理局 2000 年 11 月的通知中，认定企业仅为自我宣传而设的网站，属于非经营性的网络内容提供者，而北京工商行政管理局在同年颁布的经营性网站管理办法中，则又认定凡是企业办的网站，均属经营性的网络内容提供者。这样一来，像同仁堂药业集团为同仁堂医药做广告的专设网站，与搜狐、首都在线等专门从事在线服务的网站，就没有区别了。依前一行政规章，同仁堂属于非经营性的；依后一规章，它又属于经营性的了。诸如此类的不一致乃至冲突的规章及管理方式，有时让企业无所适从，妨碍了企业正常使用网络；有时则产生漏洞，使真正想保障的信息网络安全又得不到保障。

由于网络服务器的经营者必须租用线路才能开通其运作，例如北京的网络服务器，均须向北京电信行业管理办公室（信息产业部委托的部门）申请，并写明身份、地址，才可能获得线路的租用。因此，对一切网络服务设备，电信部门统统可以确认其所在地及所有人，正如这个部门完全能

掌握和管理向它申请了电话号码并安装了电话的用户一样。由信息产业主管部门统管，便于技术上的防范措施与法律手段相结合。印度《信息技术法》在行政管理方面的主要内容之一，就是明确规定由中央政府建立信息技术局，统一行使网络管理的行政权，避免政出多头，以免既妨碍了网络的发展，又不能真正制止影响网络安全的各种活动。

2. 侵权责任法有缺欠

我国目前尚没有任何法律、法规对网络服务提供者的责任与限制条件同时作出明确规定，以致这方面的法律规范还是空白。有的发达国家在法律中也没有对此作专门规定，那是因为这些国家的侵权责任法本身已经十分完善了。而我国，几乎只有《民法通则》第 106 条这一条有这方面的规定。而严格责任、协助侵权、代位侵权等传统侵权责任法中应当有，同时在信息网络安全方面又很重要的法律概念，在我国侵权法体系中，一直就不存在。在这种情况下，我们要以法律手段保障网络健康发展，就很难抓住问题的关键，造成事倍功半的结果。

3. 缺少大多数发达国家及一些发展中国家已经制定的有关电子商务的法律

江泽民主席在 1998 年的亚太经合组织大会上就曾指出：电子商务代表着未来的贸易方式发展的方向，其应用推广将给成员国带来更多的贸易机会。对于上面提到的世贸组织将增加的调整国际电子商务的法律手段，欧盟已有了《电子商务指令》作为应对，日本则有了《电子签名法》及《数字化日本行动纲领》（政策性政府基本文件），澳大利亚也颁布了《电子交易法》。美国虽然在民商事领域总的讲不针对网络单独立法，但也推出了无强制作用的联邦示范法《统一计算机信息交易法》。许多发展中国家也都在这方面作了积极的准备。相比之下，我国在这一方面的准备工作，尤其在研究与出台相应的法律法规方面，还显得不足，步子还可以再大一点，使之与我国的国际贸易大国地位更协调一些。

我国《合同法》虽然确认了网上合同作为书面合同的有效性，却没有对数字签名作出规范，更没有对数字签名的认证这一关键问题作出规范，无法保障电子商务的安全，因此，不足以促进电子商务的开展。我国网络基础设施已列世界第二，但网上经营的数额在世界上还排不上名次，原因之一是缺乏法律规范，使大量正当的经营者仍感网上经营风险太大，不愿进入网络市场，仍固守在传统市场中。如果我们能够积极改变这种状况，那么在进入世贸组织之后，在高管理效率与低经营成本方面，我们就可能有更多的企业可以与发达国家的企业竞争，与一批在信息技术上新兴的发展中国家的企业竞争，我们在国际市场上的地位就会更加乐观。

4. 已有的立法中存在缺陷

我国现有刑法中对计算机犯罪的主体仅限定为自然人，但从实践来看，还存在各种各样的由法人实施的计算机犯罪。又如，计算机网络犯罪往往造成巨大的经济损失，其中许多犯罪分子本身就是为了牟利，因而对其科以罚金等财产刑是合理的。同时，由于犯罪分子大多对其犯罪方法具有迷恋性，因而对其判处一定的资格刑，如剥夺其长期或短期从事某种与计算机相关的职业、某类与计算机相关的活动的资格，也是合理的。但我国刑法对计算机犯罪的处罚，却既没有规定罚金刑，也没有规定资格刑。

另外，现有诉讼法中，缺少对电子证据的规定。无论上面讲过的欧盟《网络刑事公约》，还是印度的《信息技术法》，都是把电子证据作为一种特殊证据单列，而我国现有的民事、刑事、行政等三部诉讼法，只能从视听资料中解释出电子证据的存在，这样有时显得很牵强，有时甚至无法解释。这都不利于保障网络安全。

5. 在以法律手段鼓励网上传播中国的声音方面的工作做得还不够

一方面，网络的跨国界信息传播，增加了西方宣扬其价值观的范围与强度；另一方面，过去在传统的有形文化产品的印刷、出版、发行方面，由于经济实力所限，我们难与发达国家竞争。现在，网络传输大大降低了文化产品传播的成本，这对我国是一个机遇。从技术上讲，网上的参与成本低，对穷国、富国基本上是平等的。一个国家尤其是发展中国家，如果能以法律手段鼓励传播本国的声音，则对于防范文化与道德的入侵与保障信息安全，将起到积极的作用。印度鼓励使用英语，其结果是宣传了本国的文化，而法国一度强调上网内容只用法语，结果造成点击法国网站用户日减。这正反两方面的情况，都值得我们研究。

我国有不少涉外法律、法规、规章、司法判决、行政裁决、仲裁裁决等，在对外宣传我国法制建设与改革开放方面很有作用。但这些内容却往往在长时间里见不到英文本，在网络上则中、英文本都见不到。在国际上很有影响的我国的合同法，其英文本首先是由美国一家公司提供到加利福尼亚的网站上的。集我国古典文学之大成的《四库全书》，也不是由内地，而是由香港特区的网络服务提供者上网的。

四　几点建议

（一）将信息网络立法问题作通盘研究，尽早列入国家立法规划

首先，在信息网络立法规划上，应考虑尽早制定一部基本法。它既有原则性规定，又有必要的实体条文，如同我国的《民法通则》那样。立法既要吸收世界各国好的经验，又要结合中国的实际。从内容上讲，它必须以积极发展信息网络化为目的，体现加强管理，以达到趋利避害、为我所用的目的。如果有了网络基本法，无论部门还是地方立法，均不能违反它，行政机关管理时也便于依法行政。这将有利于最大限度地减少部门规章间及不同部门管理之间的冲突。最后，信息网络的管理，与土地、房屋、动产等的管理不同。网络的管理是实实在在的"全国一盘棋"，不宜有过多的部门规章及地方性法规，应以国家法律、国务院行政法规为主，主管部门可颁布必要的行政规章。

其次，在正在起草的有关法律中，应注意研究与增加涉及信息网络安全保障的相关内容。例如正在起草的证据法中，即应考虑电子证据的问题。

再次，在修订现有的有关法律时，也应注意增加涉及信息网络的内容。例如，在修订刑法时，应考虑针对计算机网络犯罪活动，增加法人（单位）犯罪、罚金刑、资格刑等内容。

最后，在网络基本法出台之前，可以先着手制定某些急需的单行法，成熟一个，制定一个。例如，可在《电信条例》的基础上，尽快制定电信法。再如，数字签名法、网络服务提供者责任法等，也应尽早制定，或者包含在电信法中，以减少信息网络健康发展的障碍。

（二）加强信息网络业行业自律的立法，鼓励行业自律

行业自律的重点之一，应是各种学校及文化市场相关的行业。学校是教书育人的地方，网络上的有害信息，很大部分是针对正在成长的青少年学生传播的。对这种有害信息的传播如果打击、禁止不力，会危害家庭、

个人，进而影响社会安全、国家前途。在积极发展网上教学、利用网络传播有益知识的同时，学校对学生及教员访问不良网站或接触有害信息的约束，也非常必要。而且很多学校尤其是大专院校本身就有服务器，本身就是网络服务提供者。

法律还可针对有关行业可以尽到的一些义务作出规定。诸如英国及新加坡那样，指导网络服务提供者采取措施阻止网民访问不良网站等。

（三）鼓励通过网络弘扬中华文化，进行传统教育，开展精神文明建设

鼓励弘扬本国文化，一方面，可以通过立法，对创作出受人们欢迎的优秀文化成果以及积极传播这些成果的单位和个人给予奖励，对成果的知识产权给予保护；另一方面，在信息通过网络的跨国传播面前，在信息网络的公开性、兼容性面前，法律手段也不可能是万能的。因为国内法很难规范一大部分从境外上载并传播有害信息的行为。技术措施也不能解决其中的全部问题。而要减少这类信息对网络安全带来的负面影响，就需要靠我们有更多正面的又为人们所喜闻乐见的传播社会主义价值观的内容上网，需要靠我们从社会主义道德方面进行教育。

（四）认真研究国际动向，积极参与保障网络安全的国际合作

研究信息网络立法与管理的国际动向有两个目的：一是使我们在制定相关国内法及实施管理时，可以借鉴国外成功的经验；二是由于网络主要是国际互联网络传播信息的特殊性，使得我们在打击跨国计算机网络犯罪，在解决因网络侵权、网络商务中违约等跨国民商事纠纷时，都需要开展不同程度的国际合作。

（五）应当对各级领导干部进行网络知识的培训

因为只有在了解网络的基础上，才可能进一步加强各级领导干部的信息网络安全意识，才能自觉认识运用法律手段保障和促进信息网络健康发展，才能实现依法决策、依法行政、依法管理。

总之，保障与促进信息网络的健康发展，需要将技术措施、法律手段与道德教育结合起来。

坚持依法治国，建设社会主义政治文明

（十六届中央政治局第八次集体学习，
2003 年 9 月 29 日）

李 林[*]

【内容提要】 社会主义政治文明是新型的、更高形态的政治文明，其本质就是要使民主共和国成为人民当家作主的国家形式，成为在社会主义民主条件下使全体人民不仅在政治上而且在经济和社会上获得解放的政治形式。发展社会主义民主政治、建设社会主义政治文明和法治国家是依法治国的目标，依法治国是建设社会主义政治文明的重要内容和根本保障。在改革开放和社会主义现代化建设进程中，必须始终坚持依法治国基本方略，建设社会主义政治文明。一要改革和完善党的领导方式和执政方式，推进依法执政；二要确立宪法和法律至上的法治原则；三要进一步加强民主法治教育，努力培养具有社会主义政治文明观念的新人；四要进一步完善社会主义民主制度，不断发展人民民主；五要进一步完善权力制约机制，切实尊重和保障人权；六要进一步加强社会主义法治建设，努力提高法治整体水平。

【主讲人简介】 李林，男，1955 年 11 月生，云南昆明人。中国社会科学院学部委员，法学研究所研究员、博士生导师，中国社会科学院研究生院法学系主任，中国社会科学院社会政法学部高级职称评审委员会副主任委员。曾任中国社会科学院法学研究所所长，《中国社会科学》杂志社副

---

* 本次讲座由中国社会科学院法学研究所李林研究员与前复旦大学副校长林尚立教授共同主讲。本讲稿为李林研究员讲解内容。

总编辑。兼任中国法学会副会长，中国法学会学术委员会副主任，中国法学会网络与信息法学研究会会长、法理学研究会常务副会长、海峡两岸关系法学研究会副会长，最高人民法院特邀咨询专家、中宣部司法部中高级领导干部学法讲师团成员、马克思主义理论研究和建设工程首席专家（宪法学）、"法治浙江"咨询专家，十八届四中全会专家咨询建议稿《全面推进依法治国，加快建设法治中国》专家组组长。2018 年 2 月 24 日十九届中央政治局第四次集体学习主讲人；2003 年 9 月十六届中央政治局第八次集体学习主讲人之一；2005 年 8 月十届全国政协第六次集体学习主讲人之一；2014 年 7 月全国人大常委会第三次集体学习主讲人之一。十六届中央政治局第一次集体学习"认真贯彻实施宪法，全面建设小康社会"、第十二次集体学习"法制建设与完善社会主义市场经济体制"课题组成员和主要撰稿人之一。2000 年享受国务院特殊津贴。

一　关于政治文明的概念

（一）什么是文明和政治文明

据我国学者研究，文明（civilization）一词产生于近代英国。18 世纪初，英国合并苏格兰后，苏格兰的民法开始与英国的普通法融合起来，产生了文明这个词汇，意指法律或审判。1755 年，《英国语言辞典》把文明解释为"民法专家或罗马法教授"。18 世纪后半叶，启蒙思想家在抨击中世纪的黑暗统治时，使用了"文明"一词，与"野蛮"相对，法律上的意义降为第二位。19 世纪以后，文明主要指开化、文化、文雅等。英文"文明"一词 civilization 的词根 civil，来源于拉丁文 civis，具有三层含义：（1）公民权利的；（2）合法的；（3）民法。民事、民法、公民权利为什么会成为社会进步的标识？英国 19 世纪著名历史法学家亨利·梅因爵士的观点对此作了最好的回答。梅因认为：一个国家文化的高低，看它的民法和刑法的比例就能知道。大凡半开化的国家，民法少而刑法多，进化的国家，民法多而刑法少。可以说，法律的进步既是催生西方"文明"一词的动因，其本身又是社会文明进步的主要标志和标尺。

马克思和恩格斯十分重视文明问题，在他们的著作中经常使用文明这个概念。据我国学者的不完全统计，仅在《马克思恩格斯全集》第1—30卷中，使用"文明"一词就达260多次。马克思、恩格斯通常在三种意义上使用文明这个概念。

一是指与蒙昧、野蛮状态相对立的一种社会进步状态。例如，恩格斯指出："国家是文明社会的概括，它在一切典型的时期无例外地都是统治阶级的国家，并且在一切场合在本质上都是镇压被压迫被剥削阶级的机器。"① 正是这种国家机器的出现，标志着人类由野蛮、蒙昧时代进入了文明时代。"随着文明时代获得最充分发展的奴隶制的出现，就发生了社会分成剥削阶级和被剥削阶级的第一次大分裂。这种分裂继续存在于整个文明时期……""以这些制度为基础的文明时代，完成了古代氏族社会完全做不到的事情。"②

二是指资本主义制度产生以来所创造的一切成果。马克思恩格斯指出："资产阶级在它的不到一百年的阶级统治中所创造的生产力，比过去一切世代创造的全部生产力还要多，还要大。"③ "资产阶级，由于一切生产工具的迅速改进，由于交通的极其便利，把一切民族甚至最野蛮的民族都卷到文明中来了。"④ 资产阶级的共和制、议会和普选制，所有这一切，从全世界社会发展的历程来看，是一大进步。⑤

三是指人类社会发展到更高阶段的社会形态所具有的特征。恩格斯断言："文明能够逐步发展到共产主义。"⑥ 这是人类更高类型的文明。这种理想中的文明，在"管理上的民主，社会中的博爱，权利的平等，普及的教育，将揭开社会的下一个更高的阶段……"⑦ 在这种文明的联合体中，"每个人的自由发展是一切人的自由发展的条件"。⑧

"政治文明"这个概念，是马克思在1844年11月《关于现代国家的

① 《马克思恩格斯全集》第4卷，人民出版社，1972，第172页。
② 《马克思恩格斯全集》第4卷，人民出版社，1972，第173页。
③ 《马克思恩格斯选集》第1卷，人民出版社，1972，第256页。
④ 《马克思恩格斯选集》第1卷，人民出版社，1972，第255页。
⑤ 《列宁选集》第4卷，人民出版社，1995，第38页。
⑥ 《马克思恩格斯选集》第1卷，人民出版社，1972，第273页。
⑦ 《马克思恩格斯全集》第4卷，人民出版社，1972，第175页。
⑧ 《马克思恩格斯选集》第1卷，人民出版社，1972，第273页。

著作的计划草稿》中首次明确提出的。马克思在这篇准备专门研究现代国家问题的大纲中，列举了研究现代国家问题可能涉及的基本内容，在这些基本内容的第 7 项中，使用了"集权制和政治文明"的概念。① 通观这部草稿全文，马克思虽然没有对政治文明概念作出具体阐释，也没有使用"社会主义政治文明"的概念，但是可以看出，马克思所讲的政治文明，其内容主要包括民主政治制度、民族和人民、代议制国家、立法权、执行权和司法权、政党、宪法和法律等。

根据马克思主义的基本原理，政治文明是指人类政治活动的进步状态和人类改造社会的政治成果的总和，通常由政治意识文明、政治制度文明和政治行为文明三个部分组成。其中政治制度文明是核心和关键。

如何认识划分"三个文明"与哲学意义上区分物质与精神两个范畴的关系？马克思主义认识论认为，在哲学本原意义上，物质和意识（即精神）这两个范畴是划分唯物主义与唯心主义的分水岭。"凡是断定精神对自然界说来是本原的，……组成唯心主义阵营。凡是认为自然界是本原的，则属于唯物主义的各种学派。"物质与意识的划分，属于马克思主义认识论阐明世界本质的最高层次范围的问题。列宁在《唯物主义和经验主义（对一种反动哲学的批判）》中指出，"就是物质与意识的对立，也只是在非常有限的范围内才有绝对的意义，在这里，仅仅在承认什么是第一性的和什么是第二性的这个认识论的基本问题的范围内才有绝对的意义。超出这个范围，物质和意识的对立无疑是相对的"。也就是说，当超出哲学认识论的基本问题的范围，把这种世界观运用到研究具体社会历史领域时，就可以有其他的划分。马克思主义将一定社会形态下的人类生活，区分为物质生活、政治生活和精神生活，并把它们视为一个相互关联、彼此作用的整体。与人类物质生活、政治生活和精神生活相对应的文明进步状

---

① 1844 年 11 月，马克思在《关于现代国家的著作的计划草稿》这个写作提纲中，列举了有关现代国家研究的基本思路。内容包括："（1）现代国家起源的历史或者法国革命……（2）人权的宣布和国家宪法。个人自由和公共权力。自由、平等和统一。人民主权。（3）国家和市民社会。（4）代议制国家和宪章。立宪的代议制国家，民主的代议制国家。（5）权力的分开。立法权力和执行权力。（6）立法权力和立法机构。政治俱乐部。（7）执行权力、集权制和等级制。集权制和政治文明。联邦制和工业化主义。国家管理和公共管理。（8'）司法权力和法。（8"）民族和人民。（9'）政党。（9"）选举权，为消灭国家和市民社会而斗争。"《马克思恩格斯全集》第 42 卷，人民出版社，1979，第 238 页。

态，就可以称为物质文明、政治文明和精神文明。

（二）什么是社会主义政治文明

社会主义政治文明这一概念，是 2001 年 1 月江泽民同志在全国宣传部长会议上提出来的。党的十六大报告，把建设社会主义政治文明确定为全面建设小康社会的一个重要目标。

社会主义政治文明是新型的、更高形态的政治文明，它充分吸收和借鉴了包括资本主义政治文明在内的一切人类政治文明的有益成果，又是对资本主义政治文明的扬弃和超越。社会主义政治文明的本质，就是要使民主共和国成为人民当家作主的国家形式，成为在社会主义民主条件下使全体人民不仅在政治上，而且在经济和社会上获得解放的政治形式。社会主义政治文明主要包括如下内容。

第一，实行人民主权原则，国家的一切权力属于人民。人民作为社会实践特别是社会生产活动的主体，是社会历史的创造者和推动历史前进的动力，因此只有人民才是国家权力的主体。这种主体地位在社会主义政治文明中的集中体现，就是人民主权、人民民主。"没有民主，就不可能有社会主义。"无产阶级革命的首要目标就是建立人民当家作主的政权，实行社会主义民主。社会主义民主是新型的民主，因为它是绝大多数人享受的民主。人民民主的国家形式，是真正的民主共和国。人民需要共和国，为的是支持人民群众实行民主，保证并实现人民当家作主。

第二，实行人民代表会议制。人民通过人民代表会议，管理国家和社会事务，行使当家作主的各项权利。社会主义政治文明的制度基础，是实行代议民主的人民代表会议制。人民代表会议作为人民掌握国家政权、管理国家的政治制度，是民主形式的代表机关。其作用是：组织并联合广大人民群众参与国家管理，使国家真正成为人民的国家；保证国家权力始终掌握在人民手中，使国家政权与人民群众保持前所未有的密切联系；在制度上使代议民主同时具有代议制和直接民主制的长处，从而为社会主义民主的实践与发展提供更大的空间；从制度上、法律上使人民的权利与国家的权力获得统一，进而防止国家对人民的异化。

第三，实行民主集中制原则。组织社会主义国家政权，必须实行和维护民主集中制。把民主集中制的原理运用于社会主义政治文明范畴，主要体现为以下内容：在政体设计上，实行人民当家作主与代表会议制的有机统一；在国家结构上，实行中央的集中统一领导与地方自治或自主的有机统一；在政治制度上，实行民主与法治的有机统一；在领导方式上，实行集体领导与个人负责制的有机统一；在民主参与上，实行人民广泛自主参与与政党有效领导的有机统一；在执政党建设上，实行充分发扬民主与在民主基础上的集中的有机统一。

第四，实行共产党领导。在社会主义社会，共产党是工人阶级的最高组织，是动员和组织人民参与国家管理的领导力量。因此，共产党的领导与作用，直接决定着社会主义民主的实践过程与实现程度。列宁指出，社会主义国家政权的全部政治经济工作都是由工人阶级先锋队——共产党领导的。但是，党的领导不是包办一切，"在党的代表大会上是不能制定法律的"。

第五，实行法治，用宪法和法律来掌握、巩固和发展社会主义民主。建设社会主义政治文明的第一步，是工人阶级夺取国家政权，争得民主，使自己上升为统治阶级。"如果没有政权，无论什么法律，无论什么选出的代表都等于零。"在工人阶级夺取政权、共产党成为执政党之后，为了巩固和发展政权，必须制定新宪法，创立和实行新法治。把社会主义政权建立在宪法以及由此构建的法治体系之上，是社会主义政治文明建设和发展的重要内容和主要途径。

（三）什么是中国特色的社会主义政治文明

中国社会主义政治文明是马克思主义关于政治文明的基本原理与我国革命和建设实践相结合的产物。与人类进入文明社会以来的其他社会形态的政治文明相比，特别是与资本主义的政治文明相比，它是更高类型的政治文明；与马克思恩格斯的理想社会主义的政治文明相比，它是社会主义初级阶段的政治文明；与其他社会主义国家的政治文明相比，它是有中国特色的社会主义政治文明。中国社会主义政治文明具有以下主要特征。

第一，党的领导、人民当家作主和依法治国的统一。党的领导、人民当家作主和依法治国是一个密切联系、内在统一的整体。坚持三者的协调统一，既是建设社会主义政治文明必须遵循的基本方针，也是我国社会主义政治文明区别于资本主义政治文明的本质特征。

　　第二，人民民主专政的国体与人民代表大会制度的政体的统一。国体与政体的辩证统一，主要是政体必须适应国体的要求。人民民主专政是我国的国体，是人民当家作主的本质要求。人民代表人会制度是我国的政体，是实现人民当家作主的根本政治制度。实践证明，人民代表大会制度体现了我们国家的性质，符合我国国情。这种制度既能保障全体人民统一行使国家权力，充分调动人民群众当家作主的积极性和主动性，又有利于国家政权机关分工合作、相互制约、协调一致地组织社会主义建设，能够较好地体现和适应我国国体的社会主义性质。

　　第三，共产党领导与多党合作的统一。共产党领导的多党合作和政治协商制度，是我国的一项基本政治制度。由于共产党始终代表中国先进生产力的发展要求，代表中国先进文化的前进方向，代表中国最广大人民的根本利益，是领导我们事业取得胜利的核心力量和根本保证，因此，共产党在多党合作和政治协商制度中处于领导地位。共产党与参加合作的各民主党派之间不是轮流执政或者执政党与反对党、在野党的关系，而是友党合作共事的关系、执政与参政的关系。在这种新型关系基础上形成的，是共产党领导和执政与各民主党派政治协商、参政议政、民主监督的和谐统一。

　　第四，社会主义政治文明的形式与本质的统一。政治文明包括形式和本质两个方面。社会主义政治文明公开宣告人民民主专政是其本质，消灭阶级、实现人的自由而全面的发展是其目标。社会主义政治文明是人民当家作主的文明，真正体现了人民这一"多数人的统治"的民主本质，因而它的文明本质与其文明形式——共和政体、民主制度、法治等的价值要求是一致的、统一的。社会主义政治文明要高度重视实现形式的体制和机制的创新与建设，执政党要高度重视领导方式、执政方式的制度化和程序化建设。

　　第五，尊重和保障人权的普遍性与特殊性的统一。人权是人基于其自然和社会属性所应当享有的权利。由人的自然属性所决定，人权具有普遍性、共同性的一面；由人的社会属性所决定，人权又具有特殊性、差异性的一面。两者是统一而不可分割的。我国社会主义政治文明，是尊重和保障人权与基本自由的政治文明。它承认人权的普遍性和特殊性的客观存在，反对用人权的普遍性否定人权在历史、文化、地域、民族、社会制度与经济发展水平等方面的特殊性。在坚持人权问题具有普遍性意义的同时，坚持人权是历史的产物；坚持人权随着国家经济文化水平的发展而发展；坚持尊重和保护人权本质上属于一个国家主权范围的事情；坚持个人人权与集体人权的统一，经济、社会、文化权利与公民权利、政治权利的统一。

二　依法治国是建设社会主义政治文明的重要内容和根本保障

发展社会主义民主政治，建设社会主义政治文明和法治国家，是依法治国的目标。依法治国作为基本治国方略，从属于政治文明，是建设社会主义政治文明的重要内容和根本保障。

（一）依法治国是建设社会主义政治文明的重要内容

"法律是人类历史的缩影。……法律伴随着人类进步的历程，特别是社会政治进步的整个历史，在那些无比漫长的岁月里，人类用他们流血的双脚在充满荆棘的道路上前行，由受奴役走向自由，继往开来前赴后继。"在一定意义上说，人类政治文明的历史就是法律和法治的发展史。从历史上看，人类从"以眼还眼，以牙还牙"的"同态复仇"，发展到财产刑、自由刑、生命刑；从"水审"、"火审"的神明裁判，发展到法官依法裁判；从"罪刑擅断"发展到"罪刑法定"；从人与人的身份依附关系发展到契约法律关系；从专制独裁体制发展到民主政治体制，等等。这些发展都体现了人类政治文明的进步。

尤其是近代以来，法治成为资本主义政治文明的重要内容，是资产阶级用于巩固政权、强化统治的重要手段。英国在 1688 年"光荣革命"以后，资产阶级为了在政治上确立自己的统治地位，于 1689 年颁布了《权利法案》、于 1701 年颁布了《王位继承法》，由此限制了国王的权力，奠定了英国君主立宪制的法律基础。美国 1789 年制定了世界上第一部作为独立、统一国家的成文宪法，奠定了美国民主共和制度的法律基础。法国从1789 年资产阶级大革命以后的 200 多年时间里，经历了 2 次封建王朝复辟、2 次帝制和 5 次共和制，先后颁布了 11 部宪法，这一历程记录了法国阶级力量对比关系的变化，是国家政治体制更迭的政治文明史。1804 年的《法国民法典》是拿破仑主持制定的，后来被命名为《拿破仑法典》。拿破仑对这部法典的历史价值给予了高度评价，他说："我的光荣不在于打胜了四十个战役，滑铁卢会摧毁这么多的胜利，……但不会被任何东西摧毁的，会永远存在的，是我的民法典。"

中外政治文明的历史一再证明，法治是实现政治文明的重要内容、主要途径和重要保障。董必武曾经指出："人类进入文明社会以后，说到文明，法制要算一项，……是主要的一项。"在我国社会主义条件下，法治与社会主义民主制度的优越性相结合，与共产党的坚强领导相配合，就能够更加充分地保证和发挥依法治国在社会主义政治文明建设中的作用，更好地实现人民民主与法治的协调发展。

依法治国就是人民在党的领导下，依照宪法和法律来管理国家和社会事务，管理经济和文化事业。依法治国作为建设社会主义政治文明的重要内容，主要体现在三个方面：一是使人民民主制度化，使党的主张与人民意志统一起来并且法律化，保障人民当家作主的各项权利，尊重和保障人权；二是合理配置国家权力，构建法治与文明的政治秩序，既保证国家权力的充分赋予和有效行使，又防止国家权力的滥用和腐败；三是促进社会主义物质文明、政治文明和精神文明的协调发展，维护社会稳定和社会秩序，保证人民安居乐业和国家长治久安。按照亚里士多德的法治理论来解读，立法体现的是分配正义，执法体现的是实现正义，司法体现的是校正正义。例如，司法是通过诉讼适用法律制裁违法犯罪、调处矛盾纠纷的活动，是维护社会稳定，实现社会公平与公正的最后一道防线。如果司法是公正有效的，即使立法、行政等其他国家权力出现某些不足或失误，也可以通过司法程序得到补救或纠正；但如果司法腐败了，就会使当事者对这个社会丧失希望；如果司法严重腐败了，就会使人民对政府丧失信心。司法公正对于政治文明的重要性，正如英国著名哲学家培根所说的那样：一次不公正的审判，其危害超过十次严重犯罪，因为严重犯罪污染的是水流，而不公正的审判污染的是水源。依法治国所要达到的上述目标，也就是建设社会主义政治文明的基本内容，是发展社会主义政治文明的主要要求。

（二）依法治国是建设社会主义政治文明的基本途径

改革开放是我国的基本国策。我们的改革，当然包括政治体制改革。

邓小平说过，"我们提出改革时，就包括政治体制改革"。在当代中国，政治体制改革是建设社会主义政治文明的必由之路。然而，由于我国的政治体制改革是一场前无古人的变革，没有现成的经验可以学用。因此，在依法治国方略提出之前，特别是在 20 世纪 80 年代，我国的政治体制改革基本上是按照"先改革，后变法"的思路进行的。根据这种思路，政治体制改革可以置法律于不顾，甚至可以突破宪法，由此也就容易造成政治意识的混乱和政治改革的无序，严重的时候还会危及社会稳定和安定团结。

十五大报告把依法治国作为治国基本方略的同时，也把它当作政治体制改革的主要方式，强调要把改革和发展的重大决策同立法紧密结合起来。这是我们党在新形势下继续坚持和推进政治体制改革的重要思路和机制创新。依法治国方略的确立，表明要把依法治国与政治体制改革紧密结合起来，使它们成为一个有机整体。一方面，把依法治国确立为我们国家的基本治国方略，把依法执政确立为我们党新的领导方式和执政方式，这本身就是党和国家领导体制、管理体制的重大政治体制改革；另一方面，政治体制的改革和完善，必须在宪法和法律的轨道上依法进行，并通过法治的"立、改、废"等方式和程序来有序实现。从这个意义上讲，坚持和推进依法治国，就是有领导、有步骤、循序渐进地依法改革和完善政治体制。从政治文明的视角来看，这是一种更理性、更稳妥、更规范、更文明的政治改革和发展方式，是符合我国国情的建设社会主义政治文明的必然选择和路径。在我们的国家和社会生活中，采取法治方式进行体制改革越来越受到重视。

（三）依法治国是建设社会主义政治文明的根本保障

依法治国是社会文明和社会进步的重要标志，也是社会主义政治文明的重要保障。现代法律和法治具有指引、评价、教育、预测、规范和惩戒等功能，具有规范性、权威性、强制性和可诉性等特性，它们在调整国家的经济关系、政治关系、社会关系和文化关系方面，国际法在调整国与国关系等方面，有着不可替代、不可或缺的重要作用。例如，法律作为人们的行为规范，它以权利与义务、权力与责任等形式，明确地告知人们不应当做什么、应当做什么和应当怎样做，为人们的行为划定界限、规定方式，从而建立起和谐的人与人的社会关系。美国比较法学家博登海默说：

"法律所建构的制度性框架，为人们执行有关政治、经济、文化等方面的多重任务提供了手段和适当环境……通过践履上述职能，法律促进潜存于社会体中的极具创造力和生命力的力量流入建设性的渠道；法律也因此证明自己是文明建设的一个不可或缺的工具。"对于政府来说，法治是社会管理和控制重要而有效的手段；对于公民来说，法治是制约公权力、保障人权的强大武器。

依法治国，通过发挥人民当家作主的主体作用，通过对立法权、行政权、司法权、监督权的合理配置，通过国家机器的有序运转，通过对社会关系的有效调整和法律主体的正确行为，把法治的各种功能和资源整合起来，从而为社会主义政治文明建设提供强有力的法治保障。

古人云："国无常强，无常弱。奉法者强则国强，奉法者弱则国弱。"在新的历史条件下，只要我们认真落实依法治国基本方略，坚持依法执政，更好地发挥法治在社会主义政治文明建设中的重要作用，就能从制度上、法律上保证国家的长治久安、繁荣富强。

三　坚持依法治国、建设社会主义政治文明需要研究解决的若干问题

在整个改革开放和社会主义现代化建设进程中，我们都必须始终坚持依法治国的基本方略，建设社会主义政治文明。这是坚持和改善党的领导的要求，是促进社会主义物质文明、政治文明和精神文明协调发展的要求，是全面建设小康社会的要求，也是巩固和发展民主团结、生动活泼、安定和谐的政治局面的要求。

（一）坚持和改善党的领导，推进依法执政

坚持依法治国，建设社会主义政治文明，必须坚持党的政治领导、组织领导和思想领导，保证党始终处于总揽全局、协调各方的地位。为此，坚持依法治国，建设社会主义政治文明，必须改革和完善党的领导方式和执政方式，推进依法执政。

第一，执政党要善于通过法定程序把党的主张和人民的意志变为具有规范性、强制性的国家意志，通过宪法和法律来实现党的政治领导。我们

党应当在体察民情、代表民利、汇集民意的基础上，把人民的根本利益和整体意志及时反映在党的路线、方针和政策中，及时依照法定程序提出立法建议，把汇集了人民意志的党的主张，转变为具有普遍约束力的宪法和法律，并依照宪法和法律来执掌政权，治理国家，管理社会。在依法治国、依法执政的条件下，不宜用党的政策、文件、指示、决定甚至个人批示代替国家法律。

第二，执政党按照依法执政的要求转变执政方式，通过推荐优秀党员到国家中执掌政权等途径，加强党的组织领导。主要途径是：选派优秀党员依法通过选举进入各级国家权力机关；使党组织推荐的依照法定程序成为国家政权机关的领导人员，并对他们进行监督；保证党在国家政权中始终居于领导地位，发挥政治领导、组织领导和思想领导的核心作用。

第三，执政党依照宪法和法律执政。依法执政的核心是依宪执政。我们党应当带头以宪法作为根本的活动准则，维护宪法尊严，保证宪法实施，自觉在宪法和法律的范围内活动。各级党组织和党的干部都应当严格依宪、依法办事，按照宪法和法律规定的范围、程序、内容和方式来行使执政权力；所有党员和党员领导干部都要模范遵守宪法和法律，把自己的执政行为置于宪法和法律的规范之下，绝不允许有超越宪法和法律的特权，不允许法外用权。治国必先治党，治党必须从严。应当依照宪法和法律来实施、规范和保障执政党的执政行为，依照党规党法来管理执政党的党内事务、调整党内关系。党组织不能越过人大直接任免须由权力机关选举、罢免或批准任免的干部；不能越过行政机关直接批钱、批物、批土地；不能越过司法机关直接办理违法犯罪案件，或者变更具体案件的审判结果。党组织不是国家政权机关，不宜直接行使立法权、行政权和司法权。

第四，以党内民主推进人民民主。社会主义民主与法治、党内民主与人民民主，它们相辅相成、密不可分，都是社会主义政治文明建设不可或缺的重要内容。我们党在依法执政的过程中，应当努力发展党内民主，保障党员民主权利，完善党内各项民主制度和决策机制，充分发挥党内民主对人民民主的示范和带动作用，以党内民主带动和推进人民民主。

（二）确立宪法和法律至上的法治原则

在我国，宪法和法律是党的主张和人民意志相统一的体现，它们集中表达了党的路线、方针和政策，体现了人民的利益，反映了人民的意志。因此，宪法和法律至上，实质上是坚持党的领导和执政，是人民利益和意志至上，是人民至上。

我国的宪法和法律是由党领导人民制定的。由于党始终代表中国最广大人民的根本利益，是全心全意为人民服务而无任何自己私利的工人阶级政党，因此党所代表的利益与人民所要求的利益是统一的，党的意志与人民的意志是一致的。我国宪法和法律在以国家意志的形式汇集和反映人民意志的同时，也体现和反映了党的意志。所以，坚持宪法和法律至上的法治原则，就是坚持党的意志与人民意志的统一和至上，就是坚持人民利益高于一切。这是我们党的性质、宗旨和任务的必然要求，是"三个代表"重要思想和科学发展观在依法治国和社会主义政治文明建设中的具体体现。

宪法和法律至上与坚持党的领导、维护党的权威是一致的。我国宪法明确规定，实行改革开放和现代化建设的方针，坚持四项基本原则，其中包括坚持党的领导；我国宪法和法律是党的政策的具体化、规范化和法律化；我们党执政的权力来自人民和宪法。因此，坚持和维护宪法、法律的至高权威和至上地位，就是坚持和维护党的领导权威、执政地位及其政策的至上性，是用法治的方式实践立党为公、执政为民，坚持党的领导，推行党的政策，实现党的领导方式和执政方式的法治化转变，从制度上、法治上切实保证党在宪法和法律范围内活动。

（三）进一步加强民主法治教育，努力培养具有社会主义政治文明观念的新人

社会主义政治文明不仅需要制度的文明，同时也需要人的文明。人与制度相互协调才能推动政治文明的发展。培养具有社会主义政治文明观念的新人，最重要的是进一步加强对公民和干部的民主法治教育。

一方面，加强对公民的民主法治教育。主要解决三个问题：一是培养公民的法律意识、权利与义务意识，这是坚持依法治国、建设政治文明的思想基础。二是培养公民的国家意识，即培养公民对国家制度的认知和情感，提高公民对国家和宪法的认同，增强公民对国家的忠诚、信念与信心。三是培养公民的道德意识，使公民接受社会主义道德的规范与引导，不断提高行为的文明度和自觉性。应通过持续教育，在公民中树立法治观

念、国家观念、民主观念、权利观念、公民观念、文明观念、纳税人观念、诚信观念、责任观念、公德观念等。

另一方面，加强对干部的民主法治教育。干部是公民中的一员，在履行义务、服从法律、遵守公德等方面，绝不允许有特殊公民存在。干部又受人民委托，是政治权力的直接行使者。因此，教育干部提高其公仆意识和民主法治素质，对于政治文明建设，具有重要意义。对干部进行民主法治教育：要强化其公仆意识，使之铭记人民是真正的主人，自己永远是仆人，自己手中的权力来自人民并且属于人民，自己由纳税人养活；要强化其法治意识，努力提高干部依法决策、依法执政、依法行政、依法办事的水平和能力；要强化其服务意识，使之铭记公仆的理念就是人民的利益高于一切，行为准则就是全心全意为人民服务；要强化其责任意识，使之铭记掌握人民赋予的权力不是特权，而是义务和责任，必须对国家、对人民、对法律负责。任何公仆如果滥用权力，将承担政治和法律后果。

通过民主法治教育，要在干部中牢固树立：立党为公、执政为民和依法执政的执政观念；权为民所用、情为民所系、利为民所谋的人民观念；尊重和保障人权与基本自由，法律面前人人平等的人权观念；民主立法、依法行政、公正司法和依法监督的法治观念；民主选举、民主决策、民主管理、民主监督的民主观念。

（四）进一步完善社会主义民主制度，不断发展人民民主

社会主义文明的政治，是人民当家作主、国家权力由人民产生、对人民负责、为人民行使、受人民监督的政治。建设社会主义政治文明，应不断完善各项民主制度。

第一，建设社会主义政治文明，应当进一步坚持和完善人民代表大会制度。这是社会主义民主的本质要求，也是建设社会主义政治文明的关键和灵魂所在。人民代表大会制度是我国各族人民当家作主的根本政治制度，宪法明确规定全国人民代表大会是国家最高权力机关，享有立法权、重大事项决定权、人事任免权、监督权，应当从具体制度上进一步保障人大的宪法权力，落实人大的宪法地位，从工作机制上切实发挥人大在民主立法、民主选举、民主决策、民主监督等方面的作用。与此同时，应当进一步健全和完善共产党领导的多党合作和政治协商、民族区域自治、基层

国情出发，借鉴人类政治文明制约和监督权力的有益经验，依法建立结构合理、配置科学、程序严密、制约有效的权力运行和监督的制度和机制。在反腐倡廉方面，党的十六大已经作出战略部署，对此应当坚决贯彻实施；党中央和党的各级组织十分重视反腐倡廉工作，制定了许多制度，对此应当切实执行。在操作层面的制度安排上，是否可以考虑将检察机关的反贪机构、行政机关的监察机构与执政党的纪律检查机构合并，成立廉政总署，在党中央和最高国家权力机关的垂直领导下，依法统一行使反贪污腐败的职权。这样安排，有利于加强党对反腐败工作的集中领导、统一指挥，协调行动；有利于强化反腐败工作的力度，排除干扰，克服阻碍，公正执法；有利于整合反腐败工作的资源，减少重复劳动，提高效率和质量，从制度上进一步加强对权力的有效监督。

应当充分发挥法治制约和监督权力的作用，抓紧制定监督法。早在1987年，全国人大的有关部门就开始研究起草监督法，1991年七届全国人大四次会议把制定监督法列入立法规划，之后历届全国人大又多次提出这部法律的制定问题。但迄今已逾10多年，监督法仍没能出台。监督法是代表人民、执政党和国家监督行政权、审判权和检察权的重要法律，应当具有足够的权威、机制和手段；应当在监督法中强化人大对"一府两院"的监督，并使之制度化、程序化和规范化；应当设立政务公开、错责追究、弹劾、政务类公务员的资讯和财产公开等制度，并进一步完善现行的质询和询问制度、特别调查制度、预算决算审查制度、罢免制度等，以保证这部法律出台后能够切实发挥作用。

另一方面，切实加强对公民权利的保障。制约和监督权力，目的在于保证人民赋予的权力为人民服务，保证人民当家作主，享有广泛的权利和自由。我国宪法和法律对保障公民权利提供了较好的法治基础，并在实践中取得了前所未有的成就。但是，在某些地方和部门、在某些工作的环节上，还存在着侵犯公民人身权利、财产权利的现象，如非法拘禁、超期羁押、刑讯逼供、非法剥夺公民财产等。

尊重和保障人权的当务之急：一是根据宪法关于"国家尊重和保障人权"的原则，全面完善我国人权保障的各项法律规定和相关制度；二是全国人大常委会加快审议并批准1998年10月我国政府签署的联合国《公民权利和政治权利国际公约》；三是切实加强对公民人身权利的法治保障，完善劳动教养等制度；四是大幅度减少死刑的刑种，慎重并减少适用死刑。

（六）进一步加强社会主义法治建设，努力提高法治整体水平

提高法治的整体水平，必须进一步从以下几个方面健全社会主义法制。

首先，进一步维护宪法和法律的权威性。宪法和法律集中体现了党的主张和人民的意志，是坚持党的领导、人民当家作主和依法治国的合法性依据。有法不依、执法不严、违法不究，都是对宪法和法律权威的侵犯。而侵犯了法治的权威性，就是侵犯国家的法治基础、执政党的政治权威和人民至上的主权原则。在政治文明建设中，维护社会主义宪法和法律的权威性，就是用法治的方式坚持党的领导，实践立党为公、执政为民。

其次，进一步保证法治的统一性。我国是单一制国家，维护法治的统一性，是国家统一的法治保障，是法治建设的一项基本原则。第一，立法要统一，这是法治统一的法律基础和前提。某些立法工作中的部门保护主义现象，法律体系中存在的法律规范之间的某些不一致甚至冲突的现象，都影响了法治的统一性。第二，执法和司法要统一，这是社会主义法治原则对保证法律统一实施的基本要求。目前法律实施中的部门保护主义和地方保护主义现象，以及违反法律面前人人平等原则的现象，都是对法治统一性的破坏。第三，应当努力从宪法实施制度上解决法治统一性问题，进一步加强全国人大常委会解释宪法和监督宪法实施的工作，适时建立和完善合宪性审查制度；应当保障公民通过各种诉讼程序和方式维护自己的宪法权利。

再次，进一步提高法律实施的实效性。经过20多年的法治建设，我国已初步形成了中国特色社会主义法律体系，无法可依的问题已基本解决。现在法治建设的主要矛盾，是法律实施的问题，主要表现为某种程度上存在有法不依、执法不严的情况。努力提高我国法治的整体水平，应当在继续重视立法工作的同时，进一步加强法律实施工作，把解决法律有效实施的问题作为下一步法治建设的重点，使法律实施与法律制定协调发展。提高法律实施的实效性，应当从各级领导干部做起，不断提高依法执政、依法决策和依法办事的观念和水平；健全严格的执法制度，切实做到依法执政、执法为民；从制度上、法律上切实保证审判机关和检察机关依法独立

公正地行使审判权、检察权。

最后，进一步加强法治建设的协调性。法治建设是一个庞大的社会系统工程，在系统内部的立法、行政、司法、法律监督之间，应当做到和谐统一，协调发展；在系统外部，应当做到法治建设与经济、政治、文化和社会发展相适应，与坚持党的领导、保障人民当家作主相统一。当前在法治建设中，尤其应当注意司法体制改革的整体协调推进。已往进行的司法改革，主要是司法机关内部的制度和工作机制改革。这些改革虽已取得不小成效，但还不能从体制上真正解决导致司法不公的深层次的矛盾和问题。针对这些矛盾和问题，党的十六大报告已在司法体制改革方面提出明确要求，各司法机关也制定了具体的改革规划。这些要求和规划具有较强的针对性、科学性和可操作性，应当尽快积极稳妥地付诸实施。

国际知识产权保护和我国知识产权保护的法律制度建设

（十六届中央政治局第三十一次集体学习，2006 年 5 月 26 日）

郑成思[*]

【内容提要】 在国际上知识产权保护不断得到强化、我国建设创新型国家的大背景下，我国知识产权保护既面临挑战也面临机遇。从世界上主要国家和地区知识产权制度及相关国际条约来看，我们应当吸收借鉴各国及国际知识产权保护中的经验做法，一方面利用知识产权制度业已形成的高端保护，来推动国民在高新技术和文化产品领域打开创造创作这个"流"，另一方面积极促成新的知识产权制度，来保护我国目前可能处于优势的传统知识和生物多样化这个"源"。这样，才更有利于我国加快向知识经济与和谐社会发展的进程。

【主讲人简介】 郑成思，1944 年生，云南昆明人。新中国版权理论的重要开拓者，中国版权制度建设的主要奠基人之一，被誉为"中国知识产权第一人"。曾任中国社会科学院法学研究所研究员、博士生导师，中国社会科学院学部委员，中国社会科学院学位委员会委员，中国社会科学院知识产权研究中心主任，中国版权研究会副理事长，国际版权学会顾问，世界知识产权组织仲裁中心仲裁员，国际知识产权教学与研究促进协会执

---

* 本次讲座由中国社会科学院法学研究所郑成思研究员和前中南财经政法大学校长吴汉东教授共同主讲。本讲稿为郑成思研究员的讲解内容。

行委员，九届、十届全国人大代表、法律委员会委员，参加了我国著作权法、专利法、商标法、计算机软件保护条例、民间文学保护条例、网络传播权保护条例和民法典、反不正当竞争法等法律法规的起草、修订工作。1986 年被授予"国家级专家"称号，1989 年被授予"全国劳动模范"称号。2006 年 9 月 10 日因病在北京逝世。

一　背景

中国知识产权的立法已经基本完备。与尚未在理论上讨论清楚又未产生基本部门法的那些国内法领域相比，知识产权领域的立法更先进一些。与国际上大多数发展中国家相比，它也更先进一些。联合国世界知识产权组织历任总干事都称"中国知识产权立法是发展中国家的典范"。中国的知识产权立法在 2001 年底"入世"时，就已经完全达到了 WTO 中的 TRIPS 协议所要求达到的保护标准。这是毋庸置疑的，否则中国也不可能被 WTO 所接纳。有些立法，还不止于 WTO 的要求。例如 2001 年 10 月修订的《著作权法》与 2006 年 5 月颁布的《信息网络传播权保护条例》，已经不断与国际上发展了的数字技术对知识产权保护的新要求同步。在司法方面，中国知识产权法庭的法官素质，高于中国法官的总体平均水平。中国法院在知识产权领域的一些判决，水平也不低于发达国家甚至美国法院的判决。例如，北京法院较近的 2004—2005 年对中国社会科学院七学者诉北京书生数字有限公司侵权一案的判决①，较远的 1999 年王蒙等六作家诉世纪互联网有限公司一案的判决②，都是实例。中国建立了知识产权制度后，企业自主知识产权（包括自主品牌）的拥有量和竞争力，已经超过了多数发展中国家和极少数发达国家（如澳大利亚、西班牙）的企业。这些

---

① 参见北京海淀法院（2004）海民初字第 12509 号判决书；北京一中院（2005）一中民终字第 3463 号判决书。另见《人民日报》2005 年 7 月 27 日第 13 版的报道《数字图书馆不少盗版者的挡箭牌》，以及《中国新闻出版报》2005 年 7 月 28 日第 7 版、《人民法院报》2005 年 7 月 19 日 C2 版等报道。

② 参见《中华人民共和国最高人民法院公报》2000 年第 1 期。

正面的成绩，是必须看到的。知识产权制度激励人们搞发明、搞创作；激励企业重视、维护和不断提高企业信誉。总的来讲，我国 20 多年的实践已表明，这是一个可取的法律制度。

不过，对知识产权制度的利弊、对于在今天我国知识产权制度的走向应当如何选择，确实存在不同的意见。

近年因国际上南北发展越来越失衡，国内外批判 TRIPS 协议的声音很多。例如，澳大利亚学者 Drahos 的著作、2002 年的英国知识产权报告建议发展中国家把力量放在批判乃至退出 WTO 的 TRIPS 协议上；[①] 在国内，许多人主张弱化我国因 WTO 压力而实行的"已经超高"的知识产权保护；等等。这些表面上看是顾及了中国利益。那么，我们应当作何选择呢？

在经济全球化中，已经"入世"的中国不应也不能以"退出"的方式自我淘汰。在 WTO 框架内趋利避害，争取 WTO 向更有利于我国的方向变化是我们正走的路。在这种变化发生之前，可以争取现有框架中更有利于我们的结果。例如，在近年人们经常提起的 DVD 涉外专利纠纷中，我们本来可以依据 TRIPS 协议不按照 6C 集团的要求支付超高额的专利使用费。与 DVD 一案相对的，是 2004 年中国碱性电池协会应对美国专利权人在美国依照《关税法》337 条款的诉讼一案，中国企业取得了胜利。这一胜一败很能说明问题。前者是我们的企业在知识产权战中"不战而降"的一例，后者则是我们的企业真正明白了什么是知识产权。

中央正确地提出了建设创新型国家的目标，而要落实它，我们就不能不重视与加强对创新者、创新企业所做出的创新成果的知识产权保护。在这方面，了解国际上的发展趋势并作出正确的选择，是非常重要的。

---

① 作为非官方组织的英国知识产权委员会 2002 年的报告《知识产权与发展政策的整合》（Integrating Intellectual Property Rights and Development Policy），作为官方文件的 2003 年美国联邦贸易委员会的报告《鼓励创新——竞争与专利法律及政策的适当平衡》（To Promote Innovation——The Proper Balance of Competition and Patent Law and Policy），作为法哲学学者澳大利亚 Peter Drahos 的专著《信息封建主义》（Information Feudalism），日本知识产权学者中山信弘 2003 年的专论《知识产权法律制度的展望》。这些都是对知识产权制度（除美国联邦贸易委员会文件外，主要是 WTO）中 TRIPS 协议展现的知识产权制度的猛烈批评。

二　主要国家、地区知识产权制度与 相关国际条约对我国的影响

（一）几个有代表性的国家和地区知识产权制度的状况

1. 美国

虽然美国建国只有 200 多年的历史，却是世界上最早建立知识产权法律和制度的国家之一。美国独立后即在其宪法中明文规定发明人、作者的创作成果应当享有知识产权，并于 1790 年颁布了《专利法》和《版权法》，时间早于绝大多数其他国家，这表明，美国建国之初就把保护知识产权作为其基本国策之一。

值得指出的是，美国在其科技和文化创新能力低于欧洲发达国家的历史阶段，曾在知识产权制度上采取明显的本国保护主义。例如，美国早期的专利制度拒绝为外国申请人提供与本国申请人同等的待遇，尤其歧视当时世界首强英国的申请人；长期拒不参加当时由欧洲国家发起制定的知识产权国际条约，例如直至 1988 年才参加了《保护文学艺术作品伯尔尼公约》。20 世纪中期之后，随着美国逐渐成为世界第一强国，其国内知识产权制度也不断完善。美国一方面注重为权利人提供有效的知识产权保护，例如大力促进其版权产业的形成和壮大，将能够获得专利保护的范围扩大到微生物、与计算机程序有关的商业方法等，规定大学和科研机构对利用国家投资完成的发明能够享有并自主处置专利权等；另一方面也注重知识产权权利人利益与公众利益之间的合理平衡，美国是世界上最早建立反垄断体系并将其用于规制知识产权权利滥用行为的国家，它还通过其最高法院近 10 年来的一系列判决，制止对专利权的保护范围作出过宽的解释，以免其他人使用先进技术有随时"触雷"的危险。

自 20 世纪 80 年代以来，美国在其对外知识产权政策方面一直从维护本国利益出发，进攻性地参与和推动知识产权国际规则的制定和调整。美国在双边交往中也不断强制推行自己的"知识产权价值观"，与相关国家签订双边协议，使对方在知识产权保护上比世界贸易组织的《与贸易有关的知识产权协定》更严格、要求更高。例如，2005 年开始的澳大利亚新一

轮知识产权法修订，就是按照 2005 年 1 月的《澳美自由贸易协议》的要求进行的。① 此外，早在 20 世纪八九十年代，美国就曾推动许多国家以版权法保护计算机软件，要求许多发展中国家为药品发明提供专利保护，并将这些主张体现在世界贸易组织的规则中；美国频频运用其《综合贸易法》的"特别 301 条款"和《关税法》的"337 条款"，对其认为侵犯美国知识产权的国家和企业进行威胁和制裁。美国是对知识产权国际规则的形成和发展影响最大的国家。

2. 欧盟国家

欧盟各国的知识产权制度可以放在一起了解和把握，因为这一地区知识产权法律"一体化"的进程已经基本完成。早期的欧共体于 1973 年制定了《欧洲专利公约》，于 1978 年成立欧洲专利局，在很大程度上统一了欧共体各国专利权的授予；1991 年至 1996 年统一了欧共体国家的大部分版权法规；1993 年制定了《共同体商标条例》，后又制定了一系列的条例、指令等法律文件，进一步缩小欧盟国家在知识产权制度各个方面的差异。

作为知识产权制度的诞生地②，又是当今世界上最大的发达国家群体，欧盟国家对知识产权保护十分重视，其知识产权法律和制度以及相配套法律和制度都较为完善。在知识产权保护的某些方面，欧盟的立场甚至比美国更为严格。例如，对仅有资金投入而无创造性劳动成果的数据库，欧盟自 1996 年起即予以知识产权保护；而美国至今未予保护。再如，欧盟将大小型卡拉 OK 厅使用音乐作品一律纳入版权法的规范范围；而美国在 21 世纪初欧盟把其告到世界贸易组织的争端解决委员会之前，一直认为小型卡拉 OK 厅使用音乐作品不应受版权法限制。在知识产权国际规则的形成和发展方面，欧盟国家与美国具有较多的共同利益，因而总体而言持基本一致的立场。但是，欧美之间也存在分歧。例如，美国从维持其计算机软件方面的巨大优势出发，极力主张其他国家也将与计算机程序有关的商业方法纳入可以受专利保护的范围；而欧盟则以授予专利权的方案必须具有技术属性为由予以抵制。再如，以法国为代表的欧盟国家极力主张扩大地理标志的范围，以保护其拥有的传统优势产品（如葡萄酒、奶酪、香水等）；

---

① 实际上，到目前为止，美国已经与日本、新加坡、马来西亚、印度尼西亚、澳大利亚等十多个国家签订了这种"自由贸易协定"，而且还在继续推进这种协定。

② 世界上第一部版权法和专利法均出自英国，第一部注册商标法则出自法国。

而美国、澳大利亚等在这方面处于劣势地位的移民型国家则坚决予以反对。这些分歧的产生主要并不是由于在法学理论方面的不同观点，而是出于维护各自经济利益的考虑。①

3. 日本

日本于 1885 年制定《专利法》，时间与德国大致相同，在亚洲国家中是最早的。20 世纪 70 年代以来，日本每年受理的专利申请数量长期高居世界各国之首。

二战之后，日本通过引进美国和欧洲的先进技术并对其进行消化和再创新，建立了世界上最好的有形产品制造体制，被称为"日本模式"。然而，20 世纪 90 年代却被称为日本"失落的十年"。日本总结教训，认为一个重要的原因在于日本囿于曾经十分成功的传统工业经济发展方式，没有及时对"日本模式"进行改造，而这期间的国际环境已经发生了巨大变化，一些国家低价生产大批量产品的能力迅速接近甚至超过日本，结果是日本传统的以高质量生产产品的经济策略已经不再有效。

所以，日本提出了"信息创新时代，知识产权立国"的方针，于 2002 年制定了《知识产权战略大纲》和《知识产权基本法》，提出从创新、应用、保护以及人才等方面抢占市场竞争制高点。同年，日本内阁成立了知识产权战略本部，由首相任本部长，并设立了知识产权推进事务局，每年发布一次知识产权推进计划，对国家主管部门、教学科研单位、各类企业的相关任务与目标都作了规定。2005 年，日本成立了知识产权上诉法院，统一审理知识产权民事和行政上诉案件，以简化程序，优化司法审判资源配置，从而更有效地保护知识产权。② 这种做法在国际上已经是一个明显的发展趋向，韩国、新加坡、我国台湾地区近年来也先后采取了与日本相似的知识产权司法架构。

日本是最早在我国设立知识产权特派员的国家，目前和美国、欧盟一样采取各种方式在知识产权领域对我国施加压力。

---

① 对地理标志是否保护、采取什么途径保护，曾经是世界贸易组织成立前的谈判中美欧争议的焦点；是否扩大与加强对地理标志的保护，又成为多哈会议后多次世界贸易组织谈判中美欧争议的焦点。

② 从 2005 年底到 2006 年初，日本知识产权上诉法院判决的"佳能墨盒"等三个有名的案例，已经对国际知识产权界产生了重大影响，也对我国企业产生了重大影响。

4. 韩国

韩国是一个依托知识产权由贫穷落后的发展中国家迅速崛起的典型。2005 年，韩国的发明专利和实用新型的申请量达到近 20 万件，专利权的授予量从 1981 年的 1808 件上升到 2005 年的 73509 件，增长了近 40 倍。从统计图表看，韩国发明专利和实用新型申请量的增长与其人均 GDP 的增长几乎完全吻合。这表明，知识产权与经济实力的增长之间存在紧密关联。

从 20 世纪后期开始，韩国的产业结构不断发生变化。从 20 世纪 60 年代到 80 年代初期，韩国工业主要集中在纺织品、胶合板、鞋子等轻工业家用产品方面；从 80 年代初期到 1996 年，韩国实现了向钢铁、造船、汽车、化学等领域的拓展；从 1996 年到现在，韩国又在移动电话、半导体器件、存储器、液晶显示器、计算机软件等高技术领域取得长足进步；据介绍，韩国近年来在生命科学和生物技术的研究与应用方面作了巨大投入，这些方面很可能在不久的将来形成新的产业亮点。韩国十分重视学习、收集和研究中国传统知识（特别是中医药）方面的优秀成果，并将其产业化，迅速投入国际市场。值得注意的是：韩国使用中药方制成的药品，从来不标注"汉药"或"中药"，而是标注"韩药"。

韩国像许多发达国家那样，开始制定自己的知识产权战略。它重视自己的知识产权在国外获得保护，它在发达国家申请专利的数量远远高于我国。韩国也十分注重在我国申请获得专利的工作，从 1999 年起进入在我国申请专利最多的 10 个国家之列，到 2005 年已经位居第三。目前，随着我国成为韩国最大的贸易伙伴，韩国企业投诉我国企业侵犯其知识产权的案件正在增加。① 可以预计，涉外知识产权纠纷的压力不仅来自发达国家，也将会来自发展较快的发展中国家。对此，我们现在就必须开始重视。

5. 印度

与大多数英联邦国家一样，印度知识产权制度的框架基本上源于英国。在 20 世纪 40 年代独立后的很长时间里，印度对知识产权制度否定多于肯定。②

---

① 比较有影响的案件，例如 2004 年韩国三星集团在北京一中院诉我国盛大集团的网络游戏软件版权纠纷。

② 参看赵元果《中国专利法的孕育与诞生》，中国知识产权出版社，2003，第 56 页、164 页及 191 页。20 世纪 80 年代初，当中国向印度专利局长请教专利制度的好处时，他甚至认为"专利法对发展中国家的好处等于零"。印度在《保护工业产权巴黎公约》生效 100 多年后，才参加了该公约。

但自从世贸组织成立，特别是在印度的涉外知识产权纠纷被诉诸世界贸易组织的争端解决委员会后，上述状况发生了重大变化。一方面，印度政府采取多方面措施完善其知识产权制度，遵从世界贸易组织规则，逐步减少在医药专利、作品版权方面与外国的纠纷，并不断加强知识产权保护，尤其是不断完善版权立法，加强版权执法，以保障自己信息产业的发展。印度的软件产业因此从 90 年代中期之后得到迅速发展，其软件产品及软件服务业进入国际市场，成为印度主要外汇来源之一。另一方面，印度十分注意在加强知识产权保护的同时维护其本国的利益，积极立法保护自己的遗传资源、传统知识与民间文艺（主要是印度医药、瑜伽及印度民间文学艺术），并在国外监视侵害印度传统知识的活动。例如，到 2005 年末，印度在海外监测到：美国已批准 150 项与印度瑜伽功有关的专利；英国批准了至少 10 项与印度瑜伽功有关的商标；德国及日本也有类似情况。印度还组织了专门工作组开展对这些外国专利、商标的撤销或无效投诉，并建立起印度传统知识图书馆，将馆藏内容译成 5 种文字，与世界各国专利审批部门联网，以求外国在行政审批中驳回涉及印度传统知识的申请。同时，印度在许多国际谈判场合，积极推动制定传统知识、基因资源保护的国际规范，以最终使国际条约这一层面承认传统知识的特殊知识产权地位作为自己的目标。

（二）相关国际条约

1. 主要的知识产权国际条约

在 1883 年之前，知识产权的国际保护主要是通过双边国际条约的缔结实现的。今天，这种保护虽然主要是通过多边国际条约来实现，但双边条约并没有完全失去它的作用。自 21 世纪初以来，美国正通过签订一个个双边知识产权条约，进一步提高世界贸易组织规定的知识产权保护水准。

1883 年《保护工业产权巴黎公约》问世后，《保护文学艺术作品伯尔尼公约》《商标国际注册马德里协定》等相继缔结。在一个世纪左右的时间里，世界各主要靠这些多边国际条约来协调各国之间差距很大的知识产权制度，减少国际交往中的知识产权纠纷。

世界贸易组织的《与贸易有关的知识产权协定》是 1994 年与世界贸易组织所有其他协议一并缔结的。与过去的知识产权国际条约相比，该协议具有如下突出特点：

第一，这是第一个涵盖了绝大多数知识产权类型的多边条约，既包括实体性规定，也包括程序性规定。这些规定构成了世界贸易组织成员必须达到的最低标准，除了在个别问题上允许最不发达国家延缓施行之外，所有成员均不得有任何保留。这样，该协议就全方位地提高了全世界知识产权保护的水准。

第二，这是第一个对知识产权执法标准及执法程序作出规范的条约，对侵犯知识产权行为的民事责任、刑事责任以及保护知识产权的边境措施、临时措施等都作了明确规定。

第三，最为重要的是，引入了世界贸易组织的争端解决机制，用于解决各成员之间产生的知识产权纠纷。过去的知识产权国际条约对参加国在立法或执法上违反条约并无相应的制裁条款，《与贸易有关的知识产权协定》则将违反协议规定直接与单边及多边经济制裁挂钩。《与贸易有关的知识产权协定》是迄今为止对各国知识产权法律和制度影响最大的国际条约。

2. 管理知识产权的主要国际机构

世界知识产权组织是联合国所属 15 个专门机构之一，是主要的知识产权国际机构，负责管理 20 多个知识产权国际条约。另外，国际劳工组织、联合国教科文组织也参与某些知识产权事务的管理。

世界贸易组织的"与贸易有关的知识产权协议理事会"管理《与贸易有关的知识产权协定》，近年来在知识产权国际事务方面也发挥着重要作用。

3. 国际知识产权法律和制度的发展动向

近年来，知识产权国际规则的制定和发展有如下两方面的趋势。

一方面，美、欧、日等继续大力推动各国知识产权法律和制度的进一步协调、统一，使其向发达国家的标准看齐。

世界知识产权组织于 1996 年缔结了两个互联网版权条约，以强化数字时代的版权保护；于 2000 年缔结了《专利法条约》，以统一各国授予专利权的形式和程序性条件；现在正在进行《实体专利法条约》的制定，以统一各国授予专利权的实质性条件。缔结这些条约的总体目的在于进一步强化知识产权保护，压缩《与贸易有关的知识产权协定》留给各国的自由选择空间。

需要特别注意的是，发达国家正在加紧推动"世界专利"的进程。直到现在，即使按照《与贸易有关的知识产权协定》，各国仍有独立授予专利权的自由，即针对同样的发明，可以自行决定是否授予专利权以及授予具有何种保护范围的专利权。所谓"世界专利"，就是要改变上述现有模式，由一个国际组织或者某几个国家的专利局统一授予专利权，在世界各国均能生效，各国不再进行审批。这种"世界专利"制度显然对发展中国家不利。

另一方面，发展中国家在知识产权保护问题上维护自身利益的呼声在不断增强，主动参与知识产权国际规则制定的意识明显提高。

在 2004 年举行的世界知识产权组织成员国大会上，巴西和阿根廷等14 个发展中国家提出了"知识产权与发展议程"的提案，指出：现行知识产权制度对保护发展中国家的利益重视不够，导致富国与穷国之间的差距不是缩小而是扩大；知识产权制度的发展不应当无视各国发展水平的不同而设立更高的保护水准，应当保障所有国家建立知识产权制度所获得的利益大于付出的代价。该提案在国际社会上引起了强烈反响。

《与贸易有关的知识产权协定》强制性地规定各成员均必须对药品授予专利权，给广大发展中国家的民众以能够支付得起的价格获得治疗各种流行疾病的药品带来了负面影响。在发展中国家的大力推动下，2001 年在多哈召开的世界贸易组织部长级会议通过了《关于知识产权协议与公共健康的宣言》。该宣言承认许多发展中国家所面临的公共健康问题的严重性，强调需要将《与贸易有关的知识产权协定》的相应修改作为国际社会解决公共健康问题举措中的一部分。依照该宣言的要求，世界贸易组织总理事会于 2003 年通过了落实多哈宣言的决议，并在 2005 年于香港召开世界贸易组织部长级会议之前通过了对《与贸易有关的知识产权协定》的相应修改方案。

另外，发展中国家还在积极推动制定保护遗传资源、传统知识和民间文艺的国际规则，以抗衡发达国家在专利、商标、版权等知识产权方面的巨大优势，维护自己的利益。虽然是否将这种保护纳入知识产权法律与制度的框架还有争议，但应当给予保护则是相当多国家（包括一些发达国家）的共识。

上述两个方面的趋势都很引人注目，但是必须承认，在知识产权国际规则的制定和发展方面，发达国家明显占据主导地位。我们必须密切关注并妥善应对国际知识产权保护进一步强化的问题。

三　各国及国际在知识产权保护中的一些值得借鉴的做法

（一）把知识产权法与知识产权战略放在重要位置

发达国家在 20 世纪末之前的一二百年中，以其传统民事法律中有形财产法律制度为民商事法律领域的重点。原因是在工业经济中，机器、土地、房产等有形资产的投入起关键作用。20 世纪八九十年代以来，与知识经济的发展相适应，发达国家及一批发展中国家（如新加坡、韩国、菲律宾、印度等），在民商事立法领域，逐步转变为以知识产权法律制度为重点。这并不是说人们不再靠有形财产为生，也不是说传统的有形财产法不再需要了，而是说重点转移了。原因是：在知识经济中，发明专利、商业秘密、不断更新的计算机程序、驰名商标等知识产权在起关键作用。随着生产方式的变动，上层建筑中的法律层面的重点也必然变更。一批尚未走完工业经济进程的发展中国家已经意识到：在当代，仍旧把注意力仅仅放在有形资产的积累上，反倒使有形资产的积累永远上不去，其经济实力也将永远赶不上发达国家。必须以自主知识产权的积累促进有形资产的积累，才有可能赶上发达国家。①

另外，美、欧从 20 世纪末，日本及许多国家从 21 世纪初开始，都纷纷着手制定自己的知识产权战略，以便在国际竞争中保持强势或者赶上原来的强势国家。这也是将知识产权法律与制度放在突出位置的表现。

（二）知识产权司法与行政管理及行政执法相对集中

建立知识产权法院，将知识产权案件相对集中审理，将知识产权民事、刑事、行政案件统一由知识产权专门审判庭审理，美、欧多数国家早

---

①　应当注意，许多并没有民法典的发达国家及发展中国家，在 21 世纪都没有把立法重点放在制定民法典上，而是把重点放在多方完善已有的知识产权法上。也有许多把重点放在知识产权法典化上。2005 年出现的《意大利工业产权法典》在这方面特别值得注意，它已经有了总则，不再像法国知识产权法典那种编纂式的。

在日本之前就做了，一批发展中国家和地区在日本前后也做了。另外，绝大多数国家的工业产权（专利、商标等）均由一个行政机关统一管理，相当一部分国家和地区（如我国台湾地区）的知识产权（即工业产权加版权）全部由一个行政机关统一管理。这样做的好处是有利于减少乃至防止"冲突判决"的产生，便于权利人维权，节约有限的司法与行政资源，更有效地保护知识产权。①

（三）在履行国际知识产权保护义务的同时，注意本国的经济利益

在国际知识产权保护体系已经由世界贸易组织的知识产权协议画上句号之后，各国必须履行参加协议时所承诺的国际知识产权保护义务。一是按照协议调整国内法。这点几乎所有国家都已经做了。二是无论作为世界贸易组织知识产权争端解决第一案的美国诉印度的专利争端，还是其后欧盟诉美国的商标与版权争端，败诉一方都无例外地执行了或正在执行世界贸易组织争端解决委员会的裁决。这是问题的一个方面。另一方面，许多国家在履行国际知识产权保护义务的同时，还十分注意本国的经济利益，甚至把本国的经济利益放在首位。发达国家基本上都是如此。发展中国家，如前所述的印度、韩国也是如此。印度不是简单地在国际压力下加强版权保护，而是借助这种保护积极发展自己的软件产业，使之在国际市场最终占领了相当大的份额。同时它又积极推动把自己传统的长项纳入国际知识产权保护规则中。

四 国际知识产权保护的发展与我国面临的挑战及机遇

（一）要看到全球化中知识产权保护强化对我们不利的一面，更要看到"保护"在建设创新型国家中的重要作用

为什么过去知识产权没有对我国的对外交往产生显著影响，如今却日益成为我国与其他国家产生纠纷的焦点问题呢？其中主要归因于两方面的

---

① 我国法学家早就提出了这类建议，可惜多年未被采纳。参见揭玫《我国应设立专利法院》，《法制日报》2002 年 12 月 19 日，第 9 版。

因素：第一，自 20 世纪 80 年代以来全球化与世界经济格局的深刻变化；第二，我国的迅速崛起。改革开放以来，我国参与国际市场竞争的能力明显增强，许多国家特别是发达国家感到多了一个强劲的竞争对手。在我国经济规模与市场占有份额很小时，发达国家可以不大在乎；在我国成为其竞争对手之后他们就不会坐视不管了。面对挑战和压力，有人抱怨我国依照加入世界贸易组织的承诺而修改后的知识产权法律保护水平"太高"，他们经常提到美国 20 世纪 40 年代、日本 20 世纪六七十年代与我国目前经济发展水平相似，而当时他们的知识产权保护水平则比我们现在低得多。这种对比，如果用以反诘国外对我国知识产权保护的不合理的指责，是可以的。但如果用来要求降低我国目前知识产权保护立法的水平或批评我国不应依照世界贸易组织的要求提高知识产权保护水平，则属于没有历史地看问题。20 世纪 70 年代之前，国际上经济全球化的进程基本没有开始。我们如果在今天坚持按照我们认为"合理"的水平保护知识产权，而不愿考虑经济全球化的要求、国际知识产权保护发展的趋向以及我国已经参加的相应国际条约的要求，那么在一国的小范围内看，这种坚持可能是合理的，而在国际竞争的大环境中看，其唯一的结果只能是我们在国际竞争中被淘汰出局。

实际上，发达国家对我国施加的知识产权压力将会使我国人民懂得真正的核心技术是市场换不到、花钱也买不来的；除了自主创新、奋发图强，没有别的出路。从这种意义上说，上述压力也能转化为我国发展的机遇和动力。

我国企业要在尚不熟悉知识产权法律制度的情况下，应对发达国家跨国公司利用知识产权国际规则向我们施加的压力，这是我们面对的另一个挑战。

面对国际上要求我们加强知识产权保护的压力，在修订与完善有关知识产权法及加强执法方面，我们都已经做了大量的工作，但在提高企业的知识产权保护意识方面，仍显得有些欠缺。例如，最近还能听到有人讲：盗版有助于发展我国的经济，打击盗版主要是保护了外国（尤其是发达国家）的作品及产品。这实际上反映了一部分人的看法。我认为恰恰相反：盗版直接妨碍了我国经济的发展。第一，盗版者的非法收入，绝没有上缴国家以用来发展经济；而且对这一大笔非法收入是无法去收税的，从这里漏掉的税款，对国家就是个不小的损失。第二，盗版活动的主要受害者是国内企业。仅仅以软件盗版为例，这是我国自己的软件产业发展不起来的直接原因。像微软这样的外国企业，它的视窗软件等行销全球的产品，即使在中国一盘也卖不出去，它仍旧可以靠英文原版产品"韩化"、"日化"的产品在许多国家及美国本国的市场赚到钱。而我们的企业开发的"中文之星"、"五笔汉字"等软件，如果在中国因为盗版猖獗而没有了市场，它们在国外的市场就非常有限了，这些中国软件企业就非倒闭不可。对音像制品、图书等的盗版，如果不给予有力的打击，结果也是一样。因为这些汉字汉语的文化产品的市场主要在中国。假冒商标等侵害知识产权的活动就更是如此了，我国的许多名牌在国外的市场上并不是被外国竞争者打垮的，反倒是被我们自己的冒牌货打倒的。这样的例子很多。

另外，许多企业对产权实际上没有真正的了解，于是在自己本来可以抗争时却放弃抗争的例子也不少。例如，专利不像版权与商标，不存在"部分侵权"。如果你的产品只包含别人专利中的部分技术特征而不是全部，那就仍然不能定为侵权。美国柯达公司被诉侵害他人感光技术专利，抗争了9年，才最后被认定侵权。我们有的企业则是外国公司一告侵权，甚至还没有告，就"不战而降"了。有的跨国公司持其专利向我国企业要高价，同时"捆绑许可"其专利，我们的企业应当知道这是违反《与贸易有关的知识产权协定》的，境外已经有反过来告专利持有者滥用权利、拒付高额许可费的例子。我们的一些企业却在同样情况下逆来顺受了。这也是没有知识产权意识的表现。

我们的企业还应当知道的是：无论是在国内还国外，我国的企业及个人已经享有的知识产权，同样可能遭到外国公司的侵害。像"海信"、"同仁堂"这样著名的商标，都曾被外国公司抢注过。我国的企业要注意依法维护自己的知识产权。

当然，最重要的是，要鼓励我国企业积极开发享有我们自主知识产权的成果。袁隆平在我国还没有颁布专利法之前，就已经在美国、澳大利亚申请了杂交水稻育种技术的专利；最近几年我国的中石化公司就某些化工技术申请了多国的多项专利，初步建立起自己的"市场保护圈"，使想进入这个圈制售有关化工产品的外国企业，都要向中石化取得许可。还有一些公司通过自己的努力创新，也开始在国际竞争中站住了脚。不过这类企业在中国还太少。为了发展我国的经济，我们不能拒绝引进他人的创新成果。但我们最终能够依靠的，还是我国人民自己的创新精神。给予创新成果知识产权保护，是对发扬创新精神的最有效的鼓励。

（二）知识产权保护的源与流和我们对自己长项的保护

提升我国传统优势领域的知识产权保护力度，是我们可能有效应对外来挑战的一个方面。其中应当特别重视的是我国中医药的知识产权保护状况面临的挑战。中医药是我国的瑰宝。对传统知识提供有效的知识产权保护，不仅符合我国的利益，更有利于在世界范围内弘扬中华文化。而我们在国际经济中面临的状况有这样几点。第一，我国作为中医药原创国的主体地位受到了另一些国家的威胁。中医药作为我国原创的自主知识产权，目前在国际上正面临被混淆来源的危险。其中一个重要迹象是将中医药名称"去中国化"。除了韩国已立法将"汉医学"更名为"韩医学"，将"汉药"改称"韩药"外，日本也正在酝酿更名问题。第二，真正体现中医药特色的中药复方，难以通过源起于西方的专利制度得以保护，于是成为世界免费大餐。第三，中草药缺乏知识产权保护，使我国中药出口贸易的高附加值大多流向国外竞争对手。应对这方面的挑战，我们不能再居被动，必须积极主动对中医药这一我国原创的成果进行专门立法保护。目前可以做到的至少有三点：（1）对于中医医疗中具有核心价值的中药复方进行特殊保护或技术秘密保护；（2）对于中草药采用地理标志保护；（3）对于中草药新品种提供植物新品种保护。这些保护将有利于促进中医药的健康发展。此外，我们还需抓紧研究其他保护方案。由于中医药有廉价便民的优势，积极保护与发扬它，不仅可以应对国际上的挑战，对于构建有中国特色的医疗卫生体系和建设社会主义和谐社会也有重大的社会经济意义。可惜的是，目前国家中医药管理局开始起草的保护法，自己也开始"去中国化"，定名为"传统医药保护法"。国际组织和国际条约称"传统医药"，原因是它不能单指某一个国家；我们自己的部门法也不称"中医药"（按中华人民共和国成立后的习惯和已有的法律解释，中医药已经既包括了汉医药，又包括了蒙医药和藏医药等少数民族医药），这是不对的。但这是我们另一个建议中将去详细讨论的问题。

"中国民间文学艺术"与"中医药"这两部分传统知识，在我国都是长项。如果我们只是在发达国家推动下对他们的长项（专利、驰名商标等）加强保护，对自己的长项则根本不保护，那么将是一个重大失误。即使传统知识的这两部分不能完全像专利、商标一样受到保护，也应受"一定的"保护。

在我们以现有的由发达国家早已决定好框架的知识产权为基础制定知识产权战略时，切不可忽视了一大部分尚未列入国际知识产权保护框架内的信息财产。因为这一部分恰恰是我国的长项。

近年来，发达国家一再把知识产权保护水平拔高，而发展中国家则提出了保护现代文化及高技术之源的问题，这两部分利益不同的国家实际上在不同的"两端"上，不断争论着。所谓"两端"，实质上一端是智力成果之"源"，一端是智力成果之"流"。[①]

21 世纪将是中国逐渐完成工业化，进而从工业经济向知识经济转变的时期。党和国家提出的"建设创新型国家"，是促进这一转变尽早完成的正确途径。

美国从 1996 年开始至今，版权产业中的核心产业（即软件业、影视业等）的产品出口额，几乎每年都超过了农业、机器制造业（即飞机制造、汽车制造等）的产品出口额。美国知识产权协会把这当作美国已进入"知识经济"时期的重要标志。我国从 2000 年起，信息产业开始成为第一支柱产业。这一方面说明我国确实在向知识经济迈进，另一方面说明我们与美国的差距还相当大。

在中国"入世"前后，关于如何转变政府职能、如何修改与世贸组织要求有差距的国内法、如何使行政裁决均能受到司法审查等，人们关心较多，报刊上讲得较多，立法与行政机关围绕这些问题采取的相关措施也较多。应当说，这都是对的。但我们更需要思考深一步的问题。

我们如果认真分析一下，就不难看到：第一，世贸组织时代与关贸总协定时代相比，无形财产的重要性大大提高了；从而规范服务、规范知识产权的国际规则显得十分重要了。第二，如前所述，知识经济与工业经济（及至农业经济）时代相比，知识成果的投入开始取代土地、厂房、机器

---

① 有关详细论证，参见郑成思《传统知识与生物多样化两类知识产权的保护》，《法制日报》2001 年 7 月 28 日，第 3 版。

等有形财产的投入，从而规范知识产权成果的知识产权法，开始取代有形财产法，在市场规范中起关键作用。第三，信息网络化的时代与公路、铁路乃至航空网络时代相比，无形市场（网络市场）已经开始在促进有形市场的发展上起关键作用，电子商务法将取代货物买卖（保管、租赁等）合同法而起关键作用。这些并不是说有形财产法、传统合同法等不再需要了，只是说重点转移了；也不是说人类可以不再依赖有形财产去生存，只是说有形财产的积累和有形市场的发展，在当代要靠无形财产的积累和无形市场的发展去推动。

目前，中国在知识产权尤其是自主知识产权的拥有及利用上，从总体上看不占优势。这主要是因为发明专利、驰名商标、软件业视听作品等的版权主要掌握在少数发达国家的手中。而要增强我们的地位，至少使我们避免处于过于劣势的地位，我们有两条路可走。一是力争在国际上降低现有专利、商标、版权的知识产权保护水平，二是力争把中国占优势而国际上还不保护（或者多数国家不保护）的有关客体纳入国际知识产权保护的范围，以及提高中国占优势的某些客体的保护水平。走第一条路十分困难。从 1967 年到 1970 年伯尔尼公约的修订过程看，从世界贸易组织《与贸易有关的知识产权协定》形成的历史看，走第一条路几乎是不可能的。

就第二条路来说，我们应力争把"生物多样化"、"传统知识"纳入知识产权保护。

现有知识产权制度对生物技术等高新技术成果加以专利、商业秘密等形式的保护，促进了发明创造；现有知识产权制度对计算机软件、文学作品（包含文字作品及视听作品等）加以版权保护，促进了工业与文化领域的智力创作。现有知识产权制度在总体上无疑是应被肯定的。但在保护今天的各种智力创作与创造之"流"时，人们在相当长的时间里忽视了对它们的"源"的知识产权保护，则不能不说是一个缺陷。而传统知识，尤其是民间文学的表达成果，正是这个"源"的重要组成部分。

传统知识是在世贸组织成立时，印度等国就提出应在世贸框架中保护的内容。近年世界知识产权组织已召开多次国际会议讨论这一问题，并于 2000 年成立了专门委员会来研究这一问题。世贸组织在 2001 年 11 月的多哈会议"部长声明"第 18—19 条已将其列为多边谈判应考虑的议题。发展中国家安第斯组织在其 2000 年的《知识产权共同规范》中，已要求该组织成员在国内法中对保护传统知识予以规定。

传统知识按世贸组织、世界知识产权组织及国外已有的立法中的解释，主要包含民间文学艺术与地方传统医药两大部分。其中民间文学艺术部分，已经暗示保护或明文保护的国际条约与外国法很多。如伯尔尼公约第15条、英国1988年版权法第169条，是暗示性规定的典型。实际上，世界知识产权组织再给伯尔尼公约第15条加标题时，已明文加上"民间文学艺术"。

对地方传统医药的保护，虽然亚、非一些发展中国家早就提出，其在发展中国家引起更大关注，却是在1998年印度学者发现了某些发达国家的医药、化工公司，把印度的传统药品拿去，几乎未加更多改进，就申请了专利这一事实后。发展中国家认为，像无报酬拿走民间文学艺术去营利一样，无报酬拿走地方传统医药去营利，也是对这种知识来源地创作群体极不公平的。

对生物多样化给予知识产权保护，主要是保护基因资源。基因资源与传统知识相似，可能是我国的又一个长项。许多发展中国家以及基因资源较丰富的发达国家（如澳大利亚），已经开始重视这方面的保护。我国仅仅在《种子法》等法律中开始了有限的行政管理。把基因资源作为一种民事权利，特别是作为一种知识产权来保护，我国与一些外国相比，这方面做得还非常不够。

传统知识与生物多样化两种受保护客体与世界贸易组织中已经保护的地理标志有许多相似之处。例如他们的权利主体均不是特定的自然人。同时，传统智慧与生物多样化两种受保护客体又与人们熟悉的专利、商标、版权等的受保护客体有很大不同。所以，有人主张把它们作为知识产权的新客体，而不是与其他客体一样并列在一起。不过，必须对其给予一定的保护，这一点则是需要力争的。力争的第一步，就是首先让本国的立法与执法把它们保护起来。

这种保护，首先是应当要求使用者尊重权利人的精神权利。例如，要求使用者指出有关传统知识或生物品种的来源。如果自己创作的新作品或者开发的新技术方案是以有关传统知识或者生物品种作为基础的，则必须对此作出说明；如果自己推向市场的商品或服务本身就是他人已有的传统医药、民间文学艺术等，就更需说明。今年拿了中国人开发并使用了千百年的中药乃至中成药推向国际市场，却引世人误以为该中成药出自日本、韩国等国者，并不在少数。这对中国的传统知识是极大的不尊重。2002 年至 2003 年间由北京第二中级人民法院受理、北京高级人民法院终审的"乌苏里船歌"版权纠纷，首先是原告希望民间文学的来源这项精神权利受到尊重。其次，这种保护必然涉及经济利益，即使用人支付使用费的问题。至于法律让付费使用的面积覆盖多广，以便既保护了"源"，又不妨碍"流"（即文化、科技的发展），则是个可以进一步研究的问题。

中国人在知识创新方面，并不比任何人差。我们其实可以不必去考虑如何去要求降低国际上现有的知识产权高端的保护制度（因为实际上也不可能降下来）。我们应当做的是：一方面利用知识产权制度业已形成的高保护推动国民在高新技术与文化产品领域搞创造与创作这个"流"，另一方面积极促成新的知识产权制度来保护我们目前可能形成优势的传统知识及生物多样化这个"源"。这样，才更有利于加快我们向知识经济与和谐社会发展的进程。

关于制定和实施物权法的若干问题

（十六届中央政治局第四十次集体学习，
2007 年 3 月 23 日）

梁慧星[*]

【内容提要】物权法是规范物的归属和利用的法律规则，主要作用是定分止争、物尽其用。制定和实施物权法，对于进一步改革开放和发展社会主义市场经济、保护公民私有财产、全面实行依法行政具有重要意义。物权法确认了物权平等保护原则，并重点针对现实生活中迫切需要规范的不动产登记、异议登记、预告登记、国家征收、公共利益、由谁代表国家、国有资产流失、停车位、商品房"按揭"、住宅建设用地使用权期满后的续期等问题，统筹协调各种利益关系，切实维护最广大人民的根本利益，促进社会和谐。

【主讲人简介】梁慧星，1944 年 1 月 16 日生，四川青神县人。现任中国社会科学院学部委员，中国社会科学院法学研究所研究员、博士生导师，北京理工大学珠海学院特聘教授、民商法律学院名誉院长，兼任四川大学、西南政法大学、山东大学博士生导师。曾任十届、十一届全国人大法律委员会委员，十届全国政协委员，第四、五届国务院学位委员会委员，《合同法》起草委员会组长，《物权法》、《侵权法》、《民法通则》起草组核心成员。1990 年国家人事部授予"有突出贡献中青年专家"称号。

---

* 本次讲座由中国社会科学院法学研究所梁慧星研究员和中国人民大学副校长王利明教授共同主讲。本讲稿为梁慧星研究员的讲解内容。

《中华人民共和国物权法》经第十届全国人大第五次会议于 2007 年 3 月 16 日通过，将自 10 月 1 日起施行。分 5 编 19 章 247 条。物权法的内容非常丰富，大到山脉、草原、江河湖海和地下矿藏的归属，小到居民住宅的停车位、电梯、水电管线的归属和维护，物权法都有规定。物权法是我国社会主义法律体系中的一部基本法律，关系到坚持和完善国家基本经济制度，完善社会主义市场经济体制，实现和维护最广大人民群众的根本利益，激发全社会的创造活力，全面建设小康社会和社会主义和谐社会。物权法的制定和实施，对于我们国家、民族和人民具有深远的历史意义。本报告分为三个部分：其一，什么是物权法、物权法有什么作用；其二，如何理解制定和实施物权法的重大意义；其三，物权法制定中社会上普遍关注的一些问题。

一　什么是物权法、物权法有什么作用？

（一）物权法是规范物的归属和利用的法律规则

物权法第 2 条第 1 款规定，"因物的归属和利用而产生的民事关系，适用本法"。这是关于适用范围的规定，实际上也是我们理解什么是物权法的立法依据。其中所说的"物"，是指"有形财产"，即看得见、摸得着的财产，如土地、房屋、汽车、手机等，是与无形财产（如专利技术、商业秘密、商标、著作权）相对应的。有形财产，以是否可以移动为标准，分为不动产和动产。土地、建筑物，属于不动产；船舶、飞机、机动车、彩电、冰箱、手机等，属于动产。可见，物权法就是关于动产、不动产的归属和利用的法律规则。

所谓"归属"，指某项财产归属于谁，实际上就是讲所有权。所有权，是对自己的财产的权利。如我们对自己的房屋、汽车、家用电器享有所有权。

所谓"利用"，不是指利用自己的财产，而是指利用他人的财产。利用自己的财产，是所有权应有之义，无须特别规定。这里所说的"利用"，特指利用他人财产的权利，包括用益物权和担保物权。

用益物权，是"利用"他人财产的"使用价值"，即对他人的不动产进行占有、使用、收益的权利。如土地承包经营权，是农户利用集体土地进行种植、养殖、畜牧的权利；宅基地使用权，是农户利用集体土地建房的权利；建设用地使用权，是企业利用国有土地建造厂房、写字楼、商品房的权利。土地承包经营权、宅基地使用权和建设用地使用权，都属于用益物权。

担保物权，是"利用"他人财产的"交换价值"，如借款人把自己的不动产、动产或者有价证券抵押、质押给银行，担保银行的贷款债权，借款人不能归还借款本息时，银行将拍卖该抵押、质押财产，从拍卖所得价款获得清偿。抵押权、质权、留置权，都属于担保物权。物权法，就是关于所有权、用益物权和担保物权的法律规则。

（二）物权法的作用："定分止争"、"物尽其用"

关于"定分止争"。商鞅在《商君书》中说："一兔走，百人逐之，非以兔可分以为百也，由名分之未定也，夫卖兔者满市，而盗不敢取，由名分已定也，故名分未定，尧、舜、禹、汤且皆如鹜焉而逐之，名分已定，贫盗不取。"其中所谓"名分"，就是"权利归属"，所有权属于谁。野生动物，属于无主物，谁抓住就是谁的，因此一只野兔，百人竞逐；街市上卖兔的多的是，就连小偷也不取。不是不想取，是不敢取。因为那些兔子的所有权有所归属，谁要擅自拿取就要构成盗窃罪、抢夺罪！

可见，财产所有权归属确定，就可以消弭纷争。反之，财产归属不定、权利界限不清，就会引发纷争。一些农村发生山林纠纷、土地边界纠纷、用水纠纷，甚至导致流血事件，就是因为山林、土地归属不明，所有权、使用权界限不清。国有企业之间，甚至国家机关之间，也会因房屋产权不清，发生房屋纠纷。因此，制定和实施物权法，确定财产所有权归属，明确权利界限，哪些财产是国家的，哪些财产是集体的，哪些财产是私人的，哪些财产是张三的，哪些财产是李四的，有利于减少和消弭纷争。物权法还规定了解决产权争议的手段，发生产权争议，可以通过物权法规定的法律规则和法律手段及时解决纠纷。

国家财产，名义上属于全体人民，在权利归属上似乎没有问题，其实问题更大。特别是改革开放前，国家财产，往往被当成"无主财产"。过去国有企业有一句话："外国有个加拿大，中国有个大家拿！"在这种情况下，国家财产所遭受的损失，是非常大的。改革开放以来发生的严重的国有资产流失问题，也与产权界限不清有关。物权法不仅明确规定了哪些财产属于国家的所有权，而且明确规定"由国务院代表国家行使所有权"，"国家出资的企业，由国务院、地方人民政府依照法律、行政法规，分别代表国家履行出资人职责，享有出资人权益"。再根据物权法的这些规定，及时制定和实施具体的、完善的管理制度，就有可能解决国有财产的保护问题，解决国有财产的流失问题。

关于"物尽其用"。财产所有权界限清楚并受到切实的法律保护，当然可以促进所有权人利用其财产，发挥物的效用。但物权法发挥"物尽其用"的功能，主要是指，所有权人通过设立用益物权，将自己的财产交给"他人"利用。如农村集体，通过设立土地承包经营权，将集体土地交给农户使用，极大地激发了农民的生产积极性，极大地发挥了农村土地的效用。于是，彻底结束了我国长期农产品匮乏、轻工业原材料匮乏、人民群众消费品匮乏的"饥饿年代"。还是这些土地，还是这些农村人口，为什么发生如此巨大的变化，就是因为物权法上的用益物权制度发挥了"物尽其用"的功能。

为了解决城镇人口居住问题，实现"居者有其屋"，过去采用福利房的制度，由国家将国有土地无偿划拨给国家机关和国有企业建房，分配给干部、职工居住。其结果是，房屋短缺日益严重，干部、职工居住条件非常差，经常是一家数口、老少三代住在十几平方米甚至几平方米的破房里，还有很多人不能分到住房，甚至结婚多年还住单身宿舍，这些事例并不少见。现在废除公房制度，废止将国有土地无偿划拨给企业建房的制度，改为国家将国有土地有偿出让给企业建房，企业以向国家支付土地出让金为代价取得用益物权（建设用地使用权），再由企业建商品房，出售给城镇居民。这样，就形成了活跃的房地产市场，使住房短缺的状况彻底改观。现在绝大多数城镇居民，都通过购买公房或者购买商品房解决了居住问题，并且城镇居民的居住条件获得极大改变。通过实施用益物权制度，首先城镇居民的居住问题基本获得解决，居住条件得到极大改善；其次房地产开发企业自己获得了利润并向国家缴纳了税金，房地产业从无到有，并发展壮大；再次国家（中央政府和地方政府）获得土地出让金和税金，增加了财政收入；最后银行通过向房地产企业和购买商品房的公民发放贷款，获得利息收益。物权法上的用益物权制度，充分发挥了"物尽其用"功能。

二　制定和实施物权法的重大意义

（一）制定和实施物权法对进一步改革开放和发展社会主义市场经济的重大意义

国民经济的长期稳定发展，依赖于能否不断满足各类企业对资金的需求。市场经济体制下的资金供给，采取融资方式，关键问题是融资风险问题，即金融机构合法权益能否得到保障的问题。要切实保障，无论在正常的经济环境中还是经济环境发生异常变动时，金融机构都能够按期收回贷款本金和利息，尽量减少和避免发生不良债权，唯有依赖于完善的担保物权制度。如前所述，我国之所以从 20 世纪 80 年代中期开始发生严重的三角债问题和金融机构的巨额不良债权问题，其重要原因就是未及时制定完善的担保物权制度。

从国外立法看，凡市场经济发达的国家和地区，均有完善的担保物权制度。担保物权，属于物的担保，俗话说"跑得了和尚跑不了庙"，相对于人的担保即保证合同，更为切实可靠。金融机构发放贷款，采用担保物权予以担保，最方便、最有效。担保物权，是确保金融机构债权清偿和化解金融风险最有效的法律手段。我国在发生三角债和金融机构遭遇巨额不良债权之后，于 1995 年制定担保法并规定了担保物权制度，虽然属于"亡羊补牢"，且受到不动产登记制度和登记机构不统一的制约，却仍然对于此后避免和减少三角债和不良债权发挥了重大作用。我们可以相信，在总结担保法实施以来的实践经验基础上，参考发达国家和地区的经验，规定了完善的担保物权制度的物权法的实施，将对于保障金融机构的合法权益，化解和回避融资风险，保障企业及时获得融资，满足经济发展对资金的需求，保障社会主义市场经济持续稳定的发展，发挥更加重大的作用。

物权法上的用益物权，是土地所有权与土地使用权分离的法律形式。凡实行市场经济体制的国家，均有用益物权制度。但用益物权制度所发挥的作用及其意义，又因实行土地公有制或者土地私有制，而有一定程度的差别。在资本主义的市场经济国家，土地归私人所有，土地所有者自己使用土地，是土地使用关系的主要形式；土地所有者自己不使用而交给他人使用，是土地使用关系的次要形式。我国是在土地公有制基础上实行社会主义市场经济，城市土地归国家所有，农村土地归集体所有，作为土地所有者的国家自己使用土地和农村集体经济组织自己使用土地，是土地使用关系的次要形式。而作为土地所有者的国家自己不使用土地而交给各类企业使用，是国有土地使用关系的主要形式；作为土地所有者的农村经济组织自己不使用土地而交给农户使用，是农村土地使用关系的主要形式。因此，用益物权制度，对于实行社会主义市场经济的我国所具有的意义和所发挥的作用，要远远超过对于实行资本主义市场经济的国家所具有的意义和所发挥的作用。

我国在 90 年代初开始实行国有土地有偿使用制度，采用行政法规形式规定国有土地使用权出让、转让制度。由于当时没有制定物权法，没有用益物权制度，甚至没有物权概念，企业以支付出让金为代价所取得的对于国有土地的使用权，已经与合同债权不相符合，但究竟属于什么性质的权利，其权利具有什么样的法律效力，应当如何从法律上予以规范和给予保护，这些问题都不清楚。例如，现行制度规定建设用地使用权期限届满，地上建筑物无偿归属于土地所有权人，及土地闲置两年地方政府强行无偿收回土地等，均与用益物权性质不符。因此，这种制度不利于切实保护国有土地使用关系各方的合法权益，不利于建立和维护国有土地使用的法律秩序。物权法规定了完善的用益物权制度，并设专章规定建设用地使用权。物权法的实施，将有利于实现建设用地使用关系的物权化，切实保障国有土地使用关系各方的合法权益，减少和避免国有土地出让、转让中的违法行为，促进国有土地的合理使用，保障国有土地使用关系的法律秩序，从而巩固改革开放所取得的成果并促进社会主义市场经济的发展。

我国农村经济体制改革的基本经验，可以归结为农地所有权与农地使用权的分离，即由原来人民公社体制之下的集体所有、集体使用，改为集体所有、农户使用。迄今所采取的法律形式，是合同形式。这种以承包合同为基础的农地使用关系，在极大地调动农民生产积极性、发展农村生产力的同时，也产生了若干缺点。（1）农户根据承包合同取得的土地使用权，属于债权性质，法律效力较低，特别是债权属于相对权，不能抗拒来自发包人和乡村干部的各种干涉和侵害。这是广大农村经常发生侵害农民权益的行为而不能彻底解决的原因。（2）债权性农地使用权以承包合同的期限为期限，容易导致农户的短期行为，不利于农村经济长期稳定发展。（3）农地使用权转包或出租须经发包方同意，不利于土地资源的优化配置。（4）农户所享有的权利和负担的义务，取决于承包合同的规定，难于做到明确和公平合理，并经常发生发包方单方面修改合同，加重农户负担、损害农户利益的情形。（5）承包农地被国家征收时，仅补偿土地所有权人，作为农地使用权人的承包户不能获得补偿，对承包农户极不公平。物权法关于土地承包经营权和宅基地使用权的规定，为实现农地使用关系的物权化提供了法律根据，使农户对农地的使用权由债权转变成物权，具有对抗一切人（包括土地所有权人）的效力，使改革开放以来实行的家庭联产承包合同制度平稳过渡到用益物权制度，可以消除和减少侵害农户合法权益的违法行为，保护广大农户的经营自主权，进一步激发其生产积极性，保障我国农村经济的长期持续稳定发展，从而巩固农村改革的成果并促进社会主义市场经济的发展。

（二）　制定和实施物权法保护公民私有财产的重大意义

中华人民共和国历史上发生过几次大规模侵犯人民私有财产的违法行为。一次是20世纪50年代后期发生所谓"共产风"，以人民公社名义无偿平调社员房屋、禽畜、农具、林木等私有财产，严重损害了人民群众（主要是农民）的生产积极性和党在人民群众中的威信。另一次是十年"文化大革命"运动中，发生以"抄家"为特征的大规模侵犯公民财产权的暴行。1985年颁布、1986年实施的民法通则第75条规定："公民的合法财产受法律保护，禁止任何组织或者个人侵占、哄抢、破坏或者非法查封、扣押、冻结、没收。"该条款所具有的重大意义在于，承认公民私有财产属于法律上的权利，并赋予公民私有财产权对抗"任何组织或者个人侵占、哄抢、破坏或者非法查封、扣押、冻结、没收"的法律效力。因此，侵犯公民私有财产，将构成侵权行为和刑事犯罪。

以民法通则第75条为基础的保护私有财产法律制度的不足是，在财产权保护的指导思想上，没有贯彻对国家、集体和私有财产的平等保护原则。这与此前长期存在的在财产权保护问题上的不平等观念有关。例如，

1963 年最高人民法院《关于贯彻执行民事政策几个问题的意见》，指示"各级人民法院在审理财产权益案件时"，必须"首先保护国家与集体的利益，同时也要保护个人的合法权益"。所体现的就是因所有制不同而区别对待的观念：保护"国家和集体的利益"是第一位的，保护"个人的合法权益"是第二位的。须特别指出的是，因民法通则第 73 条第 2 款明文规定"国家财产神圣不可侵犯"，使传统理论和裁判实践中的不平等观念获得了立法根据。当人民私有财产的保护与对国家财产的保护发生冲突时，必然要牺牲私人的财产权益而确保国家的财产权益。

在这种错误观念支配之下，以民法通则第 75 条为基础的保护人民私有财产的法律制度，不可能切实、妥善地保护人民私有财产权益。当人民私有财产受到来自一般人的侵犯时，这一法律保护制度尚可发挥保护受害公民、制裁加害人的作用；当人民私有财产受到国家机关、地方政府滥用行政权力的侵害时，法律保护的天平往往向国家机关、地方政府和国有企业一方倾斜，人民私有财产不可能获得平等的法律保护。进入 21 世纪以来发生的"强制拆迁"、"圈地热潮"等滥用公权力侵犯人民私有财产权的严重事件，充分表明了这一点。

经过近 30 年的改革，我国社会经济状况已经发生根本性的变革，其基本特征是公有制经济与非公有制经济的并存。在公有制经济和非公有制经济的基础上实行社会主义市场经济，非公有制经济和公有制经济在法律地位上应当是平等的，不应有高低贵贱之分，要求获得平等的法律保护。因此，要求完善保护私有财产的法律制度，特别要抛弃因所有制不同而区别对待的陈旧观念，仅着重于财产之取得是否合法，公民合法取得的财产应当受到与对国家财产和集体财产同等的法律保护。

社会主义市场经济发展的结果之一是广大人民群众的财产状况也有重大变化。城镇长期实行的对于国家机关干部、企事业单位职工的低工资制度、生活消费品的计划供应制度和福利房制度已经废止，城镇人口的生活水平有大幅度的提高。大部分城镇居民，或者从本单位购买原来居住的公房，或者从开发商购买了商品房，有了私有房屋。据 2005 年统计，城镇人均房屋 26 平方米以上。许多家庭有了机动车，加上彩电、冰箱、洗衣机等家用电器的普及，城镇居民所拥有的不动产、动产已非改革开放前可比。农村实行家庭联产承包责任制改革的结果之一是农业生产积极性高涨和生产力的提高。除西部自然条件特别恶劣的少数地区外，广大农村人口不仅解决了温饱问题，而且生活水准有很大提高。尤其在东部经济发达地区，农民居住的房屋由草房、土坯房改为砖瓦房，再由砖瓦房改为二层、三层楼房，城乡差别正在缩小。据 2005 年统计，农村人均房屋达 29 平方米以上。这种情形，要求从法律上对于私人财产包括动产和不动产物权，给予明确规定并予以切实、平等的法律保护，就是很自然的了。

广大人民群众私有财产的保护问题，与实现党和国家提出的全面建设小康社会的目标有关。所谓全面的小康社会，亦即广大人民群众共同富裕的社会，当然意味着人民群众拥有相当数量的动产和不动产。全面建设小康社会的目标的实现，最终要由全体人民实际拥有的私有财产的总量来验证。而小康社会的实现，要靠广大人民群众自身的劳动积极性的进一步发挥，要靠激发和维持全社会的创造活力。怎么样才能进一步激发广大人民群众的生产积极性？才能维持全社会的创造活力？必要条件是，广大人民群众积累的财产能够受到与国家财产、集体财产同等的、切实的法律保护。

特别值得注意的是，物权法不仅明文规定对公民私有财产的平等保护，明文规定公民合法私有财产不受侵犯，而且针对历史和现实中严重侵犯公民私有财产的违法行为，创设了各种法律对策。如关于征收制度的规定，将商业目的用地排除于国家征收之外，企业取得商业用地须按照合同法的规定与作为土地使用权人的农户、居民谈判签约，彻底解决"强制拆迁"、"圈地运动"等问题；关于土地承包经营权的规定，可以解决任意撕毁承包合同及强行摊派等侵害农民合法权益的问题；关于物权效力的规定，可以划分行为违法与合法财产的界限，行为违法但财产并不违法，对所谓"黑出租"不能没收汽车、摩托车，对流动摊贩，不能毁损、没收其商品和工具，没有搜查证就不能强行进入居民房屋，彻底终结进行"抄家"的可能性，切实保障公民的人身安全、财产安全和精神安宁。

（三）制定和实施物权法对全面实行依法行政的重大意义

物权法第 2 条第 3 款的规定，物权是具有"排他性"的权利，亦即，物权具有"排除他人干涉的效力"。这是法律的强行规定。我们注意到，民事权利分为具有排他性的权利和不具有排他性的权利。凡是有排他性的权利，法律都是用刑事责任、侵权责任来保护。凡是没有排他性的权利，法律只用违约责任来保护，只追究侵害人的违约责任。因为物权具有排他性，所以我们的刑法上就规定了盗窃罪、抢夺罪、抢劫罪，民法上就有侵害物权的侵权责任，任何人侵犯物权，重则构成犯罪行为，轻则构成侵权行为。

物权的"排他性"，不仅排除一般人的干涉，而且"排除国家的干涉"，首先是警察的干涉。我们看到车站、码头、广场、街道、公路都有警察巡逻，但私人的房屋、住宅小区却没有警察巡逻。为什么警察不能进入我们的小区巡逻呢？为什么许多小区的门口都有一块牌子，上面写着八个大字："私人产业，非请勿入。"警察要进入公民的房屋：第一，须得到房主的同意；第二，警察要想强行进入，必须持有搜查证。没有搜查证强行进入，就要构成违法行为。

物权的排他性，不是物权的自然属性，而是法律强行的规定，并且用监狱、法院、检察院及刑事责任、侵权责任予以维护。因为物权具有排他性，公法上才有搜查证制度，证据法上才有违法行为取得的证据不具有证据效力的规则。最高人民法院关于证据的解释文件规定，违法行为取得的证据，不具有证据效力。什么叫"违法取得的证据"？因为物权有排他性，没有搜查证就强行进入私人房屋所得到的证据，就是"违法取得的证据"。由此可见，物权的排他性不仅在民法上具有重大意义，在刑法上、程序法上都具有重大意义。

实际上，物权的排他性，就是划分公权力与私权利的界限。公权力和私权利的界限在什么地方？就在物权的"排他性"。一家人住在房子里，国家机关的公务员就不能随便往里面闯，那个界限就是物权的"排他性"。你要进去就得征得房主的同意，他不同意，你就不能往里闯，否则你就是违法，除非你持有搜查证。物权界线之外，属于公共场所，是公权力活动的范围；物权界线之内，是私权利的活动空间。几年前西部的"黄碟"事件中的公安局局长后来为什么向受害人赔礼道歉？两个警察为什么受处分？就是因为两个警察没有搜查证强行进入私人房屋，构成违法行为。

现在我们的政府提出了"全面推行依法行政"的目标。但一讲依法行政，就有个倾向，好像依法行政就是要多制定一些行政法规、行政规章，规定尽量完善的行政权限和行政程序。是不是行政法规尽量完善了就实现"依法行政"了？不是。因为依法行政首先并不是行政程序问题，而是公权力的界限问题。靠什么去限制公权力的滥用？要靠人民和企业的物权，靠物权所具有的排他性，限制公权力的滥用。

现实生活中经常发生严重侵犯公民财产的违法行为，可能有多种原因，其中一个原因就是我们的公务员队伍、我们的地方政府领导人不具有物权观念，不知道物权具有排他性，本来是好心，却办了坏事。例如：地方政府成立所谓拆迁办，动用公权力强拆老百姓的房屋；为整顿交通秩序没收所谓黑出租、黑摩的并予以销毁；城管部门为了市容、市貌没收、毁损流动摊贩的商品和三轮车，等等。其用心可能是好的，却构成了严重的违法行为，造成的影响是极为恶劣的，尤其严重损害了党和政府在广大人民群众中的形象和威信！

可见，制定和实施物权法的重大意义，还在于通过物权法规定的物权定义，来教育全国人民，首先是让我们的警察、公务员、国家机关干部、地方党政领导人知道，物权具有"排除他人干涉"的效力。认识物权是"排他性"的权利，牢固树立物权观念，才能够限制公权力的滥用，才能真正实行依法行政。

三　制定物权法涉及的一些问题

（一）平等保护原则

物权法第 4 条规定："国家、集体、私人的物权和其他权利人的物权受法律保护，任何单位和个人不得侵犯。"这是关于平等保护原则的规定。

在物权法制定过程中，当然要确定财产权保护的指导思想，要明文规定财产权保护的基本原则。物权法起草中的争论点，是规定国家财产特殊保护，还是合法财产平等保护。特殊保护的思想，是以现行民法通则为依据的。民法通则第 73 条规定："国家财产神圣不可侵犯。"其含义是，在不同所有制的财产当中要着重保护国家财产、特殊保护国家财产。显而易见，这样的指导思想，是由改革开放前的单一公有制和计划经济体制的本质所决定的。在经过 20 多年的改革，中国的经济体制已经实现转轨，在社会主义市场经济体制已经确立的今天，"国家财产特殊保护"，已经与我国现在的经济生活严重脱节，不符合社会主义市场经济的本质和要求了。

但"国家财产特殊保护"的指导思想还在发挥作用，特别是对法官裁判案件还有影响。如果案件当事人一方是国有企业或者国家机关，另一方是私有企业或者个体企业，法官的判决就可能有意无意地偏向国有企业、国家机关一方。现实生活中，凡是这类案件判决国有企业、国家机关败诉的，他的上诉状、申诉状当中往往不谈事实认定是否正确、法律适用是否正确，首先就来一条，指责法院的判决导致国有资产流失。可见，"国家财产特殊保护"的指导思想，不利于人民法院对案件的公正裁判。

值得注意的是，虽然起草物权法从一开始就提出了作为物权保护指导思想的平等保护原则，但在第一、第二、第三、第四次审议稿上，并没有一个专门表述平等保护原则的条文，而是在整部法律的制度设计和主要内容中贯彻和体现平等保护原则。因为在2005年秋发生关于物权法是否违宪的争论，而是否贯彻平等保护原则成为这场争论的焦点。在此后的近一年时间里，立法机关认识到，平等保护原则是社会主义市场经济体制本质和要求的体现，没有平等保护原则也就没有社会主义市场经济，可以说物权法上的其他条文和制度都可以让步，唯独平等保护原则这一条绝对不能让步。

而自这场争论发生开始，无论国内还是国际社会均密切关注物权法草案是否坚持平等保护原则。可以断言，假设物权法草案放弃平等保护原则，按照某些人的主张恢复关于国家财产神圣不可侵犯的条文，必将对于改革开放和国民经济导致难以估量的损害。因此在2006年8月的第五次审议稿的所有权部分增加了一个概括平等保护原则的专门条文。在提交常委会审议的说明中特别强调一定要坚持平等保护原则。同年10月的第六次审议稿，将这一条文从所有权部分抽出，作为整部物权法的基本原则安排在第一章，并将第一章章名由"一般规定"改为"基本原则"。第七次审议稿和最终通过的物权法维持了这一安排。这就是物权法第4条规定："国家、集体、私人的物权和其他权利人的物权受法律保护，任何单位和个人不得侵犯。"

归根结底，物权法规定物权的平等保护原则，是由中国已经发生深刻变化的社会经济基础，即从改革开放前的单一公有制的计划经济体制，转变为奠基于公有制经济和非公有制经济的社会主义市场经济所决定的。应说明的是，物权平等保护原则的实质在于，对不同所有制性质的物权，给予同样的法律地位，赋予同样的法律效力，适用同样的法律规则，于遭受不法侵犯时同样受刑事责任制度和侵权责任制度的救济，而与不同所有制性质的物权在国民经济中所占比重和所发挥的作用无关。

特别要指出，物权法第 4 条平等保护合法财产的基本原则，对于人民法院公正裁判的意义。在裁判一方是国有企业、国家机关，另一方是私人、私有企业的案件时，法官就不会再担心如果依法判决私人一方胜诉，会不会受到所谓"导致国有资产流失"的指责。这一原则将彻底解除其后顾之忧，使法官真正做到不存偏见、公正裁判。今后无论是谁，要批评人民法院的判决，都应当具体分析事实认定是否正确、法律适用是否正确，不能任意拿所谓"造成国有资产流失"这样的"大帽子"压人。可见，物权法规定物权平等保护的指导思想和基本原则，有利于人民法院依法独立审判，公正裁判案件，有利于抵制对法院审判工作的不当干预，有利于社会主义市场经济的发展和建设法治国家。

（二）关于不动产登记

既然物权法规定了物权公示原则，不动产物权变动以"登记生效"为原则，以"登记对抗"为例外，可见不动产登记制度非常重要。如果没有一个完整的、科学的不动产登记制度，物权法即便颁布了，也很难发挥作用。因此，不动产登记的基本原则、基本制度要规定在物权法上，在物权法之外还应单独制定一个不动产登记法或者不动产登记条例。不动产登记法或不动产登记条例，是附属于物权法的，是物权法的附属法。

现实生活中存在好多个不动产登记机构，进行多头登记，各自为政，这是不正常的，因此必须把不动产登记机构统一起来。另外一个问题是，有的登记机关，借登记牟取不当利益。如办理抵押登记，按照抵押物评估价值收取登记费，甚至规定抵押登记有效期一年，期满再登记、再收费。社会各界对此意见很大。不动产登记虽由国家设立的登记机关办理，但性质上属于"服务行政"，而与行政管理权之行使无关，不能异化为一种"权限"并用来牟利。因此，制定物权法，不仅要解决不动产登记机构的统一问题，还要解决不动产登记机构与行政管理权分离的问题，建立一个统一的、与行政管理分离的不动产登记机构和等级制度。

基于上述考虑，物权法第 10 条明确规定："不动产登记，由不动产所在地的登记机构办理。国家对不动产实行统一登记制度。统一登记的范围、登记机构和登记办法，由法律、行政法规规定。"第 13 条规定："登记机构不得有下列行为：（一）要求对不动产进行评估；（二）以年检等名义进行重复登记；（三）超出登记职责范围的其他行为。"第 22 条规定："不动产登记费按件收取，不得按照不动产的面积、体积或者价额的比例收取。具体收费标准由国务院有关部门会同价格主管部门规定。"

这样一个统一的不动产登记机构设置在哪一个部门，物权法对此未作表态，而留待制定不动产登记法或者不动产登记条例解决。参考发达国家的经验，关于不动产登记机构的设置，无非两种模式：一是设置在政府；一是设置在法院。例如，日本设在政府法务局；英国设在政府土地登记局；瑞士设在各州的地方法院；德国是在地方法院设土地登记局。因此，关于不动产登记机构的设置，可在这样两种模式中选择其一，或者在基层人民法院设不动产登记局，或者在区县人民政府的司法局设不动产登记局。

（三）关于异议登记

物权法关于不动产登记，创设了两种新的登记制度。其中之一是异议登记制度。什么叫异议登记？如不动产登记簿上记载某一套房屋的所有权人是张三，而李四对此提出异议，认为该房屋不是张三的，这就形成产权纠纷。李四如果要向法院起诉解决争议，他还得搜集证据，还要聘请律师，准备起诉状等，要做好多准备工作，等他向法院起诉，法院经过审理作出判决，确定争议的房产归李四所有，这个时候李四拿着生效判决书到不动产登记机构要求变更登记时，发现这个房子早就被张三卖给王五去了。当事人好不容易得到胜诉判决，最后不一定能够得到房屋及其所有权。因此，能不能有一个制度防止不动产登记簿上记载的所有权人张三抢先下手出卖争议房屋？针对这一现实问题，物权法创设了异议登记制度。

物权法第 19 条第 1 款规定："权利人、利害关系人认为不动产登记簿记载的事项错误的，可以申请更正登记。不动产登记簿记载的权利人书面同意更正或者有证据证明登记确有错误的，登记机构应当予以更正。"第 2 款规定："不动产登记簿记载的权利人不同意更正的，利害关系人可以申请异议登记。申请人在异议登记之日起十五日内不起诉的，异议登记失效。异议登记不当，造成权利人损害的，权利人可以向申请人请求损害赔偿。"其中，第 1 款规定"更正登记"，这是现在的房地产登记制度中已有的登记制度。前述房屋产权争议的双方，如果李四提出异议而登记簿上的所有权人张三承认登记错误，承认自己不是真正的所有权人，则可以通过更正登记解决问题。如果张三不承认存在错误，坚持认为自己是真正的所有权人，这种情形，按照本条第 2 款的规定，李四就可以向登记机构申请异议登记。

异议登记是一个简单的程序，只要李四到登记机构申请异议登记，登记机构受理了申请后，就将该异议记载于不动产登记簿，例如记载"某年某月某日李四主张异议"。可想而知，只要登记簿上记载了这样一个"异议"，张三要抢先下手转让该房屋，打算买房的人发现不动产登记簿上登记有"异议"，自然就不敢购买该房屋。"异议登记"的作用，并不是"禁止"张三转让该房屋，也不是"限制"张三的"处分权"，而仅仅是"提醒"打算购买房屋的第三人注意：该房屋产权存在"争议"。按照社会生活经验，打算购买房屋的人看到该房屋产权存在"争议"，将不会贸然签订买卖合同，至少他会等待"争议"的解决。用这个办法就可"阻止"张三抢先下手转让房屋产权，以保证将来李四胜诉后可以持判决书到登记机构变更登记，最终得到这个房子的所有权。

既然"异议登记"的作用在于"阻止"张三处分财产，则"异议登记"一定要有一个"期限"。不然的话，有的人在申请"异议登记"之后，就不会尽快地解决存在的"争议"，他既不向法院提起"确权之诉"，也不向登记机构申请"变更登记"，这种情形，已经登记的"异议"的存在，将一直"阻止"登记簿上的所有权人转让财产。因此应该规定"异议登记"的有效期限，超过一定的期限，"异议登记"就失效。本条第 2 款规定，这个期限是"十五日"，并规定了异议登记不当的损害赔偿责任。以避免没有任何根据就轻率地申请异议登记，损害真正权利人的合法权益。

（四）关于预告登记

另外一个新创设的登记制度叫"预告登记"。针对现实生活中商品房预售的"一房多卖"，损害买房人（多数情形是消费者）合法利益的问题。按照这个制度，商品房预售合同的买受人，可以凭商品房预售合同到不动产登记机构申请"预告登记"。因为房子还没盖起来，还不可能办理"产权过户登记"。物权法第20条第1款规定："当事人签订买卖房屋或者其他不动产物权的协议，为保障将来实现物权，按照约定可以向登记机构申请预告登记。预告登记后，未经预告登记的权利人同意，处分该不动产的，不发生物权效力。"第2款规定："预告登记后，债权消灭或者自能够进行不动产登记之日起三个月内未申请登记的，预告登记失效。"

按照本条规定，只要张三与开发商签订了商品房预售合同，张三就可以拿着合同书去登记机构办理预告登记，由登记机构在登记簿上作出"预告登记"：记载某号房子已经卖给了张三。办理预告登记后，开发商要把这套房子再卖给其他任何人，都将"不发生物权效力"。所谓"不发生物权效力"，就是说买房人不可能取得房屋所有权。只要办理了"预告登记"，其余的买房人就已经知道自己不可能得到房屋所有权，当然也就不买了。这就达到了限制"一房多卖"的目的。预告登记制度的立法目的，就是用这样的办法来限制开发商"一房多卖"。

从实质上说，"预告登记"是一种特殊的公示方法，而所登记的并不是"物权"，而是买房人根据买卖合同请求交付房屋和移转房屋所有权的债权。合同上的"债权"，因为办理了"预告登记"，就具有了对抗其他买房人的"物权效力"。预告登记制度，不仅保护商品房预售的买受人，可以保护银行的抵押权。发放贷款的银行，只要把抵押合同拿到登记机构办理了"预告登记"，开发商再把同样的项目抵押给别的银行，别的银行的抵押权就排在后面，办理了"预告登记"的银行的抵押权就要排在前面。本条第2款规定："预告登记后，债权消灭或者自能够进行不动产登记之日起三个月内未申请登记，预告登记失效。"这是为了避免权利人以"预告登记"代替正式的物权登记。须补充说明，预告登记制度已经在上海市的房地产登记实践中实施多年。

（五）关于国家征收

因物权具有排除他人干涉的效力，在教科书上称为"物权的绝对性原则"，与契约自由原则、过错责任原则，被称为现代民法的三大基本原则。物权法第4条规定："国家、集体、私人的物权和其他权利人的物权受法律保护，任何单位和个人不得侵犯。"就是关于物权绝对性原则的表述。这一基本原则的贯彻，是由刑法上侵犯财产的刑事责任制度，和民法上侵犯财产的侵权责任制度，予以切实保障的。但物权的绝对性原则，并非不受限制。出于社会公共利益的需要，可以排除物权绝对性原则，即排除物权的"排他性"效力。法律上用来排除物权绝对性原则，排除物权的排他性效力的制度，一个是公法上的搜查证制度，一个是民法上的征收和征用制度。此外，城市规划法和文物保护法也会对物权绝对性原则和排他性效力进行限制。

关于征收制度，需要回答一个问题，为什么在宪法设立规定之后，还要在物权法上设立规定？因为征收是强制性取得，所以要在宪法上规定，但征收虽然是强制取得，却与没收财产、征税、罚款等公权力行使情形截然不同。没收财产、征税、罚款取决于国家机关单方的意思决定，被没收财产、被征税、被罚款的人无可抗拒，即使有异议也要先予执行，执行之后再去申请复议。没收财产、征税、罚款是直接依据公权力无偿取得私有财产。征收与此不同，征收不是无偿取得，而是有偿取得，要支付代价，要遵循市场交易的等价有偿的规律，属于民事特别制度，所以在宪法规定之后，还要在物权法上设立规定。

征收既然属于商品交换关系，为什么不依据合同法订合同呢？之所以不订合同，是出于社会公共利益的考虑。国家要修一个军用机场，如果按合同法一个一个地和土地所有权人、使用权人谈判签约，因合同法实行合同自由原则，土地所有权人、使用权人不同意出卖，或者达不成协议，合同不能成立，军用机场就建不成，社会公共利益的目的就不能实现。为了实现社会公共利益，征收不能适用合同自由原则，不能按照合同法去谈判签约，无须征得被征收人的同意，非要强行收买不可。

征收属于有偿取得，本属于商品交换关系，但出于保障社会公共利益的正当理由，需要限制被征收人的合同自由，并排除被征收不动产物权的排他性效力，因此征收不适用合同自由原则，不采取根据合同法谈判签约的方式，而由政府根据宪法和物权法规定的条件直接作出征收决定。物权法第42条第1款规定："为了公共利益的需要，依照法律规定的权限和程序可以征收集体所有的土地和单位、个人的房屋及其他不动产。"按照物权法第28条的规定，"人民政府的征收决定"一经生效，无须办理产权过户，国家即取得被征收不动产的所有权，被征收人对该不动产的所有权、使用权因而消灭。

应当特别注意，人民政府的征收决定，属于单方法律行为，必须采用书面形式。制定国家征收法，应当规定征收文件的形式要件。实施征收的时候，当然不是政府首长亲自去执行，由征收执行人予以执行。征收执行人要出示征收文件，被征收财产的公民当然要对征收文件进行审查，确认有人民政府的大印、首长签署，及是否符合国家征收法规定的权限。被征收公民有异议怎么办？可以申请行政复议或向人民法院提起诉讼。无论行政复议或是诉讼程序，都要严格按照征收的法定的条件及国家征收法的规定予以审查。这是由征收是和平环境下的法律制度所决定的。

（六）关于"公共利益"概念

制定物权法的过程中，不少人希望把"公共利益"具体化，曾经在一个草案中采用"为了发展公益事业、维护国家安全等公共利益的需要"这样的表述。这样的规定仍然是不清楚的。问题在于，"公共利益"属于民法上的不确定概念。法律上的概念，要求有明确的内涵和外延，这样才具有可操作性，但并不是所有的概念都能够达到这样的要求，难免有少数法律概念不符合这样的要求，例如"公平原则"之所谓"公平"、诚实信用原则之所谓"诚实信用"，合理期限之所谓"合理"，正当理由之所谓"正当"，及所谓"公共利益"，均属于没有办法具体界定其范围的"不确定概念"。因此，物权法没有对"公共利益"的具体范围设立规定，而留给其他民事单行法去解决。

从民法理论上看，"公共利益"虽然属于"不确定概念"，所不确定的只是其范围（外延），其意义（内涵）是确定的、明确的。按照民法理论上的通说，所谓公共利益，是指社会全体成员能够直接享受的利益。有两个要点，一个是"社会全体成员"，一个是"直接享受"。社会个别成员、部分成员享受的利益，不属于公共利益；社会全体成员"间接享受"的利益，也不属于公共利益。非得要社会全体成员直接享受的利益，才属于公共利益。建军用机场、民用机场，修公路、修铁路，建法院审判大楼、政府办公大楼，建公立博物馆、公立图书馆、公立医院、公立学校等等，这些利益是整个社会成员都能直接享受的利益，因此属于公共利益。所谓利益当然包括物质利益、安全利益、精神利益。

所谓间接享受的利益，例如，房地产开发，建高新科技园区，地方经济发展了，税收多了，可以改善人民的福利待遇，提高人民的生活水平，就属于间接享受的利益。而开发商建商品房、写字楼，企业建厂房、商场等等，直接享受利益的是开发商、是企业。因地方经济发展，政府用从开发商、企业征收的税金改善社会福利、保护自然环境，人民群众间接享受到一些利益，这与开发商、企业从事房地产开发和工商业直接享受的商业利益，是有根本区别的。将来制定民事单行法涉及公共利益范围的界定时，一定要紧扣公共利益的内涵，不能将商业利益混淆于公共利益。物权法规定公共利益为征收的法定条件，就是要将商业利益、商业用地排除在征收制度之外。

物权法规定公共利益为实行征收的法定条件，就将商业目的用地排除在征收制度的适用范围之外。物权法实施之后，企业要取得商业用地，当然不能再采用国家征收的形式。按照制定物权法时的设计，企业应当首先向地方政府申请获得用地指标，例如地方政府按照法律规定批给企业一个用地指标，其中限定了用地区域和用地数额，然后由企业自己与指标确定区域的土地使用权人（农地承包经营权人、城镇居民）按照合同法的规定平等协商、讨价还价、签订合同，政府概不插手，当然更不能设立所谓"拆迁办"代替企业与农户、居民谈判。只要政府不插手，绝大多数情形下用地双方当事人会达成协议，万一发生个别情形，企业与农户、居民达不成协议怎么办？可以由当事人双方或者一方诉请人民法院裁判。例如，重庆市的所谓"钉子户"，地方政府表示不插手，由当事人自己协商解决，不就解决了吗?！

按照物权法严格区分公共利益用地与商业用地、重构国家征收制度的指导思想，应当根据物权法确立的原则，制定两个附属法：一是国家征收法或者国家征收条例，具体规定征收权限、程序、补偿（安置）、被征收人异议的复议和诉讼等；二是企业商业用地审批办法，具体规定取得商业用地指标的条件、商业用地指标、审批权限和程序等。现行有关房地产拆迁的规定（中央和地方的），应于物权法生效时废止。

（七）关于由谁代表国家

物权法在明确规定国家财产范围的同时，是否应对国家所有权由谁行使问题作出规定？这涉及国家在法律上的定位。国家在法律上具有两种不同法律地位，一个是作为公法主体的国家，一个是作为民法（私法）主体的国家。作为公法主体的国家，拥有和行使国家公权力。作为私法主体的国家，拥有和行使国家的民事权利即财产所有权。国家作为公法主体的地位，及公权力的行使，由宪法规定；国家作为民法主体的地位，及国家财产所有权的行使，由民法（私法）规定。因此，物权法应当对于国家所有权的行使问题设立规定。

我国实行人民代表大会制度。按照现行宪法的规定，全国人民代表大会是最高国家权力机关，拥有全部国家权力。但全国人民代表大会并不是亲自行使全部国家权力，而是将行政权交由国务院行使，将审判权交由最高人民法院行使，将检察权交由最高人民检察院行使。须注意的是，这只是关于国家公权力行使的规定，而不是关于国家民事权利行使的规定。在民法上，物权的归属与物权的行使是不同的问题。例如，自然人享有某项财产所有权，该自然人可以亲自行使其所有权，也可以委托他人代理自己行使所有权；法人享有某项财产所有权，因法人是法律拟制的主体，不可能亲自行使其所有权，必须由其执行机关（董事会、理事会）代表法人行使其所有权。而作为民法主体的国家，其国家财产所有权亦应由作为执行机关的最高国家行政机关即国务院行使。因此，物权法第45条第2款明确规定，"国有财产由国务院代表国家行使所有权，法律另有规定的，依照其规定"。

这样的规定，既符合人民代表大会制度的特点，也体现了党的十六大关于建立中央政府和地方政府分别代表国家履行出资人职责，享有所有者权益的国有财产管理体制的要求。全国人民代表大会通过立法授权国务院代表国家行使国家所有权，正体现了全国人民代表大会的性质及其行使职权的特点。当然，政府代表国家行使所有权，应当依法对人大负责，受人大监督，这一点自不待言。

（八）关于国有资产流失

针对当前国有财产流失的实际情况，物权法在坚持平等保护原则的基础上，从四个方面强化了对国有财产的保护。一是第41条规定："依照法律规定专属于国家所有的不动产和动产，任何单位和个人不能取得所有权。"二是第56规定："国家所有的财产受法律保护，禁止任何单位和个人侵占、哄抢、私分、截留、破坏。"三是第 57 条规定："履行国有财产管理、监督职责的机构及其工作人员，应当依法加强对国有财产的管理、监督，促进国有财产保值增值，防止国有财产损失；滥用职权，玩忽职守，造成国有财产损失的，应当依法承担法律责任。""违反国有财产管理规定，在企业改制、合并分立、关联交易等过程中，低价转让、合谋私分、擅自担保或者以其他方式造成国有财产损失的，应当依法承担法律责任。"四是第 55 条规定："国家出资的企业，由国务院、地方人民政府依照法律、行政法规规定分别代表国家履行出资人职责，享有出资人权益。"

物权法的这些规定，当然具有重要的现实意义。但必须说明的是，物权法的这些规定仍然属于原则性规定，不能认为单靠物权法的这些规定就可以防止国有资产流失，应当以物权法的这些规定为基础，制定专门的法律。建议参考一些发达国家的立法经验，尽快制定国家财产管理法和国有资产管理法。国家财产管理法，规范属于国家所有的非经营性财产的管理；国有资产管理法，规范国家投资的独资、控股、持股公司的股权的管理。

（九）关于停车位问题

物权法制定过程中，关于住宅小区"停车位"的归属，尤其地下车库停车位的归属，有不同意见。这一问题涉及正确看待建筑物区分所有权制度的发展。物权法上的建筑物区分所有权制度，是适应人类社会进入 19 世纪后出现大城市化和住宅高层化而产生的制度。直至 20 世纪前半期，所谓高层的公寓大厦，大多是单栋的，且因汽车使用不像现今这样普及，并无修建地下车库的必要，但出于防空的需要，政府要求公寓大楼必须设置地下防空避难室。地下防空避难室是为全体住户安全而设，当然属于全体业主共同所有。而在和平时期，公寓大厦之业主大会往往决定将地下防空避难室划出停车位，交由业主无偿使用或者有偿使用。因为，地下防空避难室属于业主共有，其停车位也当然属于全体业主共有。这就是此前的民法建筑物区分所有权理论及此前的建筑物区分所有权立法，认定地下停车位属于业主共有的原因。

值得注意的是，20 世纪后期以来，大城市化和建筑物高层化有了重大发展。像过去那样单栋的公寓大厦已经很少见，通常由若干栋、十数栋甚至数十栋高层住宅楼组成住宅小区或者集群式住宅区，有的住宅区俨然一个小型城市。加上汽车使用的普及，再有就是长期的和平环境，政府也不再要求修建地下防空避难设施，而取而代之的是大型、多层的地下车库的修建，地下车库的停车位是由开发商出售或者赠与购房人使用。在这种发生重大发展变化的情况下，当然不能再以过去的理论和立法为根据，规定地下停车位归全体业主共有。

如果物权法规定地下停车位归业主共有，将发生两个问题：一是开发商将修建地下车库的费用摊入商品房价格，造成房价提高，而并非每一个购房人都使用汽车；二是如规定地下停车位归业主共有，则许多住宅小区大型多层地下车库有数百上千的停车位，需要由业主委员会出租、出售、管理，此与业主委员会不是经济组织、无经营许可的性质不合。基于上述考虑，物权法第74条第2款明确规定："建筑区划内，规划用于停放汽车的车位、车库的归属，由当事人通过出售、出租或者附赠等方式约定。"第3款规定："占用业主共有的道路或者其他场地用于停放汽车的车位，属于业主共有。"

按照这一规定，住宅小区地下车库的停车位，当事人未作约定的，当然归开发商所有。而与小区地面道路路旁停车位的归属不同。因小区地面道路属于业主共有，利用小区道路两旁停车的停车位，当然属于全体业主共有。须注意的是，地下车库归开发商所有的隐含前提条件，是由开发商自己负担建造地下车库的造价，禁止开发商将建造地下车库的造价摊入商品房房价。

（十）关于商品房"按揭"

现在实行的商品房"按揭"，是从香港借鉴而来的英国法上的制度。采取"按揭"方式购买商品房的方式是，买房人先与开发商签订一个商品房买卖合同，再与开发商指定的银行签订一个按揭借款合同。所谓按揭借款合同，是在借款合同上附加了一个"按揭担保"。这种担保方式，在德国、日本称为"让与担保"。值得注意的是，物权法没有采纳"让与担保"方式，因此现实中的"商品房按揭"，不得不采取"抵押担保"的形式。签订按揭协议后，银行手中并没有担保权，须待房屋建成后开发商向买房人交房并办理产权过户登记时，同时办理一个抵押权登记，方才发生按揭银行的抵押权。

如在开发商交房和办理产权证和抵押权证之前，按揭人陷于不能支付，因为没有办理抵押登记，按揭银行没有抵押权，其借款债权属于无担保债权。如果在开发商交房、办理产权过户并同时办理抵押登记之后，按揭人陷于不能支付，按揭银行当然可以行使抵押权，从拍卖抵押房屋的价款中扣收借款本金和利息，然后将价款剩余部分退给买房人。顺便指出，按揭买房人，无论是提前或者按照合同期限，一旦还清银行按揭款总额（全部本金和利息），一定要从银行手中取回房屋抵押权证，并亲自到不动产登记机构请求涂销该抵押权。以免该抵押权证被银行或者银行工作人员恶意使用，给买房人造成重大损害。

（十一）关于住宅建设用地使用权期满后的续期

物权法制定过程中，广大群众关注的一个问题是，住宅建设用地使用权期间届满后，国家是否收回该建设用地使用权，以及自己的房屋所有权是否因此受影响。因为所有权是无期限的权利，只要房屋在，其所有权就在；但建设用地使用权是有期限的权利，开发商取得的建设用地使用权期限是 70 年，当我们购买房屋并办理产权过户时，该房屋占用的建设用地使用权已经不足 70 年了。我国物权法以及现行法律实践，采用"房随地走、地随房走"的原则。因此，住宅建设用地使用权期满，在理论上存在两个选择：一是"地随房"，让房屋所有权人继续享有建设用地使用权，即建设用地使用权续期；二是"房随地"，建设用地使用权期满时国家收回土地并同时取得地上房屋的所有权。

显而易见，第二种方案是不现实的，只能采取第一种方案。同时，为了避免政府与各个房屋所有权人分别办理建设用地使用权续期手续的麻烦，物权法第 149 条明确规定："住宅建设用地使用权期间届满的，自动续期。"剩下的一个问题是，这种情形的建设用地使用权自动续期，是否需要交费，如一次性交出让金或者分期交租金。物权法对此未作规定，留待将来 60 多年后再去决定。例如一套 100 平方米的房屋，如果是 10 层建筑，所分摊的建设用地不过 10 平方米，即使将来期满自动续期要交费，其金额也是微不足道的。将来国家富强了，这一点费用说不定就免了，沿袭千年之久的农业税，不都免了吗？

第二部分　人民大会堂法制讲座

依法治国，建设社会主义法治国家

（九届全国人大常委会法制讲座第二讲，
1998 年 8 月 30 日）

李步云

【内容提要】依法治国是邓小平理论的重要组成部分，是党领导人民治理国家的基本方略，是发展社会主义市场经济的客观需要，是社会文明进步的重要标志，是国家长治久安的重要保证。建设社会主义法治国家，一要建立部门齐全、结构严谨、内部和谐、体例科学和协调发展的完备的法律体系；二要坚持社会主义法制的民主原则，实现民主的法制化与法制的民主化；三要树立法律的极大权威，任何组织和个人都必须严格依法办事；四要进一步完善司法体制和程序，切实保证案件审理的客观、公正、廉洁和高效；五要提高广大干部群众的理论水平和法制观念，全面推进依法治理。

【主讲人简介】李步云，男，1933 年 8 月生，湖南娄底人。中国社会科学院荣誉学部委员，中国法学会法理学研究会顾问、比较法研究会顾问。曾任中国社会科学院法学研究所研究员、博士生导师，法理研究室主任，《法学研究》杂志主编，中国社会科学院人权研究中心副主任，湖南大学法学院名誉院长、法治与人权研究中心主任，中国行为法学会会长，兼任最高人民检察院专家咨询委员会委员，中央宣传部、司法部"国家中高级干部学法讲师团"讲师。2012 年 9 月 26 日，荣获"全国杰出资深法学家"称号。

八届全国人大四次会议的一系列重要文件，特别是党的十五大报告，依据邓小平关于民主与法制的理论和总结新的实践经验，已经郑重地将"依法治国，建设社会主义法治国家"作为党和国家的治国方略和奋斗目标确定下来。这是一项具有全局性、根本性和深远历史意义的战略决策。现在，我就这一问题谈一些个人的认识。

一　依法治国是邓小平理论的重要组成部分

在我国，实行"依法治国，建设社会主义法治国家"，是一个长久的历史性过程。它的起点是 1978 年党的十一届三中全会的召开。中华人民共和国成立后，由于各种复杂的原因，我国的民主与法制建设，曾走过一条很曲折的道路，既取得了一定的成就，也有过重大挫折，特别是经历了十年"文革"的浩劫。邓小平同志总结了国内与国际的历史经验，提出了发展社会主义民主与健全社会主义法制的方针。20 年来，在这一方针的指引下，我国的民主与法制建设已经取得举世瞩目的成就。

依法治国，建设社会主义法治国家，是邓小平理论的重要组成部分。虽然在小平同志的著作中没有用过"依法治国"和"法治国家"这样的提法，但是他对如何通过健全法制保证国家的长治久安，作了最全面最深刻的阐述，从而为实行依法治国的方针，奠定了坚实的理论基础。他提出的健全社会主义法制的一整套原则，为我们确立建设社会主义法治国家的奋斗目标，勾画出了一幅准确、完整和清晰的蓝图。

为什么要加强社会主义民主法制建设？怎样才能保证国家的长治久安？小平同志说："我们过去发生的各种错误，固然与某些领导人的思想、作风有关，但是组织制度、工作制度方面的问题更重要。这些方面的制度好可以使坏人无法任意横行，制度不好可以使好人无法充分做好事，甚至会走向反面。即使像毛泽东同志这样伟大的人物，也受到一些不好的制度的严重影响，以至对党对国家对他个人都造成了很大的不幸。我们今天再不健全社会主义制度，人们就会说，为什么资本主义制度所能解决的一些问题，社会主义制度反而不能解决呢？这种比较方法虽然不全面，但是我们不能因此而不加以重视。斯大林严重破坏社会主义法制，毛泽东同志就说过，这样的事件在英、法、美这样的西方国家不可能发生。他虽然认识到这一点，但是由于没有在实际上解决领导制度问题以及其他一些原因，仍然导致了'文化大革命'的十年浩劫。这个教训是极其深刻的。不是说个人没有责任，而是领导制度、组织制度问题更带有根本性、全局性、稳定性和长期性。这种制度问题，关系到党和国家是否改变颜色，必须引起全党的高度重视。"① 这一思想和理论，后来他曾反复加以阐明和强调。例如，他在回答意大利一位记者提出的"如何避免类似'文化大革命'那样的错误"这一问题时说："现在我们要认真建立社会主义的民主制度和社会主义法制。只有这样，才能解决问题。"② 1988 年前后，他曾多次指出："我历来不主张夸大一个人的作用，这样是危险的，难以为继的。把一个国家、一个党的稳定建立在一两个人的威望上，是靠不住的，很容易出问题。"③ 我个人认为，这是邓小平同志关于健全民主与法制的理论基础和指导思想，是他的民主与法制思想的精髓和灵魂。这是一个在国际共运史上，在理论与实践两方面都长期没有能够解决的问题，而小平同志科学地深刻地对之作了回答。很显然，如果这一指导思想不明确，发展民主与健全法制的任务是难以实现的，其结果不可能是实行法治，而只能是实行人治。

邓小平同志在上述这一治国理论和指导思想的基础上，对发展社会主义民主与健全社会主义法制提出了一整套原理、原则和要求。他的民主法制思想是其丰富、严谨的理论体系的重要组成部分。它们大体包括以下几个方面的主要内容。

（一）关于社会主义民主的本质和发展规律

小平同志的主要观点是：（1）"无产阶级专政对于人民来说就是社会主义民主，是工人、农民、知识分子和其他劳动者所共同享受的民主，是历史上最广泛的民主。"④ 人民是国家的主人，政府的权力是人民给的，干部只能是"人民的公仆"，不能成为"人民的主人"。⑤（2）民主是社会主义的本质要求和内在属性，"没有民主，就没有社会主义，就没有社会主

---

① 《邓小平文选》第 2 卷，人民出版社，1994，第 333 页。
② 《邓小平文选》第 2 卷，人民出版社，1994，第 348 页。
③ 《邓小平文选》第 3 卷，人民出版社，1993，第 325 页。同一基本观点，又见《邓小平文选》第 3 卷，人民出版社，1993，第 272—273 页；《邓小平文选》第 3 卷，人民出版社，1993，第 311 页。
④ 《邓小平文选》第 2 卷，人民出版社，1994，第 168 页。
⑤ 《邓小平文选》第 2 卷，人民出版社，1994，第 332 页。

义的现代化"。民主是社会主义发展的客观规律,"社会主义愈发展,民主也愈发展"。① (3) 发展民主应立足于制度建设,要通过改革,克服"官僚主义现象、权力过分集中的现象、家长制现象、干部领导职务终身制现象和形形色色的特权现象",等等。② (4) "民主是我们的目标,但国家必须保持稳定。"③ "民主只能逐步地发展,不能搬用西方的那一套,要搬那一套,非乱不可。"④ (5) 党的领导决定着社会主义民主的性质和发展方向。"改革党和国家的领导制度,不是要削弱党的领导,涣散党的纪律,而正是为了坚持和加强党的领导,坚持和加强党的纪律。"⑤

(二) 关于社会主义民主的基本制度

小平同志的基本思想有:(1) 人民代表大会制度是我国的根本政治制度,必须坚持和完善这一制度。它最符合中国的实际,如果政策正确、方向正确,这种体制的益处很大,很有助于国家的兴旺发达,避免很多牵扯。西方的多党竞选、三权分立、两院制的那些体制与做法,不符合我国的国情。⑥ (2) 监督制度是民主制度的重要内容。"要有群众监督制度,让群众和党员监督干部,特别是领导干部。凡是搞特权、特殊化,经过批评教育而又不改的,人民就有权依法进行检举、控告、弹劾、撤换、罢免,要求他们在经济上退赔,并使他们受到法律、纪律处分。对各级干部的职权范围和政治、生活待遇,要制定各种条例,最重要的是要有专门的机构进行铁面无私的监督检查。"⑦ (3) 中国共产党领导的多党合作和政治协商制度,民族区域自治制度,经济管理中的民主和基层民主,都具有鲜明的中国特色和反映社会主义民主的广泛性。

(三) 关于发展民主与健全法制的战略地位和相互关系

小平同志提出,"为了实现四个现代化,必须发扬社会主义民主和加

---

① 《邓小平文选》第 2 卷,人民出版社,1994,第 168 页。
② 《邓小平文选》第 2 卷,人民出版社,1994,第 327 页。
③ 《邓小平文选》第 3 卷,人民出版社,1993,第 285 页。
④ 《邓小平文选》第 3 卷,人民出版社,1993,第 196 页。
⑤ 《邓小平文选》第 2 卷,人民出版社,1994,第 341 页。
⑥ 《邓小平文选》第 3 卷,人民出版社,1993,第 240 页。
⑦ 《邓小平文选》第 2 卷,人民出版社,1994,第 332 页。

强社会主义法制"①，并强调："这是三中全会以来中央坚定不移的基本方针，今后也决不允许有任何动摇。"② 他提出："搞四个现代化一定要有两手，只有一手是不行的。"③ 所谓两手，即一手抓建设，一手抓法制。从而把法制建设提到了战略地位的高度。他提出"有法可依，有法必依，执法必严，违法必究"的 16 字方针，作为健全法制的基本要求。他认为，民主与法制是密切联系在一起的。"政治体制改革包括民主和法制。""在发扬社会主义民主的同时，还要加强社会主义法制，做到既能调动人民的积极性，又能保证我们有领导有秩序地进行社会主义建设。这是一整套相互关联的方针政策。"④

（四）关于健全社会主义法制的基本原则和要求

小平同志的基本主张包括：（1）强调立法要抓紧加快，应从实际出发、实事求是；"要多找一些各方面的专家参加立法工作"，要"经过一定的民主程序讨论通过"。⑤（2）要维护法律的稳定性和权威性。"必须使民主制度化、法律化，使这种制度和法律不因领导人的改变而改变，不因领导人的看法和注意力的改变而改变。"⑥ "无论是不是党员，都要遵守国家的法律。对于共产党员来说，党的纪律里就包括这一条。"⑦（3）要贯彻法制的民主原则："为了保障人民民主，必须加强法制。"⑧ "要使我们的宪法更加完备、周密、准确，能够切实保证人民真正享有管理国家各级组织和各项企业事业的权力，享有充分的公民权利。"⑨（4）要坚持法制的平等原则："公民在法律和制度面前人人平等"，"不管谁犯了法，都要由公安机关依法侦查，司法机关依法办理，任何人都不许干扰法律的实施，任何犯了法的人都不能逍遥法外"。⑩（5）要保证司法机关独立行使职权："党要

① 《邓小平文选》第 2 卷，人民出版社，1994，第 187 页。
② 《邓小平文选》第 2 卷，人民出版社，1994，第 359 页。
③ 《邓小平文选》第 3 卷，人民出版社，1993，第 154 页。
④ 《邓小平文选》第 3 卷，人民出版社，1993，第 210 页。
⑤ 《邓小平文选》第 2 卷，人民出版社，1994，第 146 页。
⑥ 《邓小平文选》第 2 卷，人民出版社，1994，第 146 页。
⑦ 《邓小平文选》第 3 卷，人民出版社，1993，第 112 页。
⑧ 《邓小平文选》第 2 卷，人民出版社，1994，第 146 页。
⑨ 《邓小平文选》第 2 卷，人民出版社，1994，第 339 页。
⑩ 《邓小平文选》第 2 卷，人民出版社，1994，第 332 页。

管党内纪律的问题，法律范围的问题应该由国家和政府管。党干预太多，不利于在全体人民中树立法制观念。"① （6）要加强法制教育："加强法制重要的是要进行教育，根本问题是教育人。"② 要"真正使人人懂得法律，使越来越多的人不仅不犯法，而且能积极维护法律"。③ 邓小平同志在三中全会后提出的这一整套健全社会主义法制的方针与原则，不仅具有鲜明的现实性和针对性，而且具有严谨的理论性和规律性，指明了社会主义法治国家的主要标志和基本要求。

邓小平同志在谈政治体制改革时，曾经指出："要通过改革，处理好法治和人治的关系，处理好党和政府的关系。"在这里，他把处理好法治与人治的关系问题，放到了政治体制改革的主要的和关键性的地位，可见他对这个问题十分重视。从邓小平同志有关必须健全社会主义法制的理论阐述以及他提出的一整套健全法制的要求和原则中可以清楚看出，他是坚持倡导法治的。1978 年以后，法学界和政治学界曾经就法治与人治问题开展过一场大讨论，出现过三种截然对立的观点：要法治，不要人治；法治与人治应当结合；法治（依法治国或以法治国）概念不科学、同"法制"概念没有什么区别，应当抛弃。在广大干部中对法治概念和依法治国的口号和方针也有这样那样的看法和疑虑。这就要求中央新一代领导集体根据我国经济、政治和文化现实条件的变化和实践经验的积累，进一步丰富和发展邓小平同志有关民主与法制的理论。

多年来，中央领导同志十分重视和强调依法治国。例如，江泽民同志1989 年 9 月 26 日在中外记者招待会上曾郑重宣布："我们绝不能以党代政，也绝不能以党代法。这也是新闻界讲的究竟是人治还是法治的问题，我想我们一定要遵循法治的方针。"李鹏同志 1994 年给《中国法学》杂志的题词是："以法治国，依法行政。"这是代表新一代中央领导的庄严承诺。特别是近两年中央作出的"依法治国，建设社会主义法治国家"的重大决策，已引起全国的普遍关注和拥护。1996 年 2 月 8 日，江泽民同志在中共中央法制讲座上发表了《坚持实行依法治国，保证国家长治久安》的重要讲话。同年 3 月八届全国人大四次会议的一系列文件，包括《国民经

---

① 《邓小平文选》第 3 卷，人民出版社，1993，第 163 页。
② 《邓小平文选》第 3 卷，人民出版社，1993，第 163 页。
③ 《邓小平文选》第 2 卷，人民出版社，1994，第 254 页。

济和社会发展"九五"计划和 2010 年远景目标纲要》，已经郑重地将"依法治国"作为一项根本方针和奋斗目标确定下来。特别是 1997 年 9 月党的十五大报告，对依法治国方针的科学含义、重大意义和战略地位，作了全面的深刻的阐述；第一次提出"法治国家"的概念，并将其作为建设有中国特色的社会主义政治的重要内容；对建设社会主义法治国家今后一个时期内突出需要解决的一系列重大问题，作了全面的规定；并郑重地将这一治国方略和奋斗目标记载在党的纲领性文件中。这是以江泽民同志为核心的党中央对邓小平理论的运用、丰富和发展。它标志着我国社会主义法制建设进入了一个新的发展阶段。

二 依法治国的重要意义

党的十五大报告对依法治国的重要意义从如下四个方面作了准确和全面的概括。

（一）依法治国是党领导人民治理国家的基本方略

我们的国家是社会主义国家。坚持党的领导，是保证国家能够沿着社会主义方向前进，各项制度和方针、政策能够符合全体人民的意志和利益的根本条件。实行依法治国，能够更好地加强和改善党的领导。党的领导是支持和领导人民当家作主。这实质上是一个民主问题。民主是个抽象的概念，但有丰富的具体内容。现代民主基本上包括一个核心，四个内容。一个核心是指"人民主权"或"主权在民"的原则。我国宪法规定，"国家的一切权力属于人民"。四个方面的内容是指：一是公民的民主权利和自由应得到充分保障；二是国家政治权力的结构民主，如国家机构内部立法、行政、司法机关，要实行分工与制约；三是国家权力的行使和公民权利的保障要有民主程序；四是民主方法，如要实行群众路线的工作方法、要有批评与自我批评的作风、不搞一言堂、让人讲话等。现代民主的实现必须依靠法治作保障。在我国，12 亿人民不可能人人都去执掌政权，而只能通过民主选举产生政权机关，代表人民行使权力。为了保证这种权力的行使符合人民的利益，根本的办法就是通过制定和实施体现人民意志和利益、符合社会发展规律的法律，并保证这种法律具有极大的权威，来确保政府为人民服务，为公众谋利益。在这种情况下，政权机构制定良好的法律并严格依法办事，就是按人民的利益和意志办事，就是从根本上体现了并能保障人民当家作主。否则，国家机关及其工作人员就有可能认为自己是可以按个人的认识、愿望、意见和主张任意处理各种问题的，自己的权力是无限的，是可以不按民主程序办事的，就有可能滥用权力，使"公仆"蜕变为"主人"。同时，在国家和社会生活中，公民的各种权利，权力的民主配置、民主程序和民主方法等，如果没有完备和良好的具有极大权威的法律予以全面确认和切实保障，是根本靠不住的。十年"文革"的悲剧就充分说明了这一点。当时，人代会有十年之久没有召开，宪法这一根本大法成了一张废纸，民主和法制不健全终于成了"文革"浩劫之所以能够发生和发展的根本原因。正是鉴于这一教训，邓小平同志十分重视运用法律手段来保护公民的民主权利。在法制健全的条件下，公民权利的行使，可以得到有效的保障；公民的权利如果遭到侵犯，也可以得到有效的救济。

（二）依法治国是发展社会主义市场经济的客观需要

计划经济的经济主体隶属于政府，计划成为资源配置的主要形式，容易造成经济主体应有的物质利益被忽视，经济自身的价值规律、竞争规律等不被尊重，维系这种经济关系的主要方法是行政手段。在这种体制下，由于经济权力的高度集中，法律手段丧失了独立的品格，其作用也是十分有限的。因此，计划经济内在地要求人治而不是法治。

市场经济是一种以交换为基础的经济形式，一切经济活动和行为都要遵循价值规律，各种生产要素都要作为商品进入市场，通过竞争机制和价格杠杆的作用，实现各主体之间的平等、自由的交易和各类资源的优化配置。它建立在各经济主体之间具有自主性和平等性并且承认其各自物质利益的基础之上。利益主体多元化、经济产权明晰化、运行机制竞争化、市场行为规范化、宏观调控科学化是它的主要特征。具有自主、平等、诚信、竞争等属性的这种经济形态，除了依赖经济规律来运作，同时又主要依赖法律手段来维系，它必然从客观上要求法律的规范、引导、制约、保障和服务。此外，在今天世界经济一体化的趋势和格局下，我国的经济必须参与国际大循环，扩大对外贸易，引进先进技术和国外资金，开展科技文化的广泛交流。这也要求我们一定要有健全的法律制度。可见，市场经济内在地要求法治而不是人治。

（三）依法治国是社会文明进步的重要标志

在中外历史上，从字源看，"法"字一出现就具有正义、公正等含义。中国古代，"法"字象征一种可以判明是非曲直和正义与否的独角兽。西方古代，法早已被比喻为一手拿宝剑、一手拿天平的正义女神。法存在的合理性，根源于人类社会生活本身始终存在的三个主要矛盾：个人与社会的矛盾、秩序与自由的矛盾、权威与服从的矛盾。如果人类社会没有法这种调整社会关系的行为准则，社会正义必将难以维护，社会自身的发展和存在都成问题。法的一般性、平等性、公开性和不溯及既往性，是法自身的特性。法必须要求任何人都遵守，必须对任何人都是一个标准，否则法就没有权威而失去作用。法不能用人们并不知道的内部规定去处罚人们的行为，也不能用现在的规定去处理人们过去发生的行为，否则是不公道的。这也决定了法的正义性。

每个历史时代，法的内容与形式以及法的精神，都同该时代的物质文明与精神文明息息相关，密不可分，彼此适应，是该时代人类文明发展水平的综合性标尺。一部由低级状态向高级状态演变的法律制度和思想史，是整个人类文明由低级状态向高级状态发展历史的一个缩影（民主与法制是属于制度文明的范畴）。在现今的历史条件下，家长制、一言堂、搞特权、权大于法、政府权力不受法律任何制约、公民权利得不到法律有效保障，这些存在当然是不文明的。一个社会如果没有法律，要么专制主义盛行，要么无政府主义猖獗，自然也是不文明的。

（四）依法治国是国家长治久安的重要保证

法律集中了多数人的智慧，反映了事物的发展规律，法律具有稳定性和连续性的特点，不会因政府的更迭和领导人的看法和注意力的改变而随意改变。由于这种种原因，只有实行依法治国，才能保证国家长治久安。这个道理已为以往不少思想家、政治家所充分阐述，并被无数历史事实所证明。

在我们党和国家的历史上，对于这个问题的认识，曾经历过一个曲折的过程。半个世纪前，毛泽东同志在延安回答黄炎培先生提出的共产党在执掌全国政权后怎样才能跳出"其兴也勃焉，其亡也忽焉"的历史周期率这一问题时，曾经正确地指出："我们已经找到新路，我们能跳出这个周期率。这条新路，就是民主。只有让人民起来监督政府，政府才不敢松懈。只有人人起来负责，才不会人亡政息。"（黄炎培《延安归来》）中华人民共和国成立后到 1956 年这一时期，民主与法制建设成就显著。但是由于国际（如波匈事件）与国内的复杂原因，自 1957 年后，"左"的指导方针开始抬头，人治思想上升，法治思想削弱，并愈演愈烈。民主与法制不健全，终于成为十年"文革"这场历史性悲剧得以发生和发展的根本条件。党的十一届三中全会以来，邓小平同志总结了国际和国内正反两方面的经验教训，就如何才能保证国家的长治久安和兴旺发达，发表了一系列我们在前面已经部分引证的精辟见解和科学论断。我个人认为，关于依法治国的理论与实践意义，这一条是最重要的。

三　法治国家的主要原则和要求

根据邓小平理论和党的十五大报告的基本思想，在我国建设社会主义法治国家，主要应具有以下一些原则和要求。

（一）要建立一个部门齐全、结构严谨、内部和谐、体例科学和协调发展的完备的法律体系。这种法律应当充分体现社会主义的价值取向和现代法律的基本精神

有法可依是依法治国的基础和前提。同时，法律还必须制定得好。好的标准，一是内容上的，二是形式上的。不好的法律可以对社会的发展和人民利益的维护起相反的作用。

从法的形式方面看，所谓法的"部门齐全"是指，凡是社会生活需要法律作出规范和调整的领域，都应制定相应的法律、行政法规、地方性法规和各种规章，从而形成一张疏而不漏的法网，使各方面都能"有法可依"。党的十五大报告提出："到 2010 年形成有中国特色社会主义法律体系。"我国的立法任务还很繁重，要加快立法进程，填补法律空白。

法的"结构严谨"是指法律部门彼此之间、法律效力等级之间、实体法与程序法之间，应做到成龙配套、界限分明、彼此衔接。例如，宪法的不少原则规定需要有法律、法规使其具体化和法律化，否则宪法的某些规定就会形同虚设，影响宪法的作用和权威。又如，从宪法、基本法律和法律直到省会市、国务院批准的较大市制定的地方性法规和政府规章，是一个法的效力等级体系，上位法与下位法的关系和界限必须清楚。这方面也有一些问题需要解决。省级地方性法规与部委规章哪个效力高？出现矛盾怎么办？对这些问题的看法就不一致。立法权限的划分也有这个问题，包括中央究竟有哪些专属立法权，地方不能搞？哪些是中央与地方所共有？省级人大与省政府之间、全国人大和省级人大与它的常委会之间，其立法权的界限也不是很清楚。

法的"内部和谐"是指法的各个部门、各种规范之间要和谐一致，前后左右不应彼此重复和相互矛盾。现在地方立法中相互攀比、重复立法的现象比较严重。有的实施细则几十条，新的内容只有几条。既浪费人力物力，也影响上位法的权威。应当是有几条规定几条，用一定形式加以公布就可以了。法律规定彼此之间相互矛盾的情况时有发生，我们也还缺乏一种监督机制来处理这种法律冲突。最高人民法院在法律适用中作过大量法律解释，起到了很好的作用，但由于法律解释制度过于原则，最高人民法院的个别解释存在改变法律规定的情况，这是不得已而为之。法律都是比较概括的、原则的，而社会生活却是复杂、多变的，这就要求进一步完善和丰富我国的法律解释制度。

法的"体例科学"是指法的名称要规范，以便执法与守法的人一看名称就知道它的效力等级；法的用语、法的公布与法的生效等也都需要进一步加以规范。

法的"协调发展"是指法的体系是发展变化的，立法要做到同经济政治文化的发展、同制度改革的进程、同新的党的方针政策的制定和提出相协调、一致与和谐。

以上这些问题主要应通过我们将要制定立法法、制定好立法长远规划和五年计划加以妥善地解决。

从法的内容方面看，应注意解决好两个问题。

一是，我们的法律应当充分体现社会主义的价值观念，要处理好各方面的利益关系。任何社会关系实际上都是一种利益关系。法是社会关系的调节器，它通过自身固有的规范、指引、统一、评价、预测、教育及惩戒等功能，来认可、调节以至新创种种社会关系，这是法的独特作用。因此，依一定的伦理道德观念来处理与调整个人与个人之间、集体与集体之间、国家集体与个人之间的利益追求、分配和享有，是所有法律的共同本质。兼顾国家、集体与个人的利益，并使其协调发展，是我们党的一贯主张。现在，部门立法较为普遍，部门之间争权夺利，或只考虑部门利益而不顾整体利益的现象是比较严重的。对此可以考虑的解决方法是，法律起草的主管单位，应当主要由中央与省级立法机构（包括专门委员会和法制工作机构）负责；法的起草小组应有各方面的人士参加，有条件的还可以专门委托法律专家或其他方面专家组成小组，负责法的起草。

二是，要处理好权利与义务、行使权力与保障权利的关系。法律关系是一种权利义务关系，在这个意义上说，法学也可以称为"权利之学"。从宪法所规定的公民基本权利与义务到各种实体法和程序法，特别是民法、商法和经济法为主要内容的市场经济法律体系，无不以权利的保障作为中心和出发点。党的十五大报告第一次将"尊重和保障人权"写在中华人民共和国成立后党的纲领性文件上，具有非常重要的意义。权利与义务不可分，但是在两者的关系中，权利应处于主导地位。法的目的应当是为全人类谋利益。权利是目的，义务是手段，权利是义务存在的根据和意义，法律设定义务就在于保障人们的人身人格权利、经济社会文化权利、政治权利与自由。现代法的精神的一个重要内容应当是以权利的保障作为基础和中心环节。立法中，规定政府必要的管理、公民应尽的义务、权利行使的界限，都是必要的。但是立法的重心和它的基本出发点应当是保障权利。现在有些部门的立法并没有完全贯彻这一精神，如只强调公民（还有法人）应尽的义务，而不重视对他们的权利的保障；只关注本部门职权的扩大，而不重视自身权力的监督和制约。

（二）社会主义法制应当建立在社会主义民主的基础上，要坚持社会主义法制的民主原则，实现民主的法制化与法制的民主化

"民主的法制化"是指社会主义民主的各个方面，它的全部内容，都要运用法律加以确认和保障，使其具有稳定性、连续性和极大的权威性。民主制度的建设是一个发展过程，法律可以也应当为民主制度的改革服务。党政各级领导以及广大人民群众在实践中创造的民主的新的内容与新的形式，只有用法律和制度确认与固定下来，民主才能不断丰富和发展。民主的法律化、制度化包括两层含义、两种作用：法制对公民权利的确认，既保证它不受侵犯，也防止它被人们滥用；法律赋予各级领导人员以种种权力，既保证这种权力的充分行使，也限制他们的越权和对权力的滥用。

"法制的民主化"是指法律以及相关的立法、执法、司法等方面的制度，都要体现民主精神和原则。例如：在立法中，需要调动中央和地方两个积极性；法律起草小组要有各方面人员包括专家参加；法律在起草过程中要广泛和反复征求各方面人士、利害相对人和群众的意见，举行必要的专家论证会、利害关系人的听证会；要让人大代表或常委会成员提前得到法律草案及各种资料以使他们有足够时间做审议法律草案的准备；审议法律草案时除小组会、联组会外，还要在全体会议上进行必要的和充分的辩论；修正案的提出和讨论、审议需要有具体的程序；省级（自治区除外）人大立法不能全由常委会通过而大会从不讨论制定地方性法规；规章的制定不能只是某一市长或副市长签字而不经领导集体讨论就公布生效；等等。所有这些都还有待进一步完善。最近李鹏同志反复强调立法要走群众路线，并提出重要法律草案应在报上公布，交全民讨论。这是一项重大原则和重大改革。民主立法既是社会主义的本质要求，也是科学立法、提高立法质量的保证。执法和司法中的民主原则，也都需要通过不断提高思想认识和进行具体制度的改革逐步完善。

（三）要树立法律的极大权威，任何组织和个人都必须严格依法办事

树立法律的权威，关键是切实有效地实施法律。法得不到严格执行和遵守，等于一张废纸。李鹏同志指出："依法治国的关键是执法，难点和重点也是执法。"（1997年12月25日在全国政法工作会议上的讲话）保证宪法和法律得到严格执行和遵守是一项系统工程，应抓住关键环节，实行综合治理。

（1）党的各级组织和各级领导人以及广大党员模范地遵守法律，严格依法办事，对维护法律的权威与尊严具有非常重要的作用。这是由我们党处于执政党的地位所决定的，也同我们党内不少同志过去不大重视依法办事的传统和习惯有关。"党要在宪法和法律范围内活动"这一根本原则，已经写进党章，其精神在现行宪法中也有明确规定。为了实现这一原则，需要在党的领导方式上作一些具体制度上的改革，总的原则应是贯彻江泽民同志所强调的进一步解决以党代政和以党代法的问题。例如，某些方面需要也可以由政府去办的事情，党的办事机构不宜越俎代庖。党根据新的形势和需要制定出新的政策后，要及时修改已过时的法律规定，避免新的政策同原有过时法律规定长期脱节。在制定法律过程中，应充分发扬民主，允许人大代表、党外人士和广大人民群众对党的政策提出某些补充和修改意见，使党的政策更加丰富和完善等。在这里，提高全党同志的认识是前提。邓小平同志在《党与抗日民主政权》一文中曾尖锐指出，我们绝不能像国民党那样搞"以党治国"，因为那"是麻痹党、腐化党、破坏党、使党脱离群众的最有效的办法"。为此，他提出了三个基本观点，在今天仍有重大的现实指导意义。一是党的"真正的优势要表现在群众拥护上"，"把优势建筑在权力上是靠不住的"。要保持党在政治上的优势，关键要靠我们自己路线和政策的正确，从而得到人民的衷心拥护。二是不应把党的领导解释为"党权高于一切"，甚至"党员高于一切"；要避免"不细心地去研究政策，忙于事务上的干涉政权，放松了政治领导"。三是办事不能"尚简单避复杂"，不能"以为一切问题只要党员占多数，一举手万事皆迎刃而解"。① 现在有些同志对搞差额选举忧心忡忡，实际上是没有必要的。

（2）政府依法行政是法治的重要环节，对维护法的权威和尊严意义重大。我国的法律约有80%是需要行政机关执行和贯彻实施的。相对于立法和司法来说，行政具有自身的特点：它内容丰富，涉及的领域广阔，工作具有连续性，是国家与公民打交道最多的领域。行政机关实行首长负责制，行政权还具有主动性。为了适应迅速多变的客观现实，行政权的行使还具有快速性和灵活性的特点，法律的自由裁量权相对较大。因此，行政权必须受法律的规范和约束。依法行政应是我国行政机关的一项最根本的活动准则。现在行政立法实践已取得长足进步。今后，行政立法任务仍然很重，特别是行政程序方面的法规、规章的制定应优先考虑。但是，今后

① 《邓小平文选》第1卷，人民出版社，1994，第10—12页。

最根本的还是要采取各种综合性措施，包括加强内部和外部的监督机制，来保证行政机关能依法行政。实践证明，各级人大加强对依法行政的监督包括开展执法检查、实行执法责任制和错案追究制等，成效十分显著。这方面的工作有必要进一步规范化、程序化、制度化。

（3）完善民主监督制度。党的十五大报告对此已作了全面的系统的论述和规定。民主监督的主要目的是克服权力腐败，防止权力滥用。权力腐败与滥用是各种腐败现象的主要表现，也是其他腐败现象的重要根源。对国家权力的监督，主要有以下四种形式和渠道：①以国家法律监督国家权力，包括以法律明确规范与界定各种权力的内容和行使程序。②以国家权力监督国家权力，包括国家权力机关、检察机关和行政监察机关的监督。③以公民权利监督国家权力，包括公民的检举、揭发、控告和舆论工具的监督。④以社会权力监督国家权力，包括民主党派、工青妇、行业组织的监督。按照十五大报告的基本要求，进一步健全与完善民主监督体系，加大其力度，是维护法律权威、保证法律切实实施的重要一环。

（4）要坚持法律面前人人平等。这是我国宪法的一项重要原则。我国现行的各项实体法和程序法也都贯彻和体现了这一原则。在经济政治文化各个领域以及在法律上实现真正的平等，是社会主义最基本的价值观念和理想追求；坚持这一原则，也是维护法律权威的重要条件。由于党和国家的高度重视，这一原则在我国现实生活中有力地反对了各种特权思想和特权人物，维护了公民的权益，充分显示了社会主义制度的优越性。但是由于历史传统及其他方面的原因，在实际生活中坚持法律面前人人平等原则，仍然是今后的一项重要任务。

（四）要进一步健全和完善司法体制和程序，切实保证案件审理的客观、公正、廉洁和高效

党的十五大报告指出要"推进司法改革，从制度上保证司法机关依法独立公正地行使审判权和检察权"。现代法治的一项重要原则是司法独立。这一原则已被现今各国宪法所普遍采用。这一原则的基本含义是，司法机关审理案件不受外界非法干扰，以保证案件审理的客观性和公正性，做到以事实为根据，以法律为准绳。目前，保证司法独立、公正需要解决的主要问题是：（1）要正确处理好加强党的领导和坚持司法独立的关系。党对

司法工作的领导主要是路线、方针、政策的领导，是配备干部，教育和监督司法干部严格依法办事，但不宜参与和干预具体案件的审理。1979 年党中央的第 64 号文件已经决定取消党委审批案件的制度，但少数地方仍未贯彻执行。宪法明确规定，国家的审判权和检察权分别由审判机关和检察机关独立行使，应在实践中切实落实这一规定。（2）现在地方保护主义严重。一个可以考虑的建议是，成立跨省、市的地区法院，领导成员由全国人大任免，经费由国库开支，负责管辖某些跨省、市而又争议标的巨大的案件。（3）切实执行宪法和三大诉讼法明确规定的公开审理案件的制度。将案件审理置于广大公民监督之下，是案件的审理达到客观、公正与廉洁的重要保证。"暗箱操作"很难避免出现金钱案、关系案、人情案和外界非法干预。（4）切实健全与加强司法机关内部和外部的监督机制。各级人大是否可以监督个别具体案件？我个人认为，各级人大对极个别社会影响特别重大而又有一定根据表明案件存在重大问题的案件，可以组织专门的委员会或小组进行调查研究，向有关司法机关提出意见和建议，但不应对该案件作出最终决定，而仍应交由司法机关按法定程序或规定某种新的程序对案件作出最终处理。这是符合宪法精神的。

（五）建设现代法律文化，提高广大干部和民众的理论水平和法制观念，全面推进依法治理

这是实现社会主义法治的重要内容和重要保证。自 1985 年以来，我国先后进行了"一五普法"、"二五普法"，现在"三五普法"正在全国全面推开。如此规模巨大的法律传播运动，在世界历史上是罕见的。我国人口有 12 亿。如果我们把这一工作坚持开展下去，再经过几个五年，广大干部和群众的法律意识将会发生根本变化，并为我国建设社会主义法治国家提供最广泛的群众思想基础和最良好的法律文化环境。

我国自 1986 年以来在普法教育基础上发展起来的依法治理活动，是一种很成功的实践，目前已在 30 个省、自治区、直辖市普遍展开。现在绝大部分省（区、市），由省（区、市）党委作决定、人大作决议、政府作规划，比较系统地开展了依法治理工作。依法治理包括区域治理、行业治理和基层治理，内容涉及立法（还有行业与基层的建章立制）、执法、司法、护法（法律监督）、普法和社会治安综合治理等方面，是一个多层次、全

方位的系统工程。现在它正在或已经超越"学法必须用法"的视角和把依法治理仅仅当作普法的一个环节的眼界，发展成为一个把依法治国方针和措施从中央推向各级地方、各行各业和所有基层单位的宏伟局面。这是党、人大和政府必须高度重视并下大力气加以推进的一项重要工作。在依法治理中，各级人大充分发挥主导作用，是一个新课题，有必要将这一工作制度化和规范化。

建设社会主义法治国家，是一项具有全局性的系统工程，关键是要加强党的领导。十五大报告指出："依法治国把坚持党的领导、发扬人民民主和严格依法办事统一起来，从制度和法律上保证党的基本路线和基本方针的贯彻实施，保证党始终发挥总揽全局、协调各方的领导作用。"在我国，党的领导是历史和人民的选择，是国家沿着社会主义方向前进、各项制度和政策符合广大人民群众利益的根本保证。那种把实行依法治国同坚持党的领导对立起来的观点是不正确的。

建设社会主义法治国家，是一项艰巨的长期的历史任务。它同我国的物质文明、精神文明和民主政治建设必然是同步进行，并相互依存、相互影响、相互制约的。我国的经济和文化发展水平还不高。正如李鹏同志所指出的："依法治国是从人治到法治的伟大变革。"它涉及一系列观念的更新和制度的改革，其深度和广度都是前所未有的。我国人口众多，幅员辽阔，情况复杂，经验的积累也需要一个过程。因此，建设社会主义法治国家必须有领导、有组织、有计划、有步骤地进行。我们既不能停步不前，也不可操之过急。我国的社会主义制度有着强大的生命力。实行依法治国符合时代进步的要求，深得广大人民群众的拥护。以邓小平理论作为强大的思想武器，在党中央的正确领导下，坚持实行依法治国方略，我们就一定能够坚定地沿着建设社会主义法治国家的道路前进，并达到我们的目的，为中国人民的幸福和人类文明的进步作出贡献。

关于社会主义市场经济法律制度建设问题

(九届全国人大常委会法制讲座第五讲,
1998 年 11 月 27 日)

王家福

【内容提要】 建立社会主义市场经济法律制度,不仅是市场经济客观规律的内在要求,也是国家社会稳定、政治稳定的客观需要。社会主义市场经济法律制度主要包括确认市场主体资格、充分尊重和保护财产权、维护合同自由、国家对市场的适度干预、完善的社会保障五项基本制度。建立社会主义市场经济法律制度,必须确立财产所有权一体保护、合同自由、自己责任、公平竞争、经济民主、诚实信用、保护弱者、维护社会正义、违法行为法定、适当合理地兼顾国家集体个人利益和不同地区利益十项原则,并从中国实际出发,大胆借鉴和吸收市场经济发达国家和地区的成功经验,承认并正确区分公法和私法,区分作为公权者的国家与作为所有者的国家,摒弃与社会主义市场经济不相适应的国有企业财产权的旧理论,坚持市场经济法制的统一。为此,要完善民商法、经济法、社会法、行政法、刑法、诉讼法六个法律部门的法律,健全社会主义市场经济法律的实施制度。

【主讲人简介】 王家福,男,1931 年 2 月生,四川南充人。1959 年 8 月获苏联列宁格勒大学法学副博士学位,1991 年 9 月被日本立命馆大学授予名誉法学博士学位。中国社会科学院学部委员,法学研究所终身研究员、博士生导师,中国法学会民法学研究会名誉会长,全国总工会法律顾问、北京市人大常委会法制顾问、中国国际经济贸易仲裁委员会顾问。曾任中国社会科学院法学研究所所长,八届全国人大法律委员会委员,九届全国人大常委会委员，国务院学位委员会法学评审组成员，中国法学会副会长、中国民法经济法研究会会长、中国国际经济贸易仲裁委员会副主任、中国海事仲裁委员会顾问。2012 年 9 月 26 日，荣膺"全国杰出资深法学家"称号。

一 建立社会主义市场经济法律制度是一场深刻的法制改革

中国在邓小平理论指导下，经过 13 年以市场为取向的成功改革，于 1992 年正式向全世界宣告实行社会主义市场经济。这不仅是理论上的一次大突破、社会主义事业的一次大飞跃，而且是体制上的一次根本性改革。它摒弃了那种经过实践证明容易导致社会主义事业萎缩甚至失败的旧模式，找到了一条使中国 960 万平方公里的土地上所进行的社会主义事业能够逐步走向繁荣昌盛的正确的科学的道路。

什么是社会主义市场经济？社会主义市场经济是以先进技术武装起来的社会化、集约化、国际化、大生产的现代化市场经济，是以公有制为主体、多种所有制经济共同发展，倡导效率、竞争，崇尚公正、共同富裕的社会主义性质的市场经济。社会主义市场经济也是严格按照体现人民意志，反映社会主义市场经济规律的法律运作的法治经济，绝非有的人所想象的那样，是什么无法无天的经济、为所欲为的经济、坑蒙拐骗的经济、唯利是图的经济、权钱交易的经济。社会主义市场经济与其他市场经济一样，必须有与之相适应的法律加以规范、引导、制约和保障。没有规矩，不成方圆。资本主义市场经济的建立与发展，是同以 1804 年拿破仑民法典的制定为标志的资本主义市场经济法律制度的建立与完善紧密相关的，中国社会主义市场经济的建立与发展，也必须是与社会主义市场经济法律制度的建立与健全密切相关的。建立社会主义市场经济法律制度，这不仅是市场经济客观规律的内在要求，也是国家社会稳定、政治稳定的客观需要，是我国社会主义市场经济与国际市场、国际经济相通的客观需要。特别是在经济体制转轨处于关键时刻的今天，为了堵塞不法之徒可以利用的法律漏洞，杜绝权力进入市场、权钱交易现象的滋生，防止计划经济的弊端和市场经济的消极面结合起来成为一种落后经济的可能性产生，使社会主义市场经济健康有序地发展，建立社会主义市场经济法律制度，则更具紧迫性和必要性。如果说历史上没有发达的资本主义市场经济法律制度，就不可能有今天发达的资本主义市场经济的存在，那么在 20 世纪 90 年代没有健全的社会主义市场法律制度的建立，也就不可能有繁荣、健康的社会主义市场经济的出现。社会主义市场经济法律制度和资本主义市场经济法律制度，在反映市场经济共同规律的一般规则、具体制度上基本是相同或大同小异的。可是，就其性质而言，二者则有本质的区别：前者是由人民当家作主的社会主义国家制定的，后者是由资本主义国家制定的；前者体现的是人民的意志，后者体现的主要是资产阶级的意志；前者是以公有制经济为主体为基础，后者是以私有制经济为基础；前者追求共同富裕目标，后者则归根到底保护少数富人的利益。

社会主义市场经济法律制度，不是在一张白纸上自然而然地建立起来的法律制度，而是要在否定或修改、废除行之多年的反映计划经济要求的计划经济法律制度基础上逐步建立起来的法律制度。社会主义市场经济法律制度和社会主义计划经济法律制度都是社会主义性质的法律制度。它们在由人民当家作主的国家制定，坚持以公有制经济为主体，追求共同富裕目标上无疑是相同的，但是在法律体制上则有根本性的区别。这是由社会主义市场经济和社会主义计划经济的内在属性所决定的。因此，建立反映社会主义市场经济规律要求的社会主义市场经济法律制度，是一场深刻的法制改革。

社会主义市场经济法律制度必须抛弃社会主义计划经济法律制度的适应计划经济需要的由国家直接管理经济的旧法制基础，而建立适应社会主义市场需要的新的法制基础。社会主义市场经济法律制度的新的法制基础，主要包括以下五个基本制度。

（1）确认市场主体资格制度。社会主义市场过程发生的首要条件，是存在市场参加者。这些在市场过程中追求自己利益的经济参加者，构成市场经济活动的法律主体。市场法律主体须符合以下要件：①他们是相互独立的人；②他们在法律地位上完全平等；③他们有完全的行为能力，能够从事法律行为；④他们有完全的责任能力，能够对自己行为的结果承担责任。符合这些条件的自然人或法人，没有行政依附，不存在因所有制不同而产生的身份差别，均可以真正独立、平等的市场主体资格进入市场，参加同他人的竞争。这与计划经济法律制度排斥市场，否定市场主体，禁止竞争是大相径庭的。

（2）充分尊重和保护财产权制度。社会主义市场不仅要有参加者，而且须有财产才能发生。这里所说的财产不是指社会公共财产，而是指市场参加者自己的财产。因此，社会主义市场经济法律制度的法制基础当然应包括充分尊重和保护市场主体财产权的法律制度。这与计划经济法律制度条件下，只讲所有制，而对法人、自然人的财产权的尊重和保护不够不一样。

（3）维护合同自由制度。市场活动参加者既然是彼此相互独立、法律地位平等的自然人或法人，任何人均不能将自己的意志强加于他人，以迫使他人接受自己的交易条件，因此他们之间的关系唯有采取合同形式。合同法律制度构成市场经济最主要的法制基础。这与计划经济法律制度否定合同自由是不相同的。

（4）国家对市场的适度干预制度。在社会主义现代化市场经济中必须有国家的适度干预。即使是历史上竭力鼓吹自由放任主义的经济学家，也认为政府应承担维护市场公正与秩序的职能，单凭市场自发的机制不可能保障市场秩序。因此，社会主义市场经济要求适度的国家干预和设置宏观调控的基本制度，以防止市场经济的自发性可能导致的滥用合同自由和各种违法行为。这同计划经济法律制度国家全面直接管理经济相差甚远。

（5）完善的社会保障制度。市场本身意味着优胜劣汰，可以说市场竞争是激烈的。对于那些竞争中的失败者尤其是失业的劳动者，以及不具有竞争能力的老人、儿童和残疾者，应由社会提供相应的物质保障。在没有社会保障的条件下提倡进入市场、公平竞争，不符合现代市场经济要求，不利于维护社会的安定。这与计划经济法律制度下国家包揽一切，社会保障尚付阙如的状况根本不同。

社会主义市场经济法律制度的建立，并非仅仅对过去的法律制度的修补，而是法律体制上的一场深刻改革。它把社会主义与市场经济结合起来，加以法制化，在世界上建立起第一个社会主义市场经济法律制度，具有划时代的意义。目前我国正在加快进行宏大的立法工作，已取得了很大成就。只要我们在九届全国人大任期内初步形成适应社会主义市场经济的法律体系，就一定能够为我国社会主义市场经济的发展开辟广阔的道路。

二　确立新的社会主义市场经济法律制度的基本原则和社会主义市场经济的法律秩序

（一）社会主义市场经济法律制度的基本原则

为了建立和维护社会主义市场经济公正自由的法律秩序，就必须确立社会主义市场经济法律制度应当贯彻的，与计划经济法律制度迥异的新的基本原则。这些基本原则归纳起来，有以下十种。

（1）财产所有权一体保护原则。商品交换的基础是财产所有权，因此在社会主义市场经济条件下财产所有权的保护具有十分重要的意义。我国在原有计划经济体制下，由于实行单一的所有制，在法律制度上强调对国有财产的特殊保护原则。这种对某种所有制的财产特殊保护的原则已经不适应市场经济条件下多种所有制结构及市场主体法律地位平等的要求。因此，社会主义市场经济法律制度应贯彻对一切合法财产所有权一体保护的原则。

（2）合同自由原则。合同自由原则是市场经济的基本原则。没有合同自由原则也就没有市场经济。我国在旧体制下不承认合同自由，改革开放以来虽然承认当事人享有一定的合同自由，但实际生活中当事人的合同自由受到过多限制和干预。社会主义市场经济法律制度应当充分尊重和保护当事人的合同自由，非出于重大的正当事由不得加以限制和干预。

（3）自己责任原则。所谓自己责任原则，即市场主体对自己行为的后果负责。这一原则在一般违法行为的情形，表现为过失责任原则。在某些法定的特殊违法行为情形，则实行无过失责任原则。自己责任原则，与计划经济法律制度下的国有企业对自己的行为全然不负责任完全不同。

（4）公平竞争原则。公平竞争既是市场经济法律制度追求的目的之一，也是一项基本原则。在市场经济条件下，所谓公平不是指结果的公平，而是指一切竞争者应处于平等的法律地位，服从同一法律规则，并坚决制裁不公平竞争行为。

（5）经济民主原则。经济民主是政治民主在经济生活中的延伸。正如政治民主的对立面是独裁、专制，经济民主的对立面是垄断和独占。要实行经济民主，就应当坚持反对垄断和独占，并确保职工参与民主管理。

（6）诚实信用原则。诚实信用是市场经济活动的道德标准。在现代市场经济条件下，诚实信用已成为一切市场参加者所应遵循的基本原则。它要求市场参加者的行为必须符合于诚信的道德标准和法律原则，在不损害其他竞争者，不损害社会公益和市场道德秩序的前提下，去追求自己的利益。市场经济法律制度坚决禁止造假、欺诈、操纵市场，以谋取暴利。违反诚实信用原则，即构成违法行为。

（7）保护弱者的原则。在现代市场经济条件下，一方面是现代化的大公司、大企业，它们拥有强大的经济实力，在市场活动中居于优势地位；另一方面是广大消费者、劳动者，他们以分散的个体出现，经济实力微弱，在市场活动中最容易受到伤害，成为牺牲者。这就要求市场经济法律制度体现保护弱者的原则，要求国家从立法、司法、行政、教育等各方面担负起保护消费者和劳动者的责任。保护弱者的原则在社会主义市场经济条件下尤其具有重大意义。

（8）维护社会正义的原则。市场活动本身是一个潜伏着各种风险的领域，总是会有损失、失败和破产。参加市场，就应承担市场风险。在市场活动中，参加者会滋生一种作伪、欺骗、违约和规避法律的倾向。因此，社会主义市场经济法律制度，应致力于维护社会正义，维护市场道德秩序。不应容许任何假冒伪劣产品和坑蒙拐骗、巧取豪夺、恃强凌弱、寡廉鲜耻、为富不仁行为的存在。

（9）违法行为法定原则。市场经济法律制度应体现违法行为法定原则。凡一切违法行为和犯罪行为，均应由法律作出明示禁止规定。法律未明示禁止的行为，应当视为合法行为，行为人应不受制裁。法律法规中不得授予执法机关对法律未明示禁止的行为追究民事责任、行政责任和刑事责任的裁量权。因情事发生变更，对法律未明示禁止的某种行为欲加禁止时，须由立法机关修改或由有立法权的机关发布补充性规定，此种修改或补充性规定不得有溯及力。

（10）适当合理地兼顾国家、集体、个人利益，兼顾不同地区利益的原则。

以上这些基本原则也是社会主义计划经济法律制度过去所没有的。

（二）社会主义市场经济法律秩序的本质特征

社会主义市场经济与一切经济一样，必须有适应自己需要的法律秩序。为了防止市场经济的自发和消极作用，促进和保障社会主义市场经济健康有序地发展，就必须造就新的社会主义市场经济法律秩序。这就是法学者所说的公正自由的竞争法律秩序。新的社会主义市场经济法律秩序，与计划经济条件下"计划就是法律"，"保障国家计划完成，就是维护计划经济法律秩序"的法律制度，是根本不同的。它具有以下本质特征。

（1）市场的统一性。社会主义市场经济法律制度应当致力于维护全国统一的大市场。因为只有全国统一的市场，才能有健康发展的市场经济秩序。要维护全国市场的统一性，首先要求全国市场经济活动遵循统一的法律、法规。我国现时的市场状况尚不符合统一性要求。各地区有各地区的市场，其间有许多人为设置的壁垒和障碍，存在各种保护性措施和优惠措施。这种全国市场在一定程度上被人为肢解分割的状态是多种原因造成的。但不论何种原因，时至今日，不应再容许其继续存在。

（2）市场自由性。所谓市场的自由性，其表现是市场主体享有充分的合同自由。目前的状况是，市场参加者尤其是国有企业受到两方面的束缚和限制。一方面是企业主管机关基于隶属关系加于企业的束缚和限制。现在进行的建立现代企业制度、转换企业机制，将国有企业推向市场，如果不彻底改革原有的行政隶属关系是难以真正做好的。根本解决问题的办法就是废除这种行政隶属关系，实行政企分开，使国有企业获得完全解脱，成为真正独立自主的市场主体，即实现从身份（行政隶属关系）到契约的进步。另一方面的束缚和限制来自拥有对市场经济职能性管理权限的国家机关。这方面的束缚和限制当然不但不能取消，而且还需加强。但应当保持在与国家适度干预相符的程度上。国家的必要管理要通过制定市场经济管理法律使其法制化和科学化。

（3）市场的公正性。即一切市场主体，无论自然人或法人，无论大企业或小企业，无论其所有制性质，均以平等的资格，在平等的基础上进行相互竞争。市场经济法律制度应致力于维护这种公正性。要达到这一点，应当做到：①法律制度同一。即一切市场参加者，在市场经济中应遵守同样的法律法规。不容许有同一行为因行为者或行为地不同而服从于不同法律规则的情况存在。②经济机会均等。市场对一切市场参加者开放，法律不限制某一类主体进入市场，不对某一类主体实行优惠。它们在登记设立、取得场地使用权、领取证照、购买原材料、获得信贷资金等各方面均平等。③税负公平。即一切市场主体均应依法纳税及缴纳各种课负，且法律关于税负应设立公平合理的标准，不应因企业类别、所有制不同而畸轻畸重。

（4）市场的竞争性。社会主义市场经济依其本质应是自主竞争的经济，市场参加者享有充分的意思自由，并依据法律相互进行竞争。因此，市场经济法律制度应致力于抑制垄断，维持市场的竞争性。没有竞争性的市场，犹如一潭死水，终究要干涸。在市场经济法律制度中，制止垄断的法律、法规应居于特别重要的地位。

（5）市场从国家、社会整体利益出发的可控性。社会主义市场经济不是自由放任的市场经济，而是根据国家、社会整体利益需要，依法实行适度调控的市场经济。新兴产业的振兴，经济的持续、快速、健康增长，不适当竞争、垄断行为的限制，恶性投机、扰乱市场的防止，经济安全的维护，都需要国家的干预、调控和管理。因此，市场的可控性，就成为社会主义市场经济法律秩序的第五个特征。

以上这五个本质特征均为社会主义计划经济法律秩序所根本不可能具有的。

三　建立社会主义市场经济法律制度应当解决的理论问题

（一）关于大胆借鉴和吸收市场经济发达国家和地区的成功经验和从中国实际出发问题

建立社会主义市场经济法律制度，对我们来说是一个新课题，我们还缺乏这方面的经验。因此，在制定有关市场经济的法律、法规时，必须大胆借鉴和吸收国外成功的立法经验。借鉴和吸收市场经济发达国家和地区的成功立法经验，不仅是人类文明成果的承继，而且也是市场经济客观规律的要求。我们所要制定的有关市场经济的法律、法规，本质上是现代市场交易的规则，这些规则背后起作用的是现代市场经济共同的客观规律。由于现代市场经济的基本经济规律是共同的，这就决定了我们在制定有关市场经济的法律法规时，不仅可能而且必须吸收和借鉴国外的立法经验。但是，建立社会主义市场经济法律制度，也非认真从中国实际出发不可。

我国实行的市场经济，是以公有制为主体的社会主义市场经济，市场的发展还处于初步阶段。我国是一个发展中的社会主义大国，经济发展水平、社会发展水平、文化发展水平都还相当低。我国是一个拥有 12 亿人口、发展极不平衡的大国，维护国家的经济安全具有特别重要的意义。我国又是一个文明古国，有自己的历史传统、文化背景和风俗习惯。因此，制定市场经济法律，借鉴和吸收外国经验时，必须从中国实际出发，认真挑选，择其对中国社会主义市场经济发展最有用、最有效的为我所用。属于一般市场规则的先进法律制度，我们应当坚决移植过来，以使我国社会主义市场经济的基本法律制度极为先进、有效。不能以从中国实际出发为借口把与市场经济相悖的现实固定下来，使改革无法前进。但是，与一国发展水平紧密相关的诸如金融衍生工具、期货交易等法律制度，我们则应该根据发展情况逐步吸纳、试验。因为这样做对我国市场经济健康发展才有利，如若不顾自身能力而操之过急，不仅容易自乱，甚至可能危及经济安全。

（二）区分公法与私法是建立市场经济法律制度的前提

虽然没有哪一个国家的立法明文规定"公法"或"私法"概念，但是现代法以区分公法私法为必要，乃是法律上的共识。公私法的区别，是现代法律秩序的基础，是建立法治国家的前提。在现代国家，一切法律规范，无不属于公法或私法之一方，且因所属不同而其效果不同。关于区分公私法的标准，约有三种学说，其一为利益说，即以规定国家利益者为公法，以规定私人利益者为私法。其二为意思说，即规定权力者与服从者的意思，为公法；规定对等者的意思，为私法。其三为主体说，即公法主体至少有一方为国家或国家授予公权者，私法主体法律地位平等。其中第三说为通说。

我国法学理论由于受苏联理论的影响，在一个相当长的时期，将我国一切法律均视为公法，而否认有私法之存在。这一理论正好符合了权力高度集中的行政经济体制的要求，并成为在这种体制下实行政企合一，运用行政手段管理经济，及否认企业、个人的独立性和利益的法理根据。毫无疑问，这种理论已经不能适应社会主义市场经济的本质和要求。当前强调公私法的区分，具有重大的理论意义和实践意义。

区分公法私法的必要性，在于市场经济本身的性质。在市场经济条件下存在两类性质不同的法律关系。一类是法律地位平等的市场主体之间的关系，另一类是国家凭借公权力对市场进行干预的关系。由此决定了规范这两类关系的法律法规性质上的差异，并进而决定了两类不同性质的诉讼程序和审判机关。对于任何法律法规，若不究明其属于公法或属于私法，就不可能正确了解其内容和意义，不可能正确解释和适用。因此，建立社会主义市场经济法律制度，要求以承认公法与私法的区别并正确划分公法与私法为前提。

（三）区分作为公权者的国家与作为所有者的国家

在社会主义市场经济条件下，国家并不是无所作为的。相反，国家总是承担着一定的经济职能。在自由放任的市场经济条件下，国家只承担有限的经济职能，而在战后奉行凯恩斯经济政策的市场经济条件下，国家承担了繁重的经济职能。但无论是奉行自由放任还是干预经济政策，国家作为公权者的身份与国家作为财产所有者的身份，是严格区分的。国家在对市场进行管理、维持市场秩序及裁决市场参加者之间的争议时，是以公权者的身份出面，所依据的权力属于公权力（包括立法权、行政权和司法权）。作为财产所有者的国家，法律上称为"国库"，可以直接从事市场经济活动如进行投资、商业活动等，这种情形的国家与其他市场参加者处于平等的法律地位，须同样遵守法律法规。作为财产所有者的国家与作为公权力者的国家之严格区分，是市场经济本质的要求，是市场经济法律秩序的前提条件。

我国旧有法律理论受苏联法律理论的影响，并不区分国家的两种身份，而是强调两种身份的合一。旧理论认为，社会主义国家最突出的特点之一，就在于把全部国家权力同所有人的权力结合起来掌握在自己手中，就在于国家权力同所有人的一切权力密切不可分割的结合。这种理论正是"政企不分"的旧体制本质特征的法理依据。由此决定了社会主义国家承担了庞大的几乎是无所不包的经济职能，国家以公权者和财产所有者的双重身份直接管理经济。这种理论显然违反市场经济的要求。要建立社会主义市场经济法律制度，要求对原来所谓的国家经济职能加以区分，将作为公权者的国家与作为财产所有者的国家严加区分，使国家所承担的经济职能仅限于基于国家公权力对市场经济进行适度干预。国家作为全民所有制

的民事关系、商事关系、国家对经济的适度干预和宏观调控关系、劳动和社会保障关系、国家行政管理关系、刑事犯罪关系等。这些性质不同的社会关系，需要与之性质相应的法律来规范和调整。因此，这就从客观上决定适应社会主义市场经济的法律制度并非只是一种法律，而是由对社会主义市场经济进行综合调整的诸种性质各异、作用不同的法律部门组成的一个法律群体。从市场经济共同的客观规律来看，从世界各国特别是发达国家的经验来看，以及从我国社会主义市场经济健康发展的需要来看，一个健全而完备的社会主义市场经济法律制度群体，主要应当包括和涉及以下六个法律部门的法律。

（一）民商法

民法，这是社会主义市场经济的基本法律。正如恩格斯所指出的，民法乃是"以法律形式表现了社会的经济生活条件的准则"。它的调整对象是平等主体（市场主体）之间的财产关系和人身关系，集中地反映了社会主义市场经济自愿、平等、等价有偿、自负盈亏、诚实信用等属性的内在要求。民法属于私法，私法自治为其一般原则。它规定了自然人制度、法人制度、法律行为制度、代理制度、时效制度、物权制度、债权制度、人身权制度、知识产权制度、民事责任制度等市场经济所必需的法律制度。所以说，民法是一切市场经济国家特别是发达国家制定最早、最为完备、最为基本的法律。我国已于 1986 年制定了《民法通则》。同时，还先后制定了经济合同法、涉外经济合同法、技术合同法、城市房地产管理法、担保法、婚姻法、收养法、继承法等。尽管这些法律基本上反映了市场经济发展的要求，但是，有的还残留着计划经济的痕迹；有的则失之过分原则、缺乏应有的可操作性。我国民事法律尚不完善，还有不少工作需要去做。当务之急是要把统一合同法和物权法制定出来。合同法，是调整公民、法人因合同而产生的债权债务关系的法律。它是发展市场经济的基础性法律。市场经济一定意义上讲就是合同经济。我们应当抓紧对已由全民讨论、全国人大常委会两次审议，业已基本成熟的合同法草案的修改，力争于 1999 年 3 月由九届全国人大二次会议审议通过，以细化合同规则，强化合同债权的保护，加强不履行债务的责任，保障社会主义市场经济的正常运转。至于物权法，它作为调整公民、法人因直接控制和支配财产产生的社会关系的法律，是发展市场经济的前提性法律。我国在相当长的时间里漠视物权，以为有了公有制，社会生产力就会自然而然地发展起来。公有制有其优越性，它使人人在生产资料方面处于平等地位，可以消灭剥削现象。这无疑是历史的进步，也是中国人民长期追求取得的伟大成果。但在公有制条件下，如果具体物权制度没有或不完善，势必使生产者与财产的距离拉远；使人们创造财富的内在动因弱化；使所有者虚位，长期陷入无人负责的状态；使公有财产支配人失去监督，容易滥用权力，侵吞和挥霍公有财产；还可以在特定条件下造成私有制情况下不可想象的生产力大破坏。我们不能搞私有化。因为这是对劳动者的洗劫。它不利于我们这样的大国经济的持续发展和社会的稳定。而要坚持公有制，就必须有健全的物权制度，从而使公有制经济为主，多种所有制经济共同发展的基本经济制度的优越性充分发挥出来。实践证明，如果一个国家的物权法律制度不健全，财产关系不明晰、不稳定，就很难鼓励人们去创造财富、积累财富、爱护财富。我国改革开放20年来经济蒸蒸日上，不容忽视的一个重要原因就在于初步建立起了自己的物权法律制度。为了适应社会主义市场经济的发展，我们应当在民法通则规定的基础上进一步制定物权法，从而调动起全社会创造财富的积极性，使生产力得到发展，经济繁荣、国富民裕、社会发达。同时，制定不动产登记法，建立脱离土地和房屋主管部门的统一的登记制度。并在已有民事单行法律的基础上制定出民法典。

商法是民法的特别法，属于私法范围。我国采用民商合一原则，不制定商法典，而是主要制定包括公司法、票据法、保险法、海商法、证券法等在内的重要单行商事法律。其任务在于规范市场主体，规定交易活动的支付、融资手段，确立减少风险的途径，制定海上运输的规则、规范资本市场等。我们已完成海商法、公司法、票据法、保险法的制定。现在还需要制定独资企业法、合作社法、商事登记法，以进一步完善市场主体法律制度；制定证券法、信托法、期货交易法、商品交易所法，用法律规范证券、商品、期货交易和信托行为。

（二）经济法

经济法，是社会主义市场经济的重要法律。这里所说的经济法不是我们平时所讲的有关经济的法律，也不是多数经济法学者所说的对纵横统一关系都调整的经济法，而是各国都认同的作为一个法律部门的经济法。它是国家从社会整体利益出发对市场干预和调控、管理的法律。就其性质而言，它是公法，也就是经济管理法。经济法的源头，可以追溯到一百多年以前。但是经济法作为一个法律部门是 20 世纪 30 年代特别是第二次世界大战以后发展起来的，并且越来越显其重要性。这表明现代市场经济虽然应以市场主体的自主、自治为前提，但为了维护社会的整体利益，保障市场的健康发展，国家对市场的适度干预和宏观调控是非常必要和必不可少的。如果说民商法是允许亿万市场主体在法律规定的范围内，八仙过海，各显神通，去创造最新技术，夺取最佳业绩，以促进生产发展和经济繁荣，那么，经济法则是利用国家强制干预克服市场经济的消极因素，保障其沿着有利于全社会的方向发展。经济法大体可以包含三个部分。一是创造竞争环境、维护市场秩序的法律，如反垄断法、反不正当竞争法、消费者权益保护法、广告法、商业秘密保护法等。现在反垄断法和商业秘密保护法还没有制定出来。反垄断法是禁止垄断和其他限制竞争行为的法律，其立法目的在于禁止限制竞争行为，创造公平竞争的良好环境，俾求市场经济得以健康发展。制定反垄断法对于我们社会主义国家来说，还有一个维护社会主义宗旨的意义。因为任何企业不靠提供更优质的产品、更优良的服务的竞争获取利益，而是通过垄断捞取好处，实质上是以超经济手段占有他人劳动。这是与社会主义宗旨相悖的，必须予以反对。而且，反垄断法与规模经营，强强联合，组织企业集团不相矛盾。它反对的只是限制竞争、扼杀经济活力。因为只有适时反对国内的经济垄断和行政垄断，才能消灭地方和部门保护主义，防止诸侯经济的形成，拆除重复建设的保护墙。只有适时地反对国际垄断，才能防止涌入中国的跨国公司操纵我国的经济命脉，危害国家经济安全。二是国家宏观调控和管理的法律。我国是社会主义大国，人口众多，发展又不平衡。因此，这种法律非常重要。我们已制定了预算法、审计法、中国人民银行法、价格法、税收征收管理法等重要法律。下一步需要逐步制定计划法、国有财产法、国库法、税法（由国务院制定各种税收条例的授权应逐步收回）、外汇法、经济稳定增长法、国民生活安定法等法律。这些法律主要是拟定国家间接调控经济的规则，但是也必须规定在特定的条件下依法采取直接行政调控和管理的手段，以维护经济的稳定和社会的安定。这类法律我国不是多了而是相当缺乏，以致必须采取措施时常常缺乏法律依据。三是国家对重要产业和新兴产业促进的法律。这方面，我们已经制定了农业法、电力法等法律。现在有必要制定诸如高新技术产业促进法、中小企业发展促进法等重要法律。

（三）社会法

社会法也是规范社会主义市场经济一种必不可少的重要法律，主要是保障劳动者、老人、失业者、丧失劳动能力的人和其他需要扶助的人之权益的法律。社会法成为一个法律部门是 20 世纪 60 年代以后的事情，法律性质介于公法与私法之间。其目的在于，从社会整体利益出发，保护劳动者，维护社会安定，保障市场健康发展。主要包含了三类法律。第一类是劳动法、劳动就业法、职业培训法等。第二类是社会保险法，即社会强制（义务）保险法如养老保险法、医疗保险法、失业保险法、事故保险法等。第三类是社会救济法。我国劳动法业已颁布，但还有一些有关配套法律需要草拟。至于社会保障方面的法律还没有制定出来。但随着改革的深入，市场经济的发展，产业结构的调整，这方面的问题已经很多，而且直接触及我们党和政府所依靠的基本群众。因此，尽快制定有关法律，把社会保障制度建立起来，是至关重要的。这不仅关系到改革的进程、市场经济的发展，而且势必影响国家的政治稳定和社会稳定。

（四）行政法

社会主义市场经济的建立与发展，还需要作为公法的行政法的调整。因为社会主义市场经济的建立与发展既需要政府的组织与推动，还要求政府转变职能、提高管理水平、改变旧的管理方法。为适应市场经济的需要，政府对经济从直接管理到间接管理；由经营性的具体管理到宏观的管理；从行政隶属管理到依法定职能管理的转变，势必对政府的工作从客观上提出更高、更多而且崭新的要求。因此，进一步健全行政法律制度以促进、保障社会主义市场经济的健康发展就显得极为迫切与必要。应该尽快制定公务员法以提高公务员的素质，强化公务员考核与管理。应当制定行政组织法，使我国的国家机关的设立、职权、编制均由法律规定，从根本上推进和巩固机构改革之成果。要制定行政程序法，以保证行政工作的高效、透明、合法。要用法律把高级公务员的财产申报制、任期制、回避制等好的制度规定下来，杜绝公务员以权谋私之可能。要进一步完善经济行政法，以加强、改善国家对环保、自然资源、基础设施、电信、卫生、海关、口岸等方面的管理。总之要对我国的行政法加以完善，使政府管理工作高效、廉洁、合法，从而保障我国社会主义市场经济健康发展。

（五）刑法

社会主义市场经济的建立和发展，还离不开作为公法的重要组成部分的刑法的保障。市场经济固有的自发性和消极作用，必然会引发一系列新的犯罪的出现。如违反公司企业管理秩序罪、内幕交易罪、生产和销售伪劣产品罪、金融诈骗罪、商业贿赂罪、破坏金融管理秩序罪、违反税收征管罪、洗钱罪等。过去闻所未闻的新的犯罪层出不穷。因此，我国 1997 年修改了刑法，新规定了破坏社会主义市场经济秩序几十种犯罪。如不对这些犯罪严惩不贷，任由贪污横行，犯罪猖獗，社会主义市场经济是绝不可能建立起来，也绝不可能健康发展下去的。

（六）诉讼法

社会主义市场经济的建立和发展，最后还离不开作为公法重要组成部分的诉讼法的保障。诉讼法是实体法实现的形式和生命。市场经济运作中引起的民事纠纷，要通过民事诉讼解决；发生的行政争议要凭借行政诉讼了结；产生的犯罪，则要通过刑事诉讼处罚。目前，我国民事诉讼法、刑事诉讼法、行政诉讼法已臻完善，达到了世界先进水平。但是，为了更好地保护债权，同时避免太多企业破产。因此，有必要进一步研究制定强制执行法、破产法（包括私人企业和自然人）、公司重整法等。

李鹏委员长在九届全国人大常委会一次会议提出，要在本届任期内初步形成社会主义法律体系的立法任务。中国社会主义法律体系中的六部最基本的法律，已有宪法、刑法典、刑事诉讼法典、民事诉讼法典、行政诉讼法典这 5 部已制定出来。现在唯一缺的一部是民法典。它是非常重要的一部法律，既是社会主义市场经济的基础性法律，也是社会生活基础法律。我国曾三次起草民法典，一次是 1954 年至 1956 年；二次是 1962 年至 1964 年；三次是 1979 年至 1981 年。但均因客观条件不具备，未获成功。而现在起草民法典的时机已完全成熟了。一是我们业已制定了一系列单行民事法律；二是有了社会主义市场经济初步发展的客观基础；三是民事立法的资料、经验的积累，对理论和实践的研究，都取得了长足的进步。我想，在李鹏委员长的领导下，在本届全国人大的任期内，经过大家通力合作，我们一定能把中国民法典制定出来。如果说 1804 年问世的法国民法典为资本主义市场经济和社会发展开拓了广阔的道路，有中国特色的社会主义民法典在 2002 年通过，也定将为中国社会主义市场经济的发展和社会进步奠定更加坚实的基础。

五　完善社会主义市场经济法律的实施制度

社会主义市场经济法律制度的建立，不仅要求有完备的有关社会主义市场经济的法律，做到有法可依；而且还要求这些法律在生活中真正得到实施，做到有法必依，执法必严，违法必究。如果法律不能很好地付诸实施，再好的市场经济法律也只能是一纸空文。因此，社会主义市场经济法律的实施问题具有特别重要的关键性意义。为了更好地促进和保障社会主义市场经济的发展，为了更快地建立起社会主义市场经济法律秩序，有必要对我国执法制度、司法制度进行深入的改革。

（一）进一步强化严格执法的观念

国家行政执法机关、司法机关，都是忠于人民、忠于法律的实施法律的机关，必须坚决推进依法治国、建设社会主义法治国家的进程，彻底摒弃和清除执法不严的思想根源，真正做到只服从法律，不受一切个人意志的干扰。法律是人民意志的体现，任何权力都是人民通过法律赋予的，并受法律的约束。法大于权，而不是相反。要彻底肃清人治的影响，坚决实行法治。在我国，每一个共产党员、每个国家干部、各级党政领导都必须模范地遵守法律。党和国家都必须在宪法和法律范围内活动。一切合法权利都必须一视同仁地加以保护；一切违法犯罪行为都必须依法予以追究。任何人、任何组织都没有凌驾于法律之上，超越于法律之外，以任何形式干预执法与司法的特权。只有坚定不移地树立起法律至上的权威，牢固地树立起严格执法观念，才能排除一切不正之风的干扰，执好法、司好法，从而保障社会主义市场经济的健康发展。

（二）转换职能，严格执法制度

为了适应社会主义市场经济发展的需要，国家的经济职能正由直接管理向间接管理转变。这对执法的要求日益严格。要逐步推行统一的公务人员任职资格考试制度。只有考试合格的才能进入国家机关任职，切实保证执法机关人员的业务素质。要明确规定执法机关的权限和执法的程序，保证执法机关能依法执法。执法机关执法的出发点和归宿，只能是人民利益和法律的尊严。地方利益、部门好处、单位实惠绝不应成为执法的驱动源。要提高执法机关的地位，保证执法机关的经费，提高执法人员的待遇。同时，应坚决制止执法机关以任何方式进入市场，以权谋私，搞权钱交易。坚决刹住以罚代刑现象。要严格按照法定程序执法，增加执法的公开性、透明度，严禁涉及执法的公事在私下进行。行政执法机关要适当集中，避免执法过分交叉，提高执法质量。要建立严格的拒腐倡廉、勤政为民制度，使我国的执法机关成为高素质、高效率、公正廉明的执法机关，更好地为社会主义市场经济健康有序发展服务。

（三）改革司法制度，保证法院独立行使审判权

司法机关是法律得以实施的最后一道关口。改革开放 20 年来，我国司法机关工作取得了重大的成就，这是有目共睹的。但是，社会主义市场经济的发展，向我们的司法工作提出了更高的要求。为了保证法律的更好实施，更好地维护社会主义市场经济法律秩序，为了保证公正司法，防止司法腐败，司法体制仍需作必要改革。

（1）整个司法体系中的机构设置、职能划分要改革，既要符合中国国情，又要同国际惯例相通。我们现行的状况，大多是从苏联学来的，既不符合当今世界大多数国家的通行做法，有的地方也难以适应市场经济对司法机关的要求。

（2）要进一步提高司法机关的地位和威望。目前，我国司法机关的实际地位低于宪法和法律所规定的法定地位。这种状态对实施法律极为不利，应当予以改变。

（3）要进一步提高法院依法行使审判权的独立性。目前，地方保护主义猖獗，各种干预情况严重。由于法院在很多方面依附于地方，有的法院

已不能很好地行使维护法制统一，法律尊严的神圣使命，而实际上成为地方保护主义的工具。为了保证法院不受地方保护主义的干扰，能依法独立公正地行使审判权，应当逐步解决这样几个问题：①要按照司法区设立若干最高人民法院分院或者最高人民法院巡回法院，负责审理跨省份的重大案件。②法院的经费要有保障。无论法院的建设经费、办案经费，均应统一按各国通行的惯例，由国家财政单独编列预算，由政府负责司法行政工作的部门具体运用和分配。如中央财政不够的部分，可以由地方财政上交中央财政。法院是代表国家行使审判权的机关，经费必须充裕，而且直接由国家财政保障。③法院的人事管理要有专门办法。法院是一个专业性极强的司法机关，要逐步实行法官任职资格制度。法官资格考试不应由法院系统自己进行。应建立全国统一的包括法官、检察官和律师的司法考试制度。只有考试合格，才有担任法官、检察官和律师的资格。没有通过司法考试取得法官资格的任何人均不能担任法官。法院院长的任免权可考虑向上提一级，即不是由同级的人民代表大会而是由上一级人民代表大会任免。④法官、检察官和其他司法人员的工资待遇要有与其地位职务相称的标准。

（4）要进一步创造法院公正适用法律的条件。要进一步贯彻执行诉讼法，更好地实行公开审判制度、辩护制度和举证责任制度，改革庭审方式。

（四）进一步加强人大的执法检查监督，保障法律得到统一切实的实施

要加强人大对国家行政执法机关、国家司法机关的执法和司法的监督检查，及时发现问题，解决问题，以保障国家法律得到统一和切实实施。权力是需要监督的，没有监督的权力是容易腐败的。因此，应当加快制定监督法，使我国的政党、人大、政府、司法机关，都严格地置于法律监督之下。鉴于我国某些行政法规、地方性法规已有与国家法律抵触的现象发生，鉴于我国历史上两次大的动乱都与违反宪法有关，因此加强宪法监督也是十分必要的。

（五）促进中介组织的发展，大力加强法律服务工作

社会主义市场经济需要健全的中介组织、发达的市民社会。因为它们是政府与生产者、经营者、消费者之间的桥梁，是市场经济运作的润滑

剂、自律器。为了维护好法律秩序，正确地执行法律，保护好当事人的合法权益，应当大力发展律师事务所、公证事务所、会计师事务所、审计事务所、同业公会等中介组织。律师工作是神圣的工作。要提高律师的地位和素质，加强对律师的管理，使我国的法律服务水平有一个大的提高，以保障我国社会主义市场经济法律得以更好地实施。

（六）切实保护合法权利，坚决制裁违法犯罪

为了保障社会主义市场经济法律真正得到实施，还必须依法切实保护公民和法人的合法权利。凡是合法取得的一切财产、权利，都应当一视同仁予以保护，不能因时、因人、因所有制之不同而变化。同时，为了保障社会主义市场经济法律得以实施，还必须坚定不移地制裁违法，打击犯罪。在惩治经济领域犯罪，不仅要严厉，更重要的是要不漏，做到法律面前人人平等、一切犯罪行为都应受到惩处，不能搞点击、不应有选择。要真正做到法网恢恢，疏而不漏；让犯罪分子意识到躲得过初一，躲不过十五。通过惩治起到惩一警百、以儆效尤的作用。对于大案要案，尤其是内外勾结的大案要案，要一查到底，依法坚决惩处。坚决维护市场经济法律秩序，制止贪污腐败，保障改革开放健康有序发展。

建立社会主义市场经济法律制度，是前无古人的伟大创举。我们一定能在党中央领导下完成建设这一庞大系统工程的任务，以保证21世纪的中国经济发达，社会全面进步，人民更加幸福，社会主义旗帜高高飘扬。

法学理论的几个基本问题

（九届全国人大常委会法制讲座第七讲，
1999 年 2 月 28 日）

刘　瀚

【内容提要】法学理论是整个法学的基础理论，对法的产生、发展、本质、特征、作用、形式，法与国家和社会其他诸现象的关系，法的制定和实施等普遍性、深层次问题进行理性思考，探求其精神实质，为部门法学提供理论原理和方法论指导，为立法、执法、司法、普法和法律监督等提供法理根据和思想向导。本报告重点探讨了法的概念、法律关系、法的分类、法的效力四个问题。

【主讲人简介】刘瀚，男，1935 年 11 月生，甘肃静宁人。长期从事法理学、立法学、政治学研究，曾任中国社会科学院法学研究所研究员、博士生导师，法学所国际法所联合党委书记，法学研究所副所长，中国社会科学院学术委员会委员，中国社会科学院民主问题研究中心办公室主任，中国法学会法理学研究会会长，中国政治学会常务理事，全国哲学社会科学规划项目政治学科专家组组长，国际法律哲学和社会哲学中国分会主席。2004 年 7 月 30 日因病在北京逝世。

法学理论是整个法学的基础理论，它研究的不是某一部门法学或某项法律的具体问题，而是对整个法的原理、原则、概念、范畴和规律性的东西进行理性思考，探求其精神实质。如法的产生、发展、本质、特征、作用、形式，法与国家和社会其他诸现象的关系，法的制定和实施等普遍性的、深层次的问题。我国法学理论，除研究上述问题外，还着重研究有中国特色的社会主义民主与法制，依法治国、建设社会主义法治国家，法与物质文明和精神文明建设关系，人权以及"一国两制"的法律理论与实践等重大问题。这些问题对各个部门法学具有理论原理和方法论的指导意义；在人们提高法学素养、增强法律意识和法治观念的过程中具有基础性和根本性的作用；是做好立法、执法、司法、普法和法律监督等工作的法理根据和思想向导。

下面着重讲四个方面的问题，每个问题，根据情况，又有所侧重。

一　法的概念

什么是法律？这是法的概念要回答的问题，也是法学理论最基本的一个问题。概括地说，法是由国家制定或认可的，以权利义务为主要内容的，体现国家意志，并以国家强制力为后盾的人们行为规范的总称。把握法的概念，首先要了解法这一现象内在的、固有的、确定的东西，也就是法的基本特征；其次要把握法这一现象与其他同类现象的区别与联系，尤其是要把握法与道德、法与政策的区别与联系。

（一）　法的基本特征

一般认为法有四大基本特征：其一，法是调节人们行为的规范。人是天生的社会动物，离开了社会、离开了他人，任何人都无法生存下去。所以就必然有一个人们之间的相互关系，也就是社会关系问题。人们在相互交往中常常会发生矛盾、冲突，这就要求有一系列规则，以规范人们的行为，这样人们才能正常有序地进行交往。恩格斯曾经从生产、分配和交换规则的角度，对这个问题作了论述，他说："在社会发展某个很早的阶段，产生了这样一种需要：把每天重复着的生产、分配和交换产品的行为用一个共同的规则概括起来，设法使个人服从生产和交换的一般条件。这个规则首先表现为习惯，后来便成了法律。"① 马克思说，法律是"肯定的、明确的、普遍的规范"。②

---

① 《马克思恩格斯选集》第 2 卷，人民出版社，1972，第 538—539 页。
② 《马克思恩格斯全集》第 1 卷，人民出版社，1956，第 71 页。

其二，法是由国家制定或认可的一种特殊的行为规范。人们的社会行为规范有多种，如习惯、教义、道德、政策、纪律等，法律规范与它们不同，是由国家制定或认可的，因而，具有普遍性和极大的权威。

其三，法是以规定权利义务的方式来运作的行为规范。法所规定的权利义务，包括个人、组织（法人）及国家（作为普通法律关系主体）的权利和义务，还包括国家机关及公职人员在依法执行公务时的职权和责任。它明确地告诉人们应该怎样做，不应该怎样做；可以怎样做，不可以怎样做。如有违反，就要追究法律责任。所以，立法机关代表人民作这样的规定时，要力求符合客观规律，充分体现人民的意志和利益。但是，要在这样做时，人们"不但常常受着科学条件和技术条件的限制，而且也受着客观过程的发展及其表现程度的限制（客观过程的方面及本质尚未充分暴露）"。① 把毛主席指出的这一点与立法工作结合起来，就要求我们不断地学习，不断地更新知识，深入地调查研究。

其四，法是由国家强制力保证实施的社会行为规范。国家强制力即军队、警察、法庭、监狱等，是法的后盾，其他社会行为规范都不具有这种属性。在通常情况下，这种强制力是不显现的；对少数违法犯罪分子来说，这种强制力就显现出来。如果没有这种强制力，在法的施行过程中遇到障碍，或者有人破坏法律构成犯罪时，就不能排除障碍，就不能使犯罪分子得到应有的制裁。

（二）法律与道德

道德是生活于一定物质条件下的人们以善与恶、正义与非正义、光荣与耻辱、公正与偏私等标准来评价人们的言行并靠人们的内心信念、传统习惯和社会舆论维持的规范、原则和意识的总称。法律与道德的关系问题是法学理论的一个永恒的话题。二者有内在的必然联系，又有明显的区别。了解这个问题，对我们理解法的概念有助益，同时，对我们制定良好的、符合民心、民意的法律是必不可少的。

法律与道德的相同之处有这样几点。第一，它们都是人们的社会行为规范。第二，它们的内容是互相渗透的。在社会上占统治地位的道德要求

---

① 《毛泽东选集》第 1 卷，人民出版社，1991，第 294 页。

常常明文规定在法律里。例如我国宪法第 24 条、第 46 条、第 51 条等条款中，就明确规定了作为社会主义道德基本内容的"五爱"以及社会公德的要求。在宪法的其他条款和一系列法律中，也直接规定或隐含了道德的要求。第三，二者建立在同一经济基础上并随着经济基础的发展变化而发展变化。在经济基础基本不变而经济体制有了变化、生产力有了很大发展的情况下，法和道德也会随之发生变化。例如，我国实行社会主义市场经济体制后，宪法作了修改，法律、法规正在进行大量的立、改、废，道德也发生了变化。第四，二者的目标是竞合的。它们追求的都是社会秩序安定，人际关系和谐，生产力发展，人们生活幸福。

法律与道德的区别有这样几点。第一，产生的社会条件不同。道德与人类社会的形成同步，法律是私有制、阶级和国家出现后才有的。第二，表现形式不同。法律不论是成文法还是判例法都以文字形式表现出来，道德的内容则主要存在于人们的道德意识中，表现于人们的言行上。第三，体系结构不同。法律是国家意志的统一体现，有严密的逻辑体系，有不同的位阶和效力。道德虽然有共产主义道德、社会主义道德、社会公德、职业道德以及家庭美德之分，但不具有法律那样严谨的结构体系。第四，推行的力量不同。法律当然主要是靠广大干部群众自觉守法来推行，但也要靠国家强制力来推行；道德则主要靠人们内心的道德信念和修养来维护。第五，制裁的方式不同。违法犯罪的后果有明确规定，是一种"硬约束"；不道德行为的后果，是自我谴责和舆论压力，是一种"软约束"。

（三）法律与政策

政策有党的政策、国家政策之分，有总政策、基本政策和具体政策之别。党的政策是执政党在政治活动中为实现一定的目的而作出的政治决策。这里主要讲党的政策与法律的区别。第一，意志属性不同，法律是国家意志的体现，而党的政策是党的意志的体现。虽然我们党没有自己任何的私利，党的意志反映和代表了人民的意志，但党的政策在没有通过法定程序上升为国家意志之前，不具有法律的属性。第二，规范形式不同。法律具有规范的明确性，政策则比较原则，常常只规定行为的方向而不规定具体的行为规则。第三，实施的方式不同。法律和政策都要靠宣传教育，使广大干部群众掌握和自觉执行，但在执行中遇到障碍时，法律有民事、行政、刑事制裁手段；违反政策则由党的纪律来处理。第四，稳定程度不同，法律有较高的稳定性，党的总政策和基本政策也有较高的稳定性和连续性，这一点邓小平同志讲得很清楚，他说："究竟什么是我们党的政策的连续性呢？这里当然包括独立自主、民主法制、对外开放、对内搞活等内外政策，这些政策我们是不会改变的。"① 但具体政策，就必须随形势的发展变化而随时加以调整。在这一点上，同时体现了政策与法律各自的优点和局限性。

现代国家，没有法律不行，没有政策也不行。在我国，党的领导是立国之本的四项基本原则之一，"我们一定要坚持党的领导"②。现在，我国正在稳步推行"依法治国，建设社会主义法治国家"的基本治国方略，因此，处理好党的政策与法律的关系就显得特别重要。第一，法的制定和实施要以党的政策为指导。党的领导作用实现的基本方式之一是制定和实施政策，以指导国家的活动；而国家活动的基本方式是制定和执行各项法律，以实现国家职能。所以，制定和实施法律就必须以党的政策为指导，这也是在国家活动中坚持党的领导的体现。我们现在制定的法律，都体现着党的"一个中心，两个基本点"的基本路线和其他有关改革开放和现代化建设的政策，或者说是经过法定程序把党的政策条文化、具体化。第二，政策和法律的实施相互促进。政策上升为法律之后，就能以国家强制力为后盾而得到有力地推行；法律以政策为指导，就能从政策对实践经验教训的科学总结、对社会发展规律的正确反映、对广大人民利益的集中体现中获得力量，从而使法律得到人民衷心的拥护。第三，政策和法律互相制约。改革开放以来，在邓小平民主与法制思想的指导下，我们大力加强民主与法制建设，按照邓小平同志关于"还是要靠法制，搞法制靠得住些"③ 的指示，逐步改变了过去主要靠政策办事的做法；确定了"党必须在宪法和法律的范围内活动"的原则；提出了"党领导国家事务的基本方式是：把党的主张经过法定程序上升为国家意志"；党的十五大报告进一步指出："要把重大决策与立法结合起来"；党中央和全国人大都以正式文件的形式，确认了依法治国的基本治国方略。所以，党在制定政策时，要充分考

---

① 《邓小平文选》第 3 卷，人民出版社，1993，第 146 页。
② 《邓小平文选》第 2 卷，人民出版社，1994，第 273 页。
③ 《邓小平文选》第 3 卷，人民出版社，1993，第 379 页。

虑到宪法和法律的有关规定；党领导国家事务的活动，要在宪法和法律的范围之内。党领导人民制定了宪法和法律，党也要带头遵守宪法和法律，否则，就难以树立法律的权威，也难以切实推行依法治国的基本方略。

二 法律关系

法律关系是社会生活关系的法律形式，是法律所确认和调整的、法律主体之间基于一定的法律事实而形成的权利义务关系。法律关系包括很多内容，如法律关系主体、客体、类别，法律关系的产生、变更和消灭等。这里主要讲权利和义务，因为权利与义务是法律关系也是法律规范本身的核心内容，它存在并贯穿于各个法律部门、各项法律及其运作的全过程。概括地说：权利是法律赋予权利人实现其利益的一种力量。义务是法律基于权利而给义务人的一种负担。

（一）权利与义务的理论

古往今来，众多的学者对权利和义务作了大量研究，有各种各样的理论，但以下五个观点，从不同的角度或层面上触及了它的本质。

（1）利益说，认为法律权利是法律所确认和保护的利益。一项权利之所以能成立，是为了保护某种利益，即利在其中。邓小平同志在《坚持四项基本原则》的讲话中，分析了个人利益、集体利益，局部利益、整体利益，暂时利益、长远利益等各种利益关系后指出："民主和集中的关系，权利和义务的关系，归根到底就是以上所说的各种利益的相互关系在政治上和法律上的表现。"① 权利的实现要有条件，其直接相应的条件就是义务人要履行应尽的义务。相对来说，义务是负担，义务人要付出一定的利益。如国家和社会作为义务人应付给老年人养老金和其他社会保障，就是明显的例证。

（2）主张说，认为法律权利是正当而具有法律效力的主张。一种利益若无人提出对它的主张，就不可能成为法律权利。提出主张是主动的，相对来说，负担义务是受动的。最常见的事例是合同纠纷。如果双方都履

① 《邓小平文选》第 2 卷，人民出版社，1994，第 176 页。

约，双方的权利都得到实现；如果一方违约，另一方不依法主张自己的权利，必要时通过诉讼，强制违约方履行义务，他的权利就不可能实现。

（3）资格说，认为法律权利是法律赋予权利主体作为或不作为的资格。提出主张要有凭有据有条件，对权利主体来说，就是要有资格，而且这种资格是法律所保护的。有了这种资格，就意味着他"可以"做某事，没有这种资格，就意味着他"不可以"做某事。如选举资格：有，就可以去投票；没有，就不可以去投票。

（4）力量说，认为法律权利是法律赋予权利主体实现其利益的一种力量。这种力量被称为权能，包括权威和能力。由法律赋予的利益或资格，是有权威的法律权利，有了这种权利的同时，主体还要具备享有和实现其利益的实际能力。法律权威的力量和权利主体的实际能力构成权利这种法律上的力量，这种力量能够保证主体为实现某种利益而活动或者改变法律关系。例如，某人把自己的合法财产卖掉或赠送给别人，就表现了某人的这种力量，法律关系也随之改变。

（5）自由说，认为法律权利是法律所允许的权利主体不受干预的自由。权利主体可以按个人意志去行使或放弃某项权利，不受外来的干预或胁迫；外界包括其他公民、法人、社会组织和国家机关就负有一般义务，以使其权利得以实现。作为法律权利的自由，包括意志自由和选择自由。例如婚姻自由，既表现了男女双方的意志自由，也表现了双方的选择自由。但是，自由不是无度的，这个度就是法律规定的尺度。

（二）权利与义务的关系

从法学理论的角度对二者关系的研究论述，主要是以下四点。

（1）法律关系中的对应关系。这种对应关系是指任何一项法律权利都有相对应的法律义务，二者是相互关联、对立统一的。正如马克思指出的："没有无义务的权利，也没有无权利的义务。"[①] 劳动和受教育等则既是权利，又是义务。

（2）社会生活中的对等关系。这主要表现在权利和义务的总量是大体相等的。如果权利的总量大于义务的总量，有的权利就是虚设的；如果义

---

① 《马克思恩格斯全集》第 17 卷，人民出版社，1963，第 476 页。

务总量大于权利总量，就有特权。在具体的法律关系中，二者的总量也是相等的，如债权与债务是对等、等量的。

（3）功能上的互补关系。法律权利的享有有助于法律义务的积极履行。在许多情况下，不主张权利，义务人就不去履行义务。例如，由于诉讼成本高等原因，几千元、几万元的欠款追不回来，为了不耗费更多的精力、损失更多的费用，就放弃了债权，债务人就逃避了义务。法律义务也是法律责任，义务规范要求的作为与不作为要令行禁止。法律主体如果都能这样对待义务，就必然有助于权利的实现，建立起良好的秩序。

（4）价值选择中的主从关系。在任何类型的法律体系中，都是既有权利又有义务的，这样，才能通过法律对人们的社会行为进行调整。但是由于国家本质和社会性质的不同，决定了人们的价值选择不同。因而，有的法律体系以义务为本位，如从奴隶社会开始有法的时候起，历史上一系列法律体系，就"几乎把一切权利赋予一个阶级，另方面却几乎把一切义务推给另一个阶级"[1]。在我国社会主义条件下，由于坚持法律面前人人平等，在基本权利义务分配上一视同仁。正如邓小平同志指出的："人人有依法规定的权利和义务，谁也不能占便宜，谁也不能犯法。"[2] 也就是说权利义务统一，任何人都既是权利主体也是义务主体。在国际上，对这个问题有一个新的动向，国际行动理事会于1997年9月1日，提出了一个《世界人类责任宣言》，认为"权利更多地与自由相关，而义务则与责任相连"，"自《世界人权宣言》在1948年被联合国发表以来，确实全世界在使人权获得国际承认和保护方面已经走了很长的路，现在是为了使人类责任和义务获得接受而展开一场同等重要的探索的时刻了"。的确，人类如果只强调权利和自由，尽情地享受，而不顾及人类的责任和义务，资源被浪费、生态遭破坏，经济不能持续发展，世界就不可能变得更美好。

三 法的分类

法的分类是从不同角度，按照不同的标准分为若干不同的种类的。例

---

[1] 《马克思恩格斯选集》第4卷，人民出版社，1995，第174页。
[2] 《邓小平文选》第2卷，人民出版社，1994，第332页。

如以社会形态为标准，可以把法分为奴隶制法、封建制法、资本主义法、社会主义法；以法规范的内容为标准，可以分为宪法、民法、刑法等；以创制方式和表现形式为标准，可以分为成文法、不成文法；以法的效力范围的不同，可以分为一般法、特别法，等等。这里着重讲以下三个分类。

（一）国际法与国内法

这是以创制主体和适用主体的不同而作的分类。国际法不论在理论上还是实践上，都有一个它与国内法的关系问题，显示出它的特殊性和重要性。邓小平同志在党的十一届三中全会的主题报告中，在强调了要加强立法工作，制定一系列国内法之后指出："我们还要大力加强国际法的研究。"①

概括地说，关于国际法与国内法关系的理论主要分为"两派三论"。所谓两派，即一派认为国际法与国内法是一个法律体系，这就是"一元论"；另一派则认为国际法与国内法是两个不同的法律体系，这就是"二元论"。在"一元论"中又有两种不同的观点：一种是国际法优于国内法，另一种是国内法优于国际法。这就形成了"两派三论"②。

1. 二元论

从历史上看，"二元论"在较长的一段时间内是主流观点。持这种观点的学者认为：国际法与国内法是两个不同的概念，构成两个法律体系，原因有以下三点。第一，它们规范的社会关系完全不同。国际法是国家之间在政治、经济、军事、文化等方面的交往中为处理好各种关系而通过协议制定或认可的产物，是调节国家之间的关系的；而国内法，不论是宪法、法律或法规，都是规范一个国家之内的、以本国公民为主体的关系和国家与公民的关系，由国家的立法机关制定的。第二，国际法与国内法的主体不同，国际法的主体主要是国家，个人不是国际法的主体，而国内法的主体主要是作为国家公民的个人。国际法院不受理个人提起的案件，而只受理国家与国家之间的案件。欧洲人权法院虽然受理成员国个人提起的案件，但它是区域性的。所以，从总体上看，国际法与国内法的主体是不同的。第三，国际法与国内法的性质不同。国内法体现的是一个国家本身

---

① 《邓小平文选》第 2 卷，人民出版社，1994，第 147 页。
② 参阅王铁崖《国际法引论》，北京大学出版社，1998，第 180 页。

的国家意志；国际法体现的也是国家意志，但不是一个国家的意志，而是许多国家以协议的形式表现出来的共同意志。

2. 一元论

在"一元论"这一派中，持国内法优于国际法的见解的思想来源，是黑格尔的国家绝对主权的理论。持这一观点的学者认为，国际法从属于国内法，只是国内法的一个分支，适用于国家的对外关系，其效力在于国家的"自我限制"。有学者认为，这实际上是否定了国际法。从现代国际社会的情况看，绝对主权论不符合实际，因为国家有遵守国际法的义务，也有互相尊重主权的义务。

我们认为：国际法和国内法属于两个不同的法律体系，但不能把它们对立起来，因为实际上二者是相互联系、相互渗透、相互补充的。

由于各国的情况不同，主要是法律体系不同，在处理国际法与国内法的关系上，呈现出复杂的情况。

英国实行判例法，没有成文宪法。"国际法是本国法律"的说法，是英国普通法的有效原则并为英国法院所遵行。英国人对这一原则的理解是："所有被普遍或者至少为英国所接受的国际习惯法规则本身就是本国法律的一部分。"但是，国际条约必须经过国会立法才能有国内法的效力。

美国与英国都属普通法系，但美国有成文宪法。在国际习惯的适用上，两国相似；在国际条约的适用上两国有别。美国宪法第 6 条第 2 项规定："本宪法及依本宪法所制定之合众国法律，以及合众国已经缔结及将要缔结的一切条约，皆为全国之最高法律。"如果州法律与条约相抵触，条约优于州法律；在联邦法律与条约相抵触时，如果条约是先于联邦法律的，对法院有约束力；如果条约是后于联邦法律的，则"非自执行"的条约不具有优先地位。这类条约要在国内有效力，需要立法机关的立法行动。同时，按照美国法院的判例，任何条约都不能背离美国宪法。在美国，除条约外，还有"行政协定"，即由总统自行或由国会指定的执行机构缔结的协定，需要立法机关采取行动，或个别批准、或通过国内立法才能具有国内法的效力。

法国是大陆法系国家，承认国际习惯在国内有法律效力。国际条约，要经过批准和公布才具有法律的权威，且以缔约他方实施该条约为条件，即以互惠为条件。这样，条约在其国内的效力就处于不确定的地位。法国宪法第 54 条规定，宪法委员会可以宣告一项条约违宪，在这种情况下，只有宪法经过修改后才能批准或认可该条约。

我国宪法对国际法与国内法的关系没有一般性的规定，宪法只对缔结条约的程序作了规定。这就是：（1）国务院缔结条约（宪法第 89 条第 9 项）；（2）全国人大常委会决定条约的批准和废除（宪法第 67 条第 14 项）；（3）中华人民共和国主席根据全国人大常委会的决定，批准和废除条约（宪法第 81 条）。从这个程序看，缔结条约的程序与制定国内法的程序基本相同，因而，可以认为只要是我国批准的条约，在国内具有与法律同等的效力。条约是否可以直接适用于国内，在宪法上没有规定，但从一些法律的规定看，是可以直接适用的。如 1982 年试行的民事诉讼法第 189 条规定："中华人民共和国缔结或者参加的国际条约同本法有不同规定的，适用该国际条约的规定。但是，我国声明保留的条款除外。"1991 年修改后的民事诉讼法第 238 条保留了这一规定。此外，民法通则、涉外经济合同法、商标法、继承法等也都有同样或基本相同的规定。这就是说，在国内法与国际条约相冲突时，条约优于国内法。

关于国际习惯在我国的适用问题，法律没有一般规定。民法通则第 142 条只是规定："中华人民共和国法律和中华人民共和国缔结或者参加的国际法条约没有规定的，可以适用国际惯例。"第 150 条规定："依照本章规定适用外国法律或者国际惯例的，不得违背中华人民共和国的社会公共利益。"这就是说，在民商事领域可以适用国际惯例，在其他领域尚无一般规定。目前，我国已经加入了许多国际条约，也已签署国际人权两公约。随着改革开放和现代化建设事业的发展，我国必定会加入更多的国际条约，积累更多的相关经验。

（二）实体法与程序法

这是根据法律规定内容的不同所作的划分。实体法是规定和确认权利与义务或职权与责任为主的法律，如宪法、行政法、民法、刑法等；程序法是以保证权利与义务得以实施或职权与责任得以履行的有关程序为主的法律，如民事诉讼法、刑事诉讼法、行政诉讼法等。但是，这里有两点应该注意。第一，这种划分，并不是绝对的，实体法中往往有少量的程序规定；程序法中往往也规定有关国家机关和诉讼参与人在诉讼活动中的职权、责任和权利、义务。第二，要把程序法与诉讼法加以区别，例如，立法法、议事规则等是程序的规定，但不涉及诉讼问题。

在我国，不论是在立法上还是在执法、司法实践中，都曾有过重实体轻程序的问题，所以，这里着重讲一下程序法的意义和作用。

（1）完备而良好的法律程序是制约权力的有效机制。例如当前在一些地方、一些部门的行政执法中，由于少数执法人员不严格按照程序办事，就导致了对公民权利的非法侵犯。而行政实体法又比较分散，如有完备而良好的行政程序法，并切实遵守，就能弥补实体法控制权力的不足，达到权力与权利的平衡，实体合理性与形式合理性的统一，避免不应发生的执法犯法的行为。

（2）完备而良好的程序法是实现权利平等的基本前提。依法治国，实行法治的一个原则要求是"以相同的规则处理同类的人或事"。适用法律就是把抽象的规则适用于具体的人和事，程序法所规定的适用法律的方法、步骤和时序、时效等，虽然是侧重于形式的，但它既能保证案件实质上的公正处理，又能保证效率，使纠纷及时地得到解决。

（3）完备而良好的程序法是法律权威的重要保障。程序完备、良好，执行正常、合理，可以使人们亲身感受到法的公正和尊严，增强依法办事的信心，预见步骤，期待合法、合理的结果。相反，程序不正当、执行不正常，步骤紊乱，时序和时效随意，就会使人们对法律产生怀疑，失去信心，使其行为陷入茫然状态。所以，执法、司法人员严格遵守程序法，就是维护了法律的权威，从而有助于在全社会树立法律的权威。

（三）公法和私法

这种划分因为只在一部分国家（主要是西方民法法系或成文法系国家）适用，所以是法的一种特殊的分类。这种分类来源于罗马法。著名的罗马法学家乌尔比安认为："公法是关于罗马国家的法律，私法是关于个人的法律。"但罗马法的内容主要是私法。17、18 世纪公法的地位大大提高；19 世纪，这种划分被一些国家用于法典编纂和法律改革。进入 20 世纪，由于国家对经济的干预日益增多，在一些国家出现了"法律社会化"现象，公私法相互渗透，这种传统的划分法日益动摇。西方民法法系的法学家对这种划分的标准也一直争论不休。有的认为应以法律关系的主体是否至少有一方代表公共权力为标准来划分；有的认为应以法律关系是对等还是从属为标准来划分；有的认为应以法律规定是强行法还是任意法的性质为标准来划分；有的认为应以法律的内容维护的是公共利益还是私人利益为标准来划分。在采用这种划分法的国家，一般认为宪法、行政法、刑法、诉讼法是公法，民法、商法是私法。劳动法、保险法、社会福利保障法、环境与自然资源保护法等，既无法列入公法，也无法列入私法，就单列出来，称为"混合法"或"中间法"。

我国有史以来就采用成文法，在制定立法规划、法律汇编和法学教学、研究中，都采用部门法的划分，把法律分为宪法、民商法、行政法、经济法、社会法、刑法、诉讼程序法等。

四　法的效力

法的效力通常有广义与狭义之分。广义的是指法的约束力和强制力。规范性法律文件如刑法、民法等，具有普遍的效力；非规范性法律文件如判决书、调解书、公证书等只有具体的、特定的法律效力。狭义的法律效力，是指法律的生效范围或适用范围，即对什么人、在什么地方和什么时间适用的效力。

（一）　对人的效力

法律对人的效力，是指法律适用于哪些人。在判定法律效力时，有以下几种原则。（1）属人主义。凡是本国人，不论在国内或国外，都受本国法律约束。对在本国领域的外国人不适用。（2）属地主义。不论本国人、外国人，只要在本国法律所管辖的区域内，一律有效力。本国人在国外，不受本国法律的约束。（3）保护主义。任何人只要损害了本国利益，不论损害者的国籍和所在地，都受到本国法律的追究。（4）结合主义。以属地主义为主，与属人主义、保护主义相结合。现代国家大都采用这一原则，我国也采用这一原则。

（二）　空间效力

法律的空间效力是法律适用的领域范围，包括领土、领水、领空和底

取得法的实效，有一系列工作可做，如提高立法质量；严格而慎重地选举和决定任命国家机构的组成人员；加强立法和执法、司法监督等。但是，法的实效的取得，有多种条件和因素，概括起来主要是政治、经济、文化、道德四个方面。经济提供法的运行过程的物质保障；政治提供民主政治的支持和保障；文化提供公民和公职人员的科学文化知识的支持和保障；道德提供社会主体道德素养的支持和保障。总之，我们只要在邓小平理论指导下，在党中央的统一部署和领导下，加强社会主义物质文明和精神文明建设，加强社会主义民主与法制建设，切实推行依法治国，建设社会主义法治国家的基本治国方略，我们就一定能够使我国社会主义的法取得更大的实效！

关于我国民事法律制度的几个问题

（九届全国人大常委会法制讲座第十讲，
1999 年 8 月 31 日）

梁慧星

【内容提要】民法是调整民事生活的基本法。我国已形成一个以民法通则为民事基本法、由民事（民商）单行法构成的民事（民商）立法体系。当前我国民事法律制度仍存在一些突出问题：法律规则不完善，缺乏规范财产归属关系的基本规则；法律规则不适当，如混淆物权变动与基础关系的生效、因设定抵押权未办抵押登记而认定抵押合同无效、诉讼时效期间过短等；行政权不当干预，部门规章、地方政府规章限制公民和企业权利、加重公民和企业负担，对市场交易设置各种限制和障碍，等等。建设法治国家，必须制定一部既符合我国改革开放和发展社会主义市场经济的实际，又符合法律发展潮流、与国际社会接轨的现代化民法典。制定民法典，应当坚持民商合一的立法体例，采取德国式五编制结构，以民法通则和现行民事单行法为基础设计民法典结构。

【主讲人简介】梁慧星，1944 年 1 月生，四川青神人。中国社会科学院学部委员，中国社会科学院法学研究所研究员、博士生导师，北京理工大学珠海学院特聘教授、民商法律学院名誉院长，兼任四川大学、西南政法大学、山东大学博士生导师。曾任十届、十一届全国人大法律委员会委员，十届全国政协委员，第四、五届国务院学位委员会委员，《合同法》起草委员会组长，《物权法》、《侵权法》、《民法通则》起草组核心成员。1990 年被人事部授予"有突出贡献中青年专家"称号。

中华人民共和国成立后，曾经在 50 年代初和 60 年代初，两次起草民法典，均因政治运动而中断。现在看来，真正原因主要是当时不具备制定民法典的经济基础。在计划经济体制之下，整个社会经济生活的运作依靠行政手段和指令性计划，没有民法存在和发挥作用的条件。70 年代末，党的十一届三中全会决定改革开放、发展社会主义市场经济（当时叫社会主义商品经济），民法的地位和作用开始受到重视。1979 年 11 月，在法制委员会之下成立民法起草小组，至 1982 年 5 月共起草了民法典草案四稿。此后，考虑到经济体制改革刚刚开始，社会生活处在变动之中，一时难以制定一部完善的法典，立法机关决定改采先分别制定民事单行法，待条件具备再制定民法典的立法方针。迄今已经形成一个以民法通则为民事基本法，由合同法、担保法、婚姻法、继承法、收养法、公司法、票据法、证券法、保险法、海商法、专利法、商标法、著作权法等民事（民商）单行法构成的民事（民商）立法体系。这一民事立法体系，为改革开放和社会主义市场经济的发展，为建立民事生活的法律秩序，保障公民和企业的合法权益，维护社会公平正义，促进民主法治，发挥了重大的作用。实践证明，当时采取先分别制定民事单行法，待条件具备再制定民法典的立法方针，是正确的，也是成功的。我们现在面临的任务是，怎样在民法通则和各民事单行法的基础上，进一步完善我国民事法律制度，以适应发展社会主义市场经济，发展社会主义民主和建设法治国家的要求。

一　民法是调整民事生活的基本法

（一）民法是调整民事生活的法律

要说明什么是民法，须从对社会生活的划分说起。从法学角度看，整个社会生活可以划分为两个领域：民事生活领域和政治生活领域。民事生活领域涵盖了全部经济生活和家庭生活，在马克思著作中称为市民社会。政治生活领域包括国家的组织、国家的活动即立法、行政、司法以及公民政治权利的行使等，在马克思著作中称为政治国家。民事生活领域和政治生活领域所应遵循的法律规则是不同的，民法就是民事生活领域的法律规则。政治生活领域的法律规则，包括宪法、刑法、诉讼法、行政法、经济法等，属于公法。因此，民法是调整民事生活包括经济生活和家庭生活的法律。

（二）民法是行为规则兼裁判规则

法律规则有行为规则与裁判规则之分。行为规则，指公民和企业活动所应遵循的规则；裁判规则，指法院裁判案件所应遵循的规则。例如刑法、刑事诉讼法和民事诉讼法，属于裁判规则。如刑法第132条规定，犯故意杀人罪处死刑、无期徒刑或10年以上有期徒刑。这不是行为规则，而是裁判规则。民法是为一切民事主体规定的行为规则，无论经济活动如订立和履行合同，还是家庭生活如结婚、离婚，均应遵循。如不遵守此行为规则，发生民事纠纷，诉请法院裁判时，法院应以民法作为裁判基准。因此，民法兼有行为规则和裁判规则的双重属性。

（三）民法为实体法

法律分为实体法与程序法。规定公民和企业的权利义务或具体事项的法律是实体法，规定实体法如何运用和如何施行的程序手续的法律是程序法。民法规定民事主体相互间的权利义务的实体内容，而这些权利义务的实现受到障碍时，当事人应依民事诉讼法等所规定的程序、手续请求国家机关救济。因此，民法属于实体法，而民事诉讼法则属于程序法。须注意的是，民法虽为实体法，其中也包含少量程序性的规定。

在理论上，实体法常与程序法相对称，但在实务上则程序法先于实体法而适用。如原告向人民法院提起民事诉讼案件，法院首先须依民事诉讼法审查在程序上应否受理，如属于不应受理者，法院应以裁定驳回起诉，并无适用实体法民法之余地。若经审查认为符合民事诉讼法关于案件受理的规定，则应予受理，然后再依民法的规定从实体上裁判其有无理由，作出判决。

（四）民法的基本原理：意思自治

民法是调整民事生活的法律，公法是调整政治生活的法律，它们所遵循的基本原理也不相同。公法所遵循的基本原理叫国家意志决定。民法所遵循的基本原理叫意思自治。所谓意思自治，指经济生活和家庭生活中的一切民事权利义务关系的设立、变更和消灭，均取决于当事人自己的意思，原则上国家不作干预。只在当事人之间发生纠纷不能通过协商解决时，国家才以仲裁者的身份出面予以裁决。意思自治的实质，就是由平等的当事人通过协商决定人相互间的权利义务关系。意思自治这一基本原理，体现在民法的各个部分，例如在物权法上叫所有权自由，指所有权人在法律许可范围内可以自由占有、使用、收益和处分其所有物；在继承法上叫遗嘱自由，指个人在生前可以订立遗嘱，决定其身后遗产的处分；在合同法上叫合同自由，指当事人自己决定是否订立合同，与谁订立合同，以什么形式订立合同及决定合同内容。需要说明的是，意思自治并非不受限制，在现代市场经济条件下，国家出于对市场宏观调控和保护消费者、劳动者利益及社会公共利益的需要，有必要制定一些特别法规对意思自治予以适度限制。

（五）民法的基本任务

1. 为现代市场经济活动提供行为规则

民法为现代化市场提供一般规则及市场活动的行为规则。使市场参加者可以遵循这些规则从事活动，进行预测、计划和冒险，并建立和维护正常的市场秩序。例如合同法，规定市场交易的基本规则。一些特殊的市场，如证券市场、期货市场的特殊交易规则，由作为民事特别法的证券法、期货法规定。因此，民法的任务之一，是促进社会主义市场经济的发展。

2. 为人权提供基本保障

所谓人权，指作为一个人应有的权利。其中首先是人身权、人格权和财产权。它们是民法上最重要的民事权利，并首先由民法予以规定和保护。尤其人格权，是享有其他民事权利和政治权利的基础。民法通则规定公民享有生命权、身体权、健康权、姓名权、肖像权、名誉权等人格权，被称为中国的权利宣言。因此，保障人权是民法的基本任务。

3. 维护社会公平正义

在现代市场经济条件下，民法担负着维护社会公平正义的重要作用，发挥着协调各种利益冲突的调节器的功能。所谓公平正义，指不同的人群、阶层、行业以及生产者、经营者、消费者和劳动者，在利害关系上大体平衡，不致过分悬殊。民法保护一切企业和个人在不损害他人和社会利益的前提下谋求自己的利益，不允许靠损害社会和他人利益而发财致富，妥善协调各种利益冲突，被称为社会利益冲突的调节器。

4. 促进社会主义物质文明和精神文明建设事业的发展

我国民法的物质基础，是我国社会主义的市场经济和社会主义的婚姻家庭关系。民法反映社会主义市场经济和社会主义婚姻家庭关系的本质特征和要求，通过民法对财产关系的调整，建立和维护健康有序的市场经济法律秩序，通过民法对身份关系的调整，建立和维护健康的婚姻家庭秩序。因此，民法的基本任务，是保障社会主义市场经济的顺利发展和社会主义婚姻家庭关系的稳定，促进社会主义物质文明和精神文明建设事业的发展。

二　我国民法的调整对象及与其他法律部门的区分

（一）民法的调整对象

一个国家的全部法律规则，构成一个内部井然有序的法律体系。法律体系划分为若干重要构成部分，每一个重要构成部分，称为一个独立的法律部门。民法是我国统一的社会主义法律体系的一个重要构成部分。民法作为一个独立的法律部门，有其特定的调整对象，即民法调整特定的社会关系。民法通则第 2 条规定："中华人民共和国民法调整平等主体的公民之间、法人之间、公民和法人之间的财产关系和人身关系。"根据这一规定，我国民法的调整对象包括两种社会关系，即财产关系和人身关系。但我国民法不是调整全部财产关系和全部人身关系，只是调整平等的民事主体之间的财产关系和人身关系，即发生在公民之间、法人之间、法人和公民之间的财产关系和人身关系。需说明的是，我国民法调整的民事关系的主体，除公民（自然人）、法人外，还有不具备法人资格的其他组织。

可见，我国民法是调整平等民事主体之间的财产关系和人身关系的法律规则的总称。所谓"调整"，是指运用民法的基本原则和各项具体规定，对现实生活中发生的属于民法调整范围的各种财产关系和人身关系，分别予以确认、保护、限制、制裁，以便使公民和法人的民事活动能够遵循民事法律法规的规定，能够符合社会公共利益和国家利益，保障社会主义物质文明和精神文明建设事业的顺利进行。

（二）民法与经济法的区别

民法与经济法都是调整经济关系（财产关系）的法律部门，因此容易被混淆。改革开放初期，我国法学界曾经发生过民法学与经济法学的论争，焦点即在如何正确划分民法与经济法的界限。直到颁布民法通则，才从立法上解决了这个问题。在第六届全国人民代表大会第四次会议上王汉斌同志在《关于中华人民共和国民法通则（草案）的说明》中，专门谈到这一问题。他说："民法主要调整平等主体间的财产关系，即横向的财产、经济关系。政府对经济的管理，国家和企业之间以及企业内部等纵向经济关系或者行政管理关系，不是平等主体之间的经济关系，主要由有关经济法、行政法调整。"这就指明了民法所调整的财产关系，主要是平等主体之间的财产关系，亦即所谓横向的经济关系。这种财产关系，主要是商品所有者之间以货币为媒介进行的商品交换和劳务提供，价值规律起着作用，因而具有平等、自愿、等价有偿等特征。经济法所调整的财产关系或者经济关系，主要属于纵向的财产关系或经济关系。这种财产关系往往是基于国家对经济的管理，而发生在国家与企业或个体生产者之间，因而具有管理与被管理、监督与被监督、命令与服从的行政隶属性特征。民法除调整经济关系外，还调整人身关系，这与经济法只调整经济关系是不同的。

（三）民法与行政法的区别

行政法是指现代国家据以实施国家行政管理的法律规则的总称。行政法的调整对象是国家行政管理机关在行使国家行政管理职能中彼此之间，以及国家行政管理机关与公民、法人、其他组织之间发生的社会关系，其中也包括某些财产关系。作为行政法调整对象的财产关系，具有以下特征：其一，双方当事人中至少有一方是国家行政管理机关，当事人的法律地位不是平等的，属于一种管理与被管理、监督与被监督、命令与服从的行政隶属关系；其二，这类财产关系的发生取决于国家行政管理机关的命令或指令，无须征得被管理、被监督一方的同意；其三，这类财产关系通常是无偿的，不具有商品交换的性质。可见，民法与行政法是截然不同的法律部门。

（四）民法与劳动法的区别

劳动法是调整劳动关系和由劳动关系而产生的劳动保险、劳动福利等社会关系的法律规则的总称。劳动法的调整对象中也包括某些财产关系，如职工的工资、劳动保险金、福利待遇等。我国在改革开放前的劳动关系主要是全民所有制企业和集体所有制企业与职工之间的关系，具有计划经济的特征。改革开放以来，国家推行劳动管理体制的改革，劳动关系的基础是劳动合同关系。单就作为劳动法调整对象的基础关系性质的劳动合同关系而言，与民法有极密切的联系，例如劳动合同双方当事人法律地位平等、劳动合同关系的发生取决于双方的意思表示，须遵循平等、自愿、公平和等价有偿的原则等。但是，由于国家实行社会主义的劳动政策，特别注重劳动者就业和选择职业的权利、取得劳动报酬的权利、休息休假的权利、获得劳动安全卫生保护的权利、接受职业技能培训的权利、享受社会保险和福利的权利、参加和组织工会的权利等的保障，这就使劳动合同关系区别于民法合同关系，使劳动法区别于民法。当劳动合同关系发生纠纷时，应当首先适用劳动法的有关规则，关于劳动法没有规定的事项，则应适用民法关于合同关系的规定。可见，劳动法中关于劳动合同关系的法律规则，具有民法的特别法的性质。

三　我国民法的基本原则

（一）平等原则

所谓平等原则，指在民事活动中一切当事人法律地位平等，任何一方不得把自己的意志强加给对方。平等原则在现行法上的根据，首先是民法通则第 3 条的规定：当事人在民事活动中的地位平等。其次是合同法第 3 条的规定：合同当事人的法律地位平等，一方不得将自己的意志强加给另一方。

平等原则，最集中地反映了民事法律所调整的社会关系的本质特征，是民事法律区别于其他部门法的主要标志，也是市场经济条件下合同关系当事人的必要前提条件。鉴于我国在实行计划经济体制时期，靠隶属关系组织生产和供应，改革开放以来也曾发生过强者强迫弱者服从自己意志，签订所谓霸王合同的现象，因此法律明文规定平等原则，有其重要意义。平等原则的含义是，参加民事活动的当事人，无论是自然人或法人，无论其法人的类别，无论其所有制性质，无论其经济实力强弱，在法律上的地位一律平等，任何一方不得把自己的意志强加给另一方，同时法律也对双方当事人提供平等的法律保护。须特别注意的是，平等原则所要求的平等，非指经济地位上的平等或经济实力的平等，而是"法律地位"的平等；此法律地位平等，是法律对民事活动当事人的基本要求，应贯穿于民事活动之始终。

（二）合同自由原则

所谓合同自由原则，指参加民事活动的当事人在法律允许的范围内享有完全的自由，按照自己的自由意思决定缔结合同关系，为自己设定权利或对他人承担义务，任何机关、组织和个人不得非法干预。合同自由原则在现行法上的根据，首先是民法通则第 4 条的规定：民事活动应当遵循自愿的原则。其次是合同法第 4 条的规定：当事人依法享有自愿订立合同的权利，任何单位和个人不得非法干预。

合同自由不仅是民法的基本原则，也是市场经济的基本原则。没有合同自由，就没有真正的民法和真正的市场经济。在现代市场经济条件下，合同自由原则虽受到一定的限制，但仍是民法的基本原则。我国在计划经济体制下，谈不上当事人的合同自由。自改革开放以来，适应发展社会主义市场经济的要求，合同自由已为法律所认可。合同自由原则的含义，包括当事人自由决定是否缔结合同关系，同谁缔结合同关系，以及决定合同关系的形式和内容，不受非法干预。应当说明的是，现代民法上的合同自由，不同于 19 世纪资本主义国家所实行的自由放任主义，是在法律允许范围内的自由，并非不受限制的自由。不允许滥用合同自由以损害他人利益和社会公益。出于保护消费者、劳动者利益和保护社会公共利益的需要，法律往往对生产者、经营者和企业一方的合同自由予以某种限制。

（三）公平原则

所谓公平原则，指民事法律行为内容的确定，应当遵循公平的原则。

由当事人一方或第三方确定民事法律行为内容的，其确定只在符合公平原则时，始得对他方当事人发生效力。公平原则在现行法上的根据有以下两条。民法通则第 4 条规定：民事活动应当遵循公平的原则。合同法第 5 条规定：当事人应当遵循公平原则确定各方的权利和义务。

民法公平原则，主要是针对合同关系而提出的要求，是当事人缔结合同关系，尤其是确定合同内容时，所应遵循的指导性原则。公平的含义是，合同关系的当事人在利害关系上应当大体平衡。现代民法设立公平原则的目的，在于对市场交易的合同关系，要求兼顾双方的利益，并为法院判断具体的合同关系应否受法律保护，树立判断基准。只有符合公平原则的合同关系，才被法院认可，才受法律保护。显失公平的合同关系，当事人可以请求法院和仲裁机构予以变更或撤销。

（四）诚实信用原则

诚实信用原则，简称诚信原则，这一原则要求民事活动的当事人在行使权利和履行义务时，应当遵循诚实信用的道德准则。诚信原则在现行法上的根据有以下三条。民法通则第 4 条规定：民事活动应当遵循诚实信用的原则。合同法第 6 条规定：当事人行使权利、履行义务应当遵循诚实信用原则。消费者权益保护法第 4 条规定：经营者与消费者进行交易，应当遵循诚实信用的原则。

诚实信用为市场经济活动中的道德准则。它要求一切市场参加者符合于"诚实商人"或"诚实劳动者"的道德标准。应在不损害他人利益和社会公益的前提下，追求自己的正当利益，绝不允许通过损害对方、损害他人和损害社会公共利益，谋取自己的利益。目的是在当事人之间的利益关系和当事人与社会之间的利益关系中实现平衡，并维持市场经济的道德秩序。特别应说明的是，诚实信用原则性质上属于授权条款。因为社会生活极度复杂，并不断变化，立法机关难以对社会生活中的各种关系和案件都制定具体规则，当出现立法当时未预见的新情况、新问题和法律上没有具体规定的新型案件时，法院可直接适用诚实信用原则裁判，直接调整当事人之间的权利义务关系。这是现代民法一项重要原则。

（五）公共秩序与善良风俗原则

所谓公共秩序与善良风俗原则，指民事法律行为的内容及目的不得违反公共秩序或善良风俗。这一原则在现行法上的根据有如下三条。民法通则第 7 条规定：民事活动应当尊重社会公德，不得损害社会公共利益。民法通则第 58 条规定：民事行为违反社会公共利益的无效。合同法第 7 条规定：当事人订立、履行合同，应当尊重社会公德，不得扰乱社会经济秩序，损害社会公共利益。我国法律上的"社会公共利益"和"社会经济秩序"，相当于外国法律上的"公共秩序"，我国法律上的"社会公德"，相当于外国法律上的"善良风俗"。

公共秩序和善良风俗，合称公序良俗，是现代民法一项重要的基本原则。在现代市场经济条件下，有维护国家利益、社会公共利益及一般道德秩序的功能。因立法当时不可能预见一切损害国家利益、社会公益和道德秩序的行为而作出详尽的禁止性规定，故设立公序良俗原则，以弥补禁止性规定之不足。公序良俗原则，性质上为授权条款。目的在于，遇有损害国家利益、社会公益和社会道德秩序的行为，而又缺乏相应的禁止性法律规定时，法院可直接适用公序良俗原则判决该行为无效。

（六）禁止权利滥用原则

所谓禁止权利滥用原则，指一切民事权利之行使，不得超过其正当界限，行使权利超过其正当界限，则构成权利滥用，应承担侵权责任。禁止权利滥用原则在现行法上的根据，是宪法第 51 条的规定：中华人民共和国公民在行使自由和权利的时候，不得损害国家的、社会的、集体的利益和其他公民的合法的自由和权利。因此，禁止权利滥用是我国宪法上的一项基本原则，也当然是我国民法上的一项基本原则。按照这一原则，一切公民和法人在行使民事权利时，均负有不得超过其正当界限，即不得滥用其权利的义务。违反这一义务，例如以损害他人为目的而行使权利，或者行使权利所获得的利益微小而造成他人重大损害，即构成权利滥用，应承担损害赔偿责任。

四　民法的基本内容

（一）民事主体制度

民事主体制度规定参加民事生活所必须具备的法律资格，这就是自然人和法人。自然人是指具有血肉之躯的人类，具有中华人民共和国国籍的自然人叫公民。自然人是民法上的主体资格，公民是公法上的主体资格。自然人的民事权利能力，是指法律赋予自然人享有民事权利、承担民事义务的法律资格。自然人的民事行为能力，是指自然人通过自己的行为取得民事权利、承担民事义务的法律资格。现代民法认可一切自然人，不分民族、种族、政治态度、宗教信仰、财产多寡、文化水准、性别年龄，具有平等的民事权利能力。我国民法通则第9条规定：自然人从出生时起到死亡时止，具有民事权利能力。第10条规定：自然人的民事权利能力一律平等。考虑到婴儿不可能自己实施民事行为，幼儿和儿童缺乏意识能力和社会经验，不理解自己行为的后果，自己实施民事行为可能损害自己和家人的利益，因此民法设立民事行为能力制度。按照民法通则第11条至第14条的规定，自然人满18岁，具有完全民事行为能力，可以独立实施民事行为。16岁以上不满18岁，以自己劳动收入为主要生活来源的，视为有完全行为能力。不满10岁的未成年人为无行为能力人，10岁以上的未成年人为限制行为能力人，实施民事行为应当由法定代理人代理。

法人是与自然人对应的另一类民事主体，是一种社会组织体。社会组织体具备法律规定的条件，被法律赋予法人资格，可以自己的名义参加经济活动，享有民事权利并承担民事义务。民法通则规定的法人，分为企业法人与非企业法人。企业法人指具有法人资格的各种公司和营利性经济组织；非企业法人包括机关法人、事业单位法人和社会团体法人。一个国家机关，在国家政治生活中是国家权力的执掌者，是公法上的主体。但在参加经济生活，如采购办公用品、修建办公大楼，与供应商或建筑公司订立买卖合同或建设工程合同时，则是作为民事主体，称为机关法人。企业法人是最主要的市场主体，如果放任企业法人任意设立或任意消灭，将严重损害交易对方的利益和社会公共利益，因此民法规定企业法人必须具备法定条件并经登记取得法人资格，企业法人的消灭必须进行清算。

（二）民事行为制度

民事主体取得权利和承担义务，须通过自己的行为。例如订立合同，订立遗嘱，设立公司，以及结婚、收养等。民法分别规定各种行为的成立条件、生效条件和法律后果，这就是民事行为制度。只有符合法律条件的行为，才能够发生当事人所希望的法律后果。例如，合同的成立须符合成立条件，合同的生效须符合生效条件。合同法第52条直接规定某些合同无效，第53条、第40条直接规定某些合同条款无效，第54条规定某些合同属于可撤销合同，受损害方可以请求法院和仲裁机构予以变更或撤销。至于哪些合同应当规定为无效合同，哪些合同应当规定为可撤销合同，标准在于看合同内容是直接损害社会公共利益，还是仅仅损害相对方当事人的利益。直接损害社会公共利益的合同和合同条款，应当由法律直接规定为无效。合同内容仅仅损害相对方当事人的利益，则应当规定为可撤销，赋予相对方当事人撤销权。相对方当事人基于种种考虑，可以通过撤销权的行使，变更或者撤销该合同；也可以放弃撤销权，使该合同成为有效合同。

鉴于民事主体不可能亲自进行所有的民事行为，例如签订合同不妨委托他人代理，因此产生代理制度。按照代理制度，代理人在授权范围内以被代理人名义订立的合同，由被代理人作为合同当事人直接享有权利和承担义务。借助于代理制度，民事主体尤其是企业法人可以不受地域的限制，在全国市场和国际市场开展业务。代理人在授权范围内以被代理人的名义实施民事行为，称为直接代理；以自己的名义实施民事行为，称为间接代理。我国民法通则所规定的代理，要求"以被代理人的名义"，属于直接代理。合同法关于行纪合同以及第402条、第403条参考英美法和国际公约，规定了间接代理。

（三）民事权利制度

社会生活中，各人追求自己的利益，难免发生利益冲突。法律上认为合理正当的利益，便给予认可和保护，这就是民事权利。民事权利，意味着受法律保护的利益。民事权利所包含的利益，可以分为财产利益和非财产利益。因此，民事权利可以分为财产权和非财产权两大类。非财产权，指与民事主体的人格和身份不可分离的权利，可再分为人格权和身份权。人格权，是自然人对自己的生命、身体、健康、自由、名誉、姓名、肖像、隐私等人格利益所享有的权利。法人对自己的商誉和名称也享有人格权。身份权是自然人在婚姻家庭关系上的权利。财产权指具有财产价值的民事权利，可以再分为物权、债权、知识产权和继承权。物权，指直接支配有形财产（如房屋、汽车、彩电）的权利，性质上属于支配权。所有权是最典型、最完全的物权。抵押权、质权、留置权、土地使用权是不完全的物权。所有权包含对所有物使用价值和交换价值的支配。抵押权、质权、留置权，属于担保物权，只是对标的物交换价值的支配，即在所担保债务到期不能清偿时，以变卖标的物的价款抵偿。土地使用权属于用益物权，只是对标的物使用价值的支配，即对标的物占有、使用和收益。债权是指请求相对人为某种行为（如交货、付款、提供服务）的权利，性质上属于请求权。合同关系上的权利，就是最典型的债权。例如，买卖合同关系上，需方的权利就是请求供方交货；供方的权利就是请求需方付款。知识产权，指支配知识财产的权利，包括专利权、商标权和著作权。继承权指取得遗产的权利。

由物权、债权、知识产权、继承权、人格权和身份权构成一个完整的民事权利体系。民法分别就各种民事权利的产生、变更、移转、消灭设置具体规则，分别构成各种民事权利制度。即物权法规定物权；债权法规定债权；知识产权法规定知识产权；继承法规定继承权；婚姻家庭法规定身份权。人格权属于自然人人格的内容，因此规定在民事主体制度的自然人一章。

（四）民事责任制度

对各种侵害民事权利的行为进行制裁和对受害人予以救济的法律形式和规则，构成民事责任制度。民事责任，主要包括违约责任和侵权责任。合同法第107条规定：当事人一方不履行合同义务或者履行合同义务不符合约定的，应当承担违约责任。按照这一规定，违约责任实行严格责任原则，只要违反合同，即应承担违约责任。要求免责，须证明有免责事由。例如，证明因不可抗力导致违约，或者证明合同中有免责条款，均可获得免责。民法将损害他人人身、财产依法应承担民事责任的违法行为，称为侵权行为。侵权行为再分为一般侵权行为与特殊侵权行为。按照民法通则第106条第2款和第3款的规定，一般侵权行为实行过错责任原则，特殊侵权行为实行严格责任原则。按照过错责任原则，以加害人有过错（故意、过失）为承担责任的条件，没有过错不承担责任。按照严格责任原则，不以过错为承担责任的条件，加害人不能通过证明自己没有过错而获得免责。加害人要求免责，须证明有免责事由。例如交通事故造成他人损害，加害人即使证明自己没有过错也不能获得免责。但如果证明损害的发生出于受害人故意，即可免责。如果证明受害人对于损害的发生有过失，法院可以依据民法通则第 131 条关于过失相抵的规定，减轻加害人的责任。民事责任的实质，是法律强制加害人向受害人支付一笔金钱以填补受害人所受损害，因此损害赔偿金额应以实际发生的损害为限，即所谓"损害多少赔偿多少"，不允许受害人获得超过实际损害的赔偿金。鉴于从 20 世纪 80 年代中期开始发生了假冒伪劣和缺斤短两等故意损害消费者利益的社会问题，因此消费者权益保护法第 49 条规定了"双倍赔偿"制度，成为民事责任制度的一个例外。

（五）民事时效制度

所谓时效制度，指权利不行使的事实状态在法定期间持续存在，即产生与该事实状态相应的法律效果的法律制度。时效制度有稳定法律秩序的作用。因为某种权利不行使的事实状态长期存在，必然在此事实状态基础上发生种种法律关系，时过多年之后，如果允许原权利人行使权利，势必推翻多年以来以此事实状态为基础所形成的各种法律关系，造成经济秩序的混乱。因此实行时效制度，使该不行使权利的人丧失其权利，以维护法律秩序的稳定。时效制度的另一重要作用，是作为证据之代用。因为有民事权利而长期不行使，必至证据消灭，证人死亡，经过多年之后提起诉讼，当事人难以举证，法庭难以认定事实。因此，实行时效制度，凡时效期间经过，即使不行使权利的权利人丧失权利，可以避免当事人举证和法庭调查、认定证据的困难。民事时效，分为诉讼时效和取得时效两种。我国民法通则规定了诉讼时效，未规定取得时效。取得时效制度应当规定于物权法。按照民法通则的规定，普通时效期间为 2 年，特别时效期间为 1 年，从知道或者应当知道权利被侵害时起计算。

（六）特别民事制度

民法以适用于一般的民事关系或者特殊的民事关系为标准，分为普通民法与特别民法。前述各项民事制度，是适用于整个民事生活和整个市场的共同规则，因此属于普通民法。仅适用于特别民事关系或特殊市场的法律规则，属于特别民事制度，例如公司制度、票据制度、海商制度、保险制度、证券制度等，应规定于各民事特别法。我国现在的民事特别法有：公司法、票据法、证券法、海商法、保险法、专利法、商标法、著作权法。

五　我国现行民事立法及其存在的问题

（一）现行民事立法

1. 民法通则

在大陆法国家，民法典为民法最主要的法源。它包罗民法规则之大部分，居于民事基本法的地位。我国尚未制定民法典，居于民事基本法地位的是民法通则。民法通则既不是民法典，也不同于民法典的总则编。它包括九章 156 条。即第一章基本原则；第二章公民（自然人）；第三章法人；第四章民事法律行为和代理；第五章民事权利；第六章民事责任；第七章诉讼时效；第八章涉外民事关系的法律适用；第九章附则。民法通则中也有非民法规则，如第 49 条、第 110 条规定了法人代表人的行政责任和刑事责任；第八章为冲突规范，本应属于国际私法。

2. 民事单行法

相对于民事基本法而言，民事单行法属于民事特别法。现行单行法有：属于民法典债权编内容的合同法；担保法中关于保证和定金的规定，属于民法典的债权编，而关于抵押权、质权和留置权的规定，属于民法典的物权编；属于民法典亲属编内容的，有婚姻法、收养法；属于民法典继承编内容的，是继承法；属于商事法性质的民事特别法，有海商法、公司法、票据法、保险法、证券法等。

3. 民事法规

由国务院制定的民事法规，亦为民法之构成部分。如国务院 1989 年制定的国内航空运输旅客身体损害赔偿暂行规定。

4. 行政法律法规中的民法规则

行政法律法规中也往往包含了民法规则，也属于现行民法之构成部分。如产品质量法的第四章关于瑕疵担保责任和产品责任的规定，城市房地产管理法第四章关于房地产交易的规定，均属于民法规则。再如国务院 1991 年制定的道路交通事故处理办法，其中第六章损害赔偿，属于民法规则。

（二）存在的主要问题

1. 法律规则不完善

我国进行经济体制改革是从发展市场交易开始的，当时的一个口号叫"搞活流通"，调整市场交易关系的法律较早受到重视，导致现行民法立法体系中，调整市场交易关系的法律法规（例如合同法、海商法、证券法、保险法），相对而言要完善一些，而调整财产归属关系的物权法，未受到应有的重视，明显薄弱和滞后。至今缺乏关于物权的基本规则、基本制度，例如区分动产和不动产的准则、不动产物权和动产物权发生、变更与消灭的基本规则、物权保护的原则和制度、关于土地使用权的基本规则、关于高层建筑区分所有权的基本规则，以及善意取得制度、取得时效制度等。由于基本规则的缺乏，致现行担保法也难以发挥其作用。20 世纪 90 年代以来中国经济学界一再讨论的所谓"企业产权界限不清"、"国有资产流失"等严重社会问题，均与未及时制定完善的物权法，导致社会生活中缺乏规范财产归属关系的基本规则有关。再如调整婚姻家庭关系的规则，虽有婚姻法和收养法，但缺乏若干重要的制度，如亲属制度、婚姻无效制度、亲权制度、婚生子女确认制度、非婚生子女认领制度等。

2. 法律规则不适当

现行民事法律法规，多数是改革开放初期制定的，由于受旧的经济体制和旧的民法理论的影响，导致若干不适当的法律规则的存在。例如，现行法律法规及实务混淆物权变动与基础关系的生效，如房屋买卖未办产权过户手续，认定买卖合同无效；设定抵押权未办抵押登记，认定抵押合同无效，严重不利于保护交易秩序和当事人合法权益。再如，普通诉讼时效期间，大陆法国家一般都比较长，而我国民法通则规定为 2 年，不利于保护债权人（尤其是银行）的利益。例如向银行借款几十万元、几百万元，仅仅经过 2 年，借款合同书墨迹未干，当事人和证人均健在，就以时效期间已过为由使债务人免责，无论如何是说不过去的，也是违背诉讼时效制度本质的。

3. 行政权的不当干预

我国实行社会主义市场经济，要求建立全国统一的大市场，有必要对市场进行宏观调控和适当限度的管理。但民事法律法规关系到公民和企业的民事权利义务的享有和负担，关系到市场规则的统一，依其性质不应由行政部门和地方政府规定。但现在行政部门通过制定规章、地方政府通过制定地方规章，限制公民和企业的权利、加重公民和企业负担及对市场交易设置各种限制和障碍的现象，仍很普遍。例如，一些行政部门规定房屋出租、房屋买卖合同，按照标的物评估价值收取登记费。一些地方规定设定抵押权办理抵押登记时，按照标的物评估价值收取登记费，甚至规定登记一次，有效期一年，期满再登记再收费。一些地方规定许多合同实行强制公证，未经公证不生效，并按照标的物评估价值收取公证费。

六 制定民法典是当前面临的重大立法任务

（一）制定民法典是大多数国家的经验

依据法律发展史，法律的发展轨迹，是由习惯法进到成文法，再进到法典法。人类历史上，先后发生过三次民法典编纂热潮。第一次是发生在6世纪的罗马法编纂，产生了罗马法大全；第二次是发生在19世纪的欧洲民法典编纂热潮，产生了以法国民法典、德国民法典、瑞士民法典等为代表的一大批著名的民法典；第三次民法典编纂热潮从20世纪90年代开始，产生了1992年的新荷兰民法典、1994年的俄罗斯民法典、1994年的蒙古民法典、1996年的越南民法典、1996年的哈萨克斯坦民法典、1996年的吉尔吉斯斯坦民法典、1998年的土库曼斯坦民法典等。据统计，现在世界上有113个国家有民法典。其中，欧洲32国，南北美洲24国，非洲34国，亚洲23国。此外，还有若干国家正在制定民法典。值得注意的是，1989年的欧洲议会已提出制定一部欧洲民法典的要求。依照欧洲议会的两个决议，1996年的欧洲合同法原则，将来要纳入该欧洲民法典。即使实行判例法制度的美国和加拿大，也有若干个州制定了自己的民法典，如加利福尼亚民法典和魁北克民法典。可见，制定民法典是现代法治的一个共同经验。我国民事法律制度的完善，也应当通过制定民法典来实现。

（二） 制定民法典是当前重大的立法任务

党的十五大报告已经确定要在 2010 年建成具有中国特色的社会主义法律体系。按照构想，这个法律体系应当是一个金字塔形的结构，最上层是作为国家根本大法的宪法；其次是民法、刑法、民诉、刑诉等各基本法；再次是各特别法；下面则是国务院制定的行政法规。其中，宪法和民法、刑法、民诉、刑诉等基本法应当制定成文法典。迄今，宪法、刑法、刑诉法、民诉法均已制定了成文法典并在八届全国人大期间进行了修订，唯独民法未制定法典，只有一个民法通则和各单行法。虽说民法通则及各民事单行法，在保障公民和企业的民事权利、规范市场交易秩序、维护社会公平正义和促进社会主义市场经济发展等方面，发挥了极其重大的作用，但民法通则毕竟不能起到民法典的作用，许多重要的、基本的民法制度欠缺，这种情况不能适应市场经济和社会生活的要求。中国要建设法治国家，当然要制定自己的民法典。制定一部既符合我国改革开放和发展社会主义市场经济的实际，又符合法律发展潮流的，与国际社会相沟通的、完善的、现代化的民法典，是我们现在所面临的重大立法任务。

（三） 制定民法典的条件已经具备

（1）我国经过 20 年的经济体制改革，已经从计划经济转到了社会主义市场经济的轨道，市场经济的发展已经达到相当的规模，各种市场均已形成，如生产资料市场、消费品市场、劳动力市场、房地产市场、证券市场、期货市场、技术市场等，各种经济关系、各种社会问题大体上都表现出来了。

（2）改革开放以来的民事立法已经为制定民法典提供了基础和经验，我们已经有民法通则、合同法、担保法、婚姻法、收养法、继承法，以及公司、票据、海商、保险、证券法和知识产权法等民事（民商）单行法。

（3）民事审判有了相当的发展，各级法院建立了民事审判庭、经济审判庭、知识产权审判庭、房地产审判庭等民事法庭，审理各类民事案件，有了一支人数众多的民事法官队伍，其中一部分法官已经具有了较高的法律素质，在民事审判工作上已经积累了丰富的实践经验，并且已经积累了一批司法解释和判例。

（4）民法教学和理论研究已有相当发展，培养和造就了一大批民法立法、司法、律师实务和理论人才，对民法在当代的发展趋势和主要变革已大体掌握，对我国社会生活中的各种社会问题和法律问题已有相当的了解，为起草民法典做了理论准备。

（5）特别是党的十五大报告已经确定以公有制经济为主体、多种所有制经济共同发展的基本经济制度和基本的经济政策，为制定民法典奠定了经济制度和经济政策上的基础。因此，我们可以说，当前制定民法典的条件已经具备。

七　制定民法典的设想

（一）制定民法典应当坚持民商合一的立法体例

制定民法典首先要决定采取什么样的立法体例和法典结构。各国制定民法典，有民商分立与民商合一两种体例。所谓民商分立，指在民法典之外，再制定一部商法典。19 世纪进行民法典编纂的国家，如法国、德国、日本、西班牙、葡萄牙、荷兰、比利时，均有民法典和商法典，其中商法典为民法的特别法。所谓民商合一，是 20 世纪进行民法典编纂的国家所采取的立法体例。如瑞士、泰国、意大利、俄罗斯、匈牙利、荷兰等。民商合一的主要论据有以下两点。其一，近代商法典的前身是中世纪欧洲商人团体的习惯法，即商人法。但现在所谓商人这个特殊的阶层已不存在，甚至特殊的商行为也失去其特殊性。例如票据制度、保险制度等过去仅商人利用的制度现今已普及于社会生活的各个方面，为全社会的人所利用。其二，即使在民商分立的国家，也难以确立划分民事行为与商事行为的严格界限，有的国家只是以民事法庭和商事法庭的管辖来划分，有很大的任意性，因而民法典与商法典的并存导致法律适用上的困难和混乱。我国清末进行法制改革，本采民商分立，分别起草民法典和商法典。至国民政府制定民法典，改采民商合一。中华人民共和国成立后，迄今仍坚持民商合一。现行民法通则，以及新颁布的合同法均为典型的民商合一的立法。海商法、公司法、票据法、保险法、证券法等，均属民事特别法。可见我国立法属于民商合一的立法体例。民商合一的实质是将民事生活和整个市场所适用的共同规则和共同制度集中规定于民法典，而将适用于局部市场或个别市场的规则，规定于各民事特别法，如公司、票据、证券、海商、保险等法。民商合一并非轻视商法，它所反映的正好是现代市场经济条件下民法与商法的融合，即学者所谓"民法的商法化"。因此，制定民法典应继续坚持民商合一的立法体例。

（二）制定民法典应当采取德国式五编制结构

各国民法典的结构，分为两种结构模式。一是法国式，即法国民法典所采用的结构，分为三编：第一编为人，包括婚姻家庭法；第二编为财产及对于所有权的各种限制，包括财产分类、所有权和用益物权；第三编为取得财产的各种方法，包括继承法、合同法、侵权行为法、担保物权和时效制度。二是德国式，即德国民法典所采用的结构，分为五编：第一编总则；第二编债权；第三编物权；第四编亲属；第五编继承。学者通说，认为德国式五编制优于法国式三编制。20 世纪制定民法典的国家大多数采用五编制或者以五编制为基础稍作变化。德国式五编制的特点在于着重法律规则的逻辑性和体系性，法律有严谨的逻辑性和体系性，便于法官的正确适用，易于保障法制统一和裁判的公正。着重法律的逻辑性和体系性，也便于公民学习和掌握法律。民法典作为社会的法制基础，保障民主、人权的基石，公民和企业的行为准则，公民学习法律的教科书，其逻辑性和体系性很重要。因此，制定民法典应当着重法律规则的逻辑性和体系性，以采用德国式五编制结构为宜。

（三）以民法通则和现行民事单行法为基础设计民法典结构

民法所调整的社会关系分为两大类，即经济生活关系和家庭生活关系。与此相应，民法规则也分为两大类，即财产法和身份法。财产法再分为物权法、债权法、继承法和知识产权法，而身份法仅指亲属法。民法属于权利法，物权法规定物权，债权法规定债权，继承法规定继承权，知识产权法规定知识产权，亲属法规定亲属权。人格权属于民事主体资格应有内容，应与主体资格一并规定。物权、债权、继承权和知识产权性质上属于财产权，人格权和亲属权性质上属于非财产权，再由财产权与非财产权构成一个完整的民事权利体系。

考虑到德国式编制体例的特点在于着重法律的逻辑性和体系性，并考虑到德国民法典的编制体例及所确立的概念、原则、制度、理论体系和民事权利体系，实际上已经为我国民事立法、司法实务和学术界所接受，现行民法通则的章节安排、所使用的概念术语及所确立的民事权利体系，已经借鉴了德国民法典的立法经验。因此，建议以现行民法通则为基础并着重参考德国式五编制体例，设计民法典结构。

民法典分为七编：第一编总则；第二编物权；第三编债权总则；第四编合同；第五编侵权行为；第六编亲属；第七编继承。

（1）以民法通则第一章、第二章、第三章、第四章、第七章和第九章的规定为基础，设计民法典的总则编。考虑到人格权为民事权利主体资格应有内容，如单独设编条文畸少而与其他各编不成比例，且对人格权的尊重和保护重在内容而不在于是否单独设编，因此人格权不宜单独设编，应将民法通则第五章第四节关于人格权的规定纳入总则编自然人一章。

（2）以民法通则第五章第一节的规定和现行担保法关于担保物权的规定为基础，设计民法典的物权编。关于担保物权，各国民法典有规定在物权编的，也有规定在债权编的，考虑到担保物权的权利性质及其成立的法定性，应与用益物权一并规定在物权编。

（3）考虑到20世纪以来市场经济和科学技术的巨大发展，产生了各种新的交易形式和新的合同类型，产生了各种新的危险和新的侵权行为类型，导致债权法内容极大膨胀，而与其他各编不成比例，因此建议以民法通则第五章第二节债权和第六章民事责任的规定为基础，参考20世纪90年代的几部新民法典的经验，设计民法典的债权总则、合同和侵权行为三编，并以债权总则编统率合同编和侵权行为编。

（4）以民法通则第五章第四节第103条、104条、105条的规定和现行婚姻法、收养法的规定为基础，设计民法典的亲属编，并将民法通则第二章第二节规定的监护制度作为亲属编的一章。

（5）以民法通则第五章第一节第76条的规定和现行继承法的规定为基础，设计民法典的继承编。

（6）知识产权为重要的民事权利，现行民法通则第五章第三节作了规定，但考虑到现行专利法、商标法和著作权法已构成一个相对独立的知识产权法体系，并考虑到知识产权法具有变动性，不宜规定在民法典。因此，民法典不设知识产权编，而以专利法、商标法和著作权法作为民法典外的民事特别法。

（7）民法通则第八章涉外民事关系的法律适用，性质上属于国际私法，考虑到20世纪以来单独制定国际私法法典已成为共同趋势，及我国国际私法学界对单独制定法典已形成共识，因此不宜在民法典设编，建议在民法典之外另行制定国际私法法典。

知识产权法律制度

（九届全国人大常委会法制讲座第十九讲，
2001 年 2 月 28 日）

郑成思

【内容提要】知识产权法是保护专利权、商标权、版权（也称著作权）、商业秘密专有权等创造性智力劳动成果所享有的民事权利的法律。我国知识产权保护法律体系中的基本法律法规已经具备，但知识产权保护的现状不容乐观。加入世界贸易组织后，要考虑通过立法修法使我国的知识产权制度与世界贸易组织的知识产权协议协调衔接，同时在立法中扬长避短，不断增加有利于我国经济发展的内容，完善知识产权保护程序，对于世界贸易组织未提出要求但我国市场经济发展实践确实需要的内容，也应当增加进法律中。要提高人们的知识产权保护意识，宣传不要侵权，鼓励国人积极开发自主知识产权，依法维护自己的知识产权。

【主讲人简介】郑成思，1944 年生，云南昆明人。中华人民共和国版权理论的重要开拓者、版权制度建设的主要奠基人之一，被誉为"中国知识产权第一人"。曾任中国社会科学院法学研究所研究员、博士生导师，中国社会科学院学部委员，中国社会科学院学位委员会委员，中国社会科学院知识产权研究中心主任，中国版权研究会副理事长，国际版权学会顾问，世界知识产权组织仲裁中心仲裁员，国际知识产权教学与研究促进协会执行委员，九届、十届全国人大代表、法律委员会委员，参加了我国著作权法、专利法、商标法、计算机软件保护条例、民间文学保护条例、网络传播权保护条例和民法典、反不正当竞争法等法律法规的起草、修订工作。1986 被授予"国家级专家"称号，1989 年被授予"全国劳动模范"

称号。2006 年 9 月 10 日因病在北京逝世。

一 知识产权的概念与特点

（一）什么是知识产权

知识产权指的是专利权、商标权、版权（也称著作权）、商业秘密专有权等人们对自己创造性的智力劳动成果所享有的民事权利。知识产权法，就是保护这类民事权利的法律。这些权利主要是财产权利。其中，专利权与商标权又被统称为"工业产权"。它们是需要通过申请、经行政主管部门审查批准才产生的民事权利。版权与商业秘密专有权，则是从有关创作活动完成时起，就依法自动产生了。

（二）知识产权与一般民事权利的相同点及不同点

与一般民事权利一样，知识产权也有与之相应的受保护主体与客体。发明人、专利权人、注册商标所有人、作家、艺术家、表演者等是相应的主体。新的技术方案、商标标识、文字著作、音乐、美术作品、计算机软件等，是相应的客体。在这里，专利权与商业秘密专有权的主体与客体有相当大一部分是重叠的。发明人开发出新的技术方案后，既可以通过向行政主管部门申请专利，公开发明，从而获得专利权，也可以自己通过保密而享有实际上的专有权。就是说，技术方案的所有人可以选择专利保护途径，也可以选择商业秘密的保护途径。

与大多数民事权利不同的是，知识产权的出现，大大晚于其他民事权利。恩格斯认为，大多数民事权利，早在奴隶制的罗马帝国时代，就已经基本成型。而工业产权，则只是在商品经济、市场经济发展起来的近代才产生的。版权，则是随着印刷技术的发展才产生的，又随着其后不断开发的录音、录像、广播等新技术的发展逐步发展的。商业秘密被列为财产权（亦即知识产权）中的一项，是在世界贸易组织成立之后。同时，随着经济、技术的发展，知识产权的内容，受保护客体的范围，总是以较快的速度变化着。至今也很难说它们已经"成型"。

与有形财产权相同，知识产权也是一种专有权。就是说，不经财产权的权利人许可，其他人不能使用或者利用它。

与有形财产权不同的是：第一，知识产权的客体具有"难开发、易复制"的特点。如果一个小偷从车场偷了一部汽车（有形财产），他最多只能卖掉这一部车，获取赃款，他不大可能再复制几部车去卖。如果小偷从一个软件开发公司偷出一个软件，他完全能很快复制出成千上万盘同样的软件去卖，足以使那个软件开发公司破产。第二，知识产权与有形财产权虽然都是专有权，但有形财产的专有权一般都可以通过占有相关的客体得到保护；知识产权的客体却表现为一定的信息（例如发明是实用技术的新信息，商标是商品来源的信息，作品是作者表达出的文字信息、画面信息、音像信息等），对信息是很难通过"占有"加以保护的。而且，有形财产的客体与专有权一般是不可分离的。对它们施加保护相对比较简单。知识产权的客体与专有权却往往是分离的，对它们的保护就要困难得多。例如，画家卖给我一幅画，这幅画无疑是受版权保护的客体。这一客体在我手中，但我若想把它印在挂历上，或印在书上，则仍须经该画家许可，并向他付酬。原因是"复制权"（即版权中的专有权之一）仍旧在画家手里，并没有随着画一并转移给我。

知识产权与有形财产权的这些不同之处，使得可以适用于有形财产权的"取得时效"制度，适用于侵害有形财产权的"返还原物"责任等，很难适用于知识产权。因此我们又说知识产权是一种特殊的民事权利。

（三）知识经济与知识产权

也正是由于知识产权与一般民事权利、有形财产权利相比，具有这些不同点，知识产权法律的完善、不断修订，就显得比民事领域的其他法律更有必要。

发达国家在 20 世纪末之前的一二百年中，以其传统民事法律中物权法（即有形财产法）与货物买卖合同法为重点。原因是在工业经济中，机器、土地、房产等有形资产的投入起关键作用。20 世纪八九十年代以来，与知识经济的发展相适应，发达国家及一批发展中国家（如新加坡、菲律宾、印度等），在民事立法领域，逐步转变为以知识产权法、电子商务法为重点。这并不是说传统的物权法、合同法不再需要了，而是说重点转移了。

原因是：在知识经济中，专利发明、商业秘密、不断更新的计算机程序等无形资产在起关键作用。随着生产方式的变动，上层建筑中的立法重点必然变更。一批尚未走完工业经济进程的发展中国家，已经意识到在当代，仍旧靠"出大力、流大汗"，仍旧把注意力盯在有形资产的积累上，其经济实力将永远赶不上发达国家。必须以无形资产的积累（其中主要指"自主知识产权"的开发）促进有形资产的积累，才有可能赶上发达国家。

我国一批真正能打入国际市场并且站住脚的企业，例如家电产业中的海尔、计算机产业中的联想，也正是这样做的。用他们的话来说，就是"以信息化促工业化"。2000 年初，联想公司推出的一项并不算太前沿的新产品——上网计算机，就包含了自己的 40 多个专利。

二　我国的知识产权法律制度

（一）概况

在十一届三中全会召开后的 1979 年，我国的专利法、商标法、版权法三部法律同时开始起草。在 1979 年的刑法中，规定了禁止冒用他人的注册商标，使商标从这时起就被赋予了"专用权"，成为一种"从刑法中产生的民事权利"。顺便说一句，在我国刑法较发达而民法不发达的相当长的历史中，许多民事权利都是依刑法产生，仅仅受刑法保护的。

1982 年，我国颁布了《中华人民共和国商标法》（并于 1993 年 2 月与现在两次修订）；1984 年，我国颁布了《中华人民共和国专利法》（并于 1992 年 9 月与 2000 年 8 月两次修订）；1986 年，我国颁布了《中华人民共和国民法通则》，其中明文规定了对知识产权的保护；1990 年，我国颁布了保护版权的《中华人民共和国著作权法》，1991 年 6 月国务院又颁布了计算机软件保护条例；1993 年 9 月我国颁布了《中华人民共和国反不正当竞争法》，开始明文保护商业秘密；1997 年 3 月，国务院颁布了《中华人民共和国植物新品种保护条例》。除了几部单行法律与行政法规之外，我国 1997 年修订后的刑法还列有专章，规定了对严重侵犯商标权、侵犯版权、侵害商业秘密及假冒他人专利者进行刑事制裁。至此，我国知识产权保护的法律体系中的基本法律、法规已经具备了。

（二） 对几部主要法律的说明

我国的商标法，主要是保护注册商标权人的专用权。从 1993 年起，这种保护包括了商品商标和服务商标。虽然商标法的主要目的是保护注册商标权人的利益，但这一目的，又首先要通过保护消费者的利益去实现。在这一点上，商标法、消费者权益保护法与反不正当竞争法是有交叉的。这并不奇怪，因为这三部法都主要规范商品与服务在市场上的流通。在商标法的执法过程中，工商行政管理部门或法院衡量某个经营者是否侵犯了他人的商标专用权，也主要是看他使用商标的方式是否欺骗了消费者或误导了消费者，亦即是否未经许可使用了与他人注册商标相同或近似的标志。

我国专利法保护发明、实用新型与外观设计三种不同的专利权，重点是保护发明专利。委员们在 2000 年 4 月至 8 月对专利法修订草案进行了三次审议，大家对这部法记忆犹新，就不多讲了。

根据我国的实际情况，对于注册商标权、专利权这两种依行政批准而产生的知识产权，两部法中都规定了行政机关调解、处理侵权纠纷以及行政机关查处某些违法活动的职能。不少外国法律以及世贸组织的知识产权协议，也都允许这种行政执法。我国的这类规定，是符合国际惯例的。

我国的著作权法首先保护的是文字著作，但又远远不止于"著作"。音乐、舞蹈、电影、电视、工程设计、地图、计算机软件、演员的表演实况等，凡是有可能被复制，即被"复版"、"翻版"或"盗版"的智力创作成果，也都在被保护之列。以纸张、磁带、电影胶带等形式对作品的复制，属于有载体的复制；以表演等形式对作品的复制，属于无载体的复制。也正因为如此，国际条约及许多国家保护这类成果的法律，都称之为版权法。在我国法律中，著作权与版权是同义语。法律禁止出版、传播的作品，在我国不受保护。

这里需要强调的是原创性与首创性（即专利法所说的新颖性）的区别。创作成果享有版权保护的首要条件是原创性。就是说，它不能是抄来的、复制来的或以其他方式侵犯其他人版权而产生的，它必须是作者创作的。原创性的要求与首创性不同。原创性并不排除创作上的巧合。例如，甲乙二人分别在同一角度下拍摄八达岭长城的镜头，虽然甲拍摄在先，乙在后，两张摄影作品十分近似，但二人都分别享有自己的版权。如果乙并没有自己到长城去拍照，而是翻拍了甲的摄影作品，则属于抄袭，就不享有自己的版权了。正是由于版权保护不排斥各自独立创作的相同作品，司法机关与行政执法机关在解决版权纠纷时，要认定是否构成侵权，比起在专利及商标领域，都会困难得多。

对于享有专利的发明，则恰恰要求具有首创性。专利制度是排除开发中的巧合的。如果甲申请专利在先，而搞出了同样发明的乙申请在后，则即使乙从来没有接触过甲的开发过程，完全是自己独立搞出的发明，他也绝不可能再取得专利了。这就是我国专利法中的新颖性要求与申请在先原则。因为在同一个技术领域搞发明的人很多，当不同的人以同样的发明申请专利时，专利审批机关不太可能断定谁在实际上是首先搞出某个发明的。因此就依法推定首先申请的那一个应当被受理，其他的就都被排除了。所以，我们的企业或研究单位一旦有了新发明，首先应考虑其他人不依赖于我是否也可能在较短时间开发出同样的技术方案。如果认为有这种可能，则应尽早去申请专利，以免别人占了先，自己反倒被排除出市场之外。当我们的研究成果属于新的科学发现时，为获取同业乃至全世界对"首先发现权"的确认，有必要尽早公诸媒体，进行宣传。但当我们的开发或研究成果属于实用发明（亦即新的技术方案）时，我们首先应当考虑的是申请专利，占住市场。这时如果急于公诸媒体，既可能在专利申请上被别人占先，也可能自己毁坏了自己的新颖性，是不可取的。

分不清科学发现与实用发明的不同法律地位，不加区分地一概抢先宣传，曾经使我们失去了相当一部分本来应属于我们的专利成果。当然，如果自己确信别人不依赖自己就不可能独立搞出同样的发明，那就可以选择以商业秘密的途径保护自己的成果，而无须申请专利。

对于可以获得注册、从而享有商标权的标识，法律要求其具有"识别性"。如果用"牛奶"作为袋装奶商品的商标，消费者就无法把这种袋装奶与其他厂家生产的袋装奶区分开，这就叫没有识别性。而只有用"三元"、"蒙牛"等这些具有识别性的标识，才能把来自不同厂家的相同商品区分开，这正是商标的主要功能。

另外一个需要强调的问题是，在我国颁布了几部知识产权方面的法律之后的相当长时间里，许多人对商标的重视程度，远远低于其他知识产权。在理论上，有的人认为商标只有标示性作用，似乎不是什么知识产权。在实践中，有的人认为创名牌，只是高新技术产业的事，初级产品（诸如矿砂、粮食等）的经营根本用不着商标。实际上，一个商标，从权利人选择标识起，就不断有创造性的智力劳动投入。其后商标信誉的不断提高，也主要靠经营者的营销方法，为提高质量及更新产品而投入的技术含量等，这些都是创造性劳动成果。发达国家的初级产品，几乎无例外地都带有商标在市场上出现。因为他们都明白，在经营着有形货物的同时，自己的无形财产——商标也会不断增值。一旦自己的有形货物全部丧失（例如遇到海损、遇到天灾等不可抗力、遇到金融危机等商业风险），至少自己的商标仍有价值。"可口可乐"公司的老板曾说，一旦本公司在全球的厂房、货物全部失于火灾，自己第二天就能用"可口可乐"这一商标作质押，贷出资金来恢复生产。因为每年"金融世界"都把"可口可乐"的价值评估到数百亿美元。我们曾有理论家告诉人们，如果一个企业倒闭了，它的商标就会一钱不值。实际上，企业倒闭后，商标还相当值钱的例子很多。例如1998年3月，广州照相机厂倒闭，评估公司给该厂的"珠江"商标估了4000元人民币，许多人还认为估高了。而在当月的拍卖会上，这一商标卖出了39.5万元！很明显，企业多年靠智力劳动投入到商标中的信誉，决不会因一时经营失误（或因其他未可预料的事故）致使企业倒闭而立即完全丧失。可见，提高我国经营者（尤其是大量初级产品的经营者）的商标意识，对发展我国经济是非常重要的。

从1980年起，我国就已经陆续加入了《世界知识产权组织公约》、《保护工业产权巴黎公约》、《保护文学艺术作品伯尔尼公约》、《世界版权公约》等主要的知识产权国际公约。无论在国内立法方面，还是在参加知识产权国际保护的对外合作方面，中国作为一个发展中国家，前进的速度是相当快的。联合国世界知识产权组织的前总干事与现任总干事都认为，中国用了短短十多年时间，就走完了发达国家上百年才走完的路。

当然，对于建立起现代知识产权法律制度时间不长的我国，知识产权保护的现状还不容乐观。尤其是在打击假冒商标和各种盗版活动上，还是任重而道远的。

（三）我国历史上对知识产权制度的贡献

虽然现代的多种民事权利保护制度，包括知识产权保护制度，从总体上说，主要是我国改革开放后从国外"引进"的。但应当注意到：随着印刷技术的发明才产生的版权保护，却恰恰首先在中国产生。在以刀刻手抄方式复制创作成果的年代，不会出现"版权"这种民事权利。因为复制者艰难的复制活动不可能生产批量复制品为自己营利，创作者也就没有必要控制这种复制活动。

印刷技术在我国隋唐时就有了很大发展。宋代发明了活字印刷。而版权保护，正是起源于我国宋代。宋代的《方舆胜览》、《丛桂毛诗集解》等一大批流传下来的古籍中，都明白地记载着当时"禁止翻版"、"不许复版"的地方政府榜文，载有对"翻版营利"的活动，权利人可以"陈告、追人、毁版"等。其中的诉讼程序与侵权责任，直至1956年的英国的版权法中，还清晰可见。而这些古籍中留下的当时的"版权标识"，与《世界版权公约》所要求的形式要件几乎完全相同。禁止复版或翻版（Copy）的权利（Right）与700多年后西方产生并沿用至今的"版权"（Copy right）概念，是完全相同的。而西方的这种保护，是在宋代之后500多年，随着古登堡在德国开始使用活字印刷术，才慢慢发展起来的。中国在印刷术及版权保护上的历史贡献，联合国教科文组织早在20世纪80年代初就给予了承认。

在20世纪90年代中期，一位美国教授，以中国当时存在盗版现象为由，断言中国自古就不尊重智力创作成果，自古就奉行"窃书不算偷"的信条。我当时就以英文在境外发表文章，指出他的这一论断是因对中国历史缺乏了解才得出的，并且全面介绍了上述宋代古籍中的记载。这篇文章后来被外国（包括美国）知识产权界的许多学者所引用。他们也都认为，既然版权保护是随着印刷术的发展而产生的，那么它必然会首先出现在中国。

当然，确认我国在历史上对知识产权的贡献，并不是要证明我们现在一切都完美了。时间毕竟进入了21世纪。我国刚刚建立起来的现代知识产权制度还有必要不断完善。现在我们正在修订着几部知识产权方面的法律，这正是我们认识到这种必要性的一个很好证明。

三 "入世"与知识产权保护

（一）世界贸易组织的知识产权制度

世界贸易组织的各项协议所调整的，主要是商品贸易、服务贸易与知识产权保护三项内容。商品贸易指的是有形货物买卖，对此大家比较熟悉。服务贸易在世贸组织的协议里，指以下四种情况。

（1）跨境提供（例如电信服务、网络服务）。

（2）人员流动（例如劳务输出）。

（3）出国消费（例如旅游服务）。

（4）商业到位（例如外国银行到中国建点所提供的金融服务）。

就在商品贸易与服务贸易两项内容中，实际上也有很多知识产权保护问题。

就商品贸易而言，一切来自合法渠道的商品，都有自身商标的保护问题。商品的包装、装潢设计、促销商品的广告（包括广告画、广告词、广告影视等）都有版权保护问题。销售渠道较畅通的新商品，一般都有专利或商业秘密的含量作支撑。来自非法渠道的商品则大都有假冒商标及盗版等问题。在服务贸易中，服务商标的保护及为提供服务所做广告的版权问题，与商品贸易是相同的。不同的是：在跨境服务中，特别是在网络服务中，一个企业在本国做广告，可能侵害外国企业在外国享有的商标权，因为网络的特点是无国界性，商标权的特点却是地域性。这种特别的侵权纠纷，在有形货物买卖中是不可能出现的。

世贸组织要求它的成员国必须保护的知识产权有7项：版权、商标、发明专利、外观设计、地理标记、半导体集成电路设计、商业秘密。其中的外观设计已经包含在我国的专利法中了；地理标记将包含在修改后的商标法中，只剩下半导体集成电路设计的保护，在我国尚未立法。不过因为这种创作成果的更新换代很快，侵权人刚刚复制，人家的更新产品可能已经上市了，于是复制者无利可图。所以世贸组织的成员国在谈判中均未强调这项立法的问题。

（二）与"入世"有关的知识产权立法建议

1. 在立法中应注意"扬长避短"

从我国立法机关来讲，针对"入世"，要考虑通过立法与修法使我国的知识产权制度与世贸组织的知识产权协议（即 TRIPS 协议）不冲突。要做到这一点，我们只要满足知识产权协议的"最低要求"，就可以了。在现阶段我们还无须追求发达国家的高保护水平。在"入世"之后，我们要考虑以可行的建议促使我国代表在多边谈判中不断增加有利于我国经济发展的内容。当然，立法机关通过立法先在国内开始自行保护属于我们长项的知识产权客体，也是一种积极的促进方式。多年来，亚非一批国家为争取把民间文学艺术的保护纳入国际公约，都是自己首先在国内法中开始对之保护的。

世贸组织在下一轮多边谈判中，即将讨论把生物多样性的保护与传统知识的保护纳入知识产权范围的问题，这应引起我们的关注。大量我国独有而外国没有的动植物品种（包括濒临灭绝的动植物）的保护，就属于前者；我国的中医药及中医疗法的保护，我国几乎各地均有的民间文学艺术的保护等，则属于后者。这些，应当说是我国的长项，不像专利、驰名商标等在国际上目前显然还是我国的短项。我们关注这些问题的目的，一是要争取把它们纳入知识产权国际保护的范围。二是一旦纳入之后，应考虑我们的立法如何立即跟上。这有利于我们在知识产权的国际保护中"扬长避短"，使我国在国际市场上的知识产权产品也有可能不断增加。美国从1996年开始，版权产业中的核心产业（即软件业、影视业等）的产品出口额，已经超过了农业、机器制造业（即飞机制造、汽车制造等）的产品出口额。美国知识产权协会把这当作美国已进入"知识经济"发展时期的重要标志。

此外，关于在《中华人民共和国商标法》修订草案中已经提到的地理标记保护，我对其保护的力度还很不够。法国仅仅有几个与葡萄酒有关的地理标记，就知道要在国内法和国际公约中大做文章，不遗余力地强调对它们的保护。1985年我国参加了保护地理标记的《巴黎公约》之后，法国即要求我们在自产的葡萄酒上禁用"香槟"二字，因为它是法国葡萄酒的地理标记。而我国有大理石、莱阳梨、金华火腿等数不清的世界知名的可保护的地理标记，我们的立法中却对此轻描淡写。意大利出产的许多石料及石制品、我国台湾地区花莲县的许多石制品，在国际市场上都叫"大理石"或大理石制品。我们要想入世后发挥我国地理标记在知识产权国际保护中的优势，禁止他人随便使用，首先在我们自己的法律中要突出这些受保护客体的地位，加强对它们的保护力度。

千万不可一提起知识产权，就认为其涉及的东西对我们来说统统是弱项；不要一讲知识产权保护，好像就只是保护了外国的东西；不要一谈到

"入世"与修订知识产权方面的法律，就只想到那些世贸成员要求我们修改的内容。其实，我们首先应当考虑的是我们自己有哪些长项，这一方面保护的力度够不够。

2. 程序法方面的问题

世贸组织的知识产权协议是第一个对知识产权程序法作出具体规定的国际条约。

而在保护知识产权的程序上，我们还有些明显的欠缺。例如，诉讼前的证据保全，是世贸组织明文为保护知识产权的执法提出的要求。我国现行民事诉讼法中没有这项制度，现有的各种知识产权单行法中也没有这项制度。再如，对已注册的商标，任何人均应有权直接查询。而在我国对此既无法律规定，在实践中也做不到。这一类缺陷，如果我们不在法律中作出规定，那么在我国入世后遇到具体案例时，就会有其他世贸成员提出了。

3. 与"入世"无关的必要修订

"入世"的需要，绝不是我们修订知识产权方面的法律的唯一理由。世贸组织并未提出要求，但我国市场经济发展的实践确实需要的内容，也应当在修订中增加进法律中。例如：一大批发达国家与发展中国家在保护商标权时，都规定了"禁止改换他人合法标示的商标"，对此世贸组织并无明文要求。而我国在向市场经济转轨的过程中，以改换他人商标的方式扰乱市场的事屡屡发生。一些外国企业的销售商在我国高质量的服装产品上撕去"枫叶"商标、在高质量的油漆产品容器上涂去"灯塔"商标，然后换上外国商标再投放市场。对这些行为，依照我国的商标法却不能加以禁止和制裁。这对发展我国市场经济特别对发展我国自己的名牌，是非常不利的。我们完全可以考虑在商标法中增加禁止这种行为的法律规定。

（三）提高人们的知识产权保护意识

在修订与完善有关知识产权法及加强执法方面，我们都已经做了大量的工作。但在提高人们的知识产权保护意识方面，仍显得有些欠缺。例如，最近我还听到一所名牌大学的法学教师对学生讲，盗版有助于发展我国的经济，打击盗版是保护了外国产品。这实际上反映了一部分人的看法。我认为恰恰相反，盗版直接妨碍了我国经济的发展。第一，盗版者的非法收入，绝没有上缴国家，以用来发展经济；而且对这一大笔非法收入是无法去收税的。从这里漏掉的税款，对国家就是个不小的损失。第二，盗版活动的主要受害者，是国内企业。仅仅以软件盗版为例，它是我国自己的软件产业发展不起来的直接原因。像微软这样的外国企业，它的视窗软件等行销全球的产品，即使在中国一盘也卖不出去，它仍旧可以靠英文原版产品，以及"韩化"、"日化"的产品在许多国家及美国本国的市场赚到钱。而我们自己企业开发的"中文之星"、"五笔汉字"等软件，如果在中国因为盗版猖獗没有了市场，它们在国外的市场就非常有限了，这些中国软件企业就非倒闭不可。对音像制品、图书等的盗版如果不给予有力打击，结果也是一样。因为这些汉字、汉语的文化产品的市场主要在中国。

邓小平同志 1992 年初在深圳视察音像制品企业时，首先就问他们："版权问题是否妥善解决了？"可见社会主义市场经济的倡导者非常清楚知识产权保护对发展我国经济的重要性。我国的立法机关与司法、行政执法机关，无论对假冒活动还是盗版活动，态度也一直是明确的：依法坚决打击。

"入世"之后在国内将最先面对知识产权保护挑战的，是国内的产业界、文化市场与商品市场。所以在国内这些领域中进行知识产权法的普法教育，还有许多工作要做。就知识产权普法而言，宣传"守法"不应当是消极的，它至少应包括四个方面。

第一，不要侵权，这指的是推出新产品之前，要把知识产权问题解决好；产品中含有他人知识产权的，要取得许可。

第二，"入世"后，一旦外国企业诉我们侵权，应当懂得我们有哪些抗辩的余地。国内有相当一部分企业的做法正好相反，在推出产品之前，根本不过问是否涉及他人的专利、版权等，只知蛮干。等到别人一告他侵权，又立刻乱了手脚，不加分析地先自认理亏。最近有个国内企业找我，说外国公司告他侵犯了外国专利，问该怎么办？我说你慌什么？你的产品出口不出口，不出口就不可能侵犯"外国专利"，因为专利是有地域性的。他申请了美国专利，你在中国经营不可能侵犯"美国专利"；他如果在外国只获得了美国专利，你向日本出口也不可能侵犯它。即使他在中国获得了专利，你还要看他们专利保护期是不是届满？因为专利是有"法定时间性"的，像微波炉、汽车安全带，都曾是专利产品，但早已过了保护期，虽然今天不少厂家仍在制售，但已经不可能侵犯原专利权了。即使其专利尚未届满，还要看是否因未交专利年费等原因而导致其专利失效了。即使上述抗辩理由都不成立，你还要认真分析你的产品是否全部落入了其专利的"权利要求"中？因为专利不像版权与商标，不存在"部分侵权"。如果你的产品只包含他专利中的部分技术特征而不是全部，那就仍然不能定为侵权。美国的柯达公司被诉侵害他人感光技术专利，抗争了9年，才最后被认定侵权。我们的企业怎么能够别人一告侵权就"不战而降"了呢？

第三，无论在国内还是国外，我国的企业及个人已经享有的知识产权，同样可能遭到别人的侵害。要注意依法维护自己的知识产权。提高守法意识或知识产权意识，绝不是仅针对侵权人而言，而且也是针对我国的知识产权权利人的。

第四，也是最重要的，要鼓励国人积极开发享有我们自主知识产权的成果。袁隆平在我国还没有颁布专利法之前，就已经在美国、澳大利亚申请了杂交水稻育种技术的专利；中石化公司在最近几年，在世界范围就某些化工技术申请了多国的多项专利，初步建立起自己的"市场保护圈"，使外国企业想进入这个圈制售有关化工产品的，都要向中石化取得许可。海尔、联想等驰名商标，也开始突破国界取得国际上的承认。这些，都是较典型的"自主知识产权"。

为了发展我国的经济，我们不能拒绝引进他人的创新成果。但我们最终能够依靠的，还是我国人民自己的创新精神。给予创新成果以知识产权保护，是对发扬创新精神的最有效的鼓励。

曾为世界贡献出四大发明的我国，曾作为版权保护发源地的我国，在新的千年、新的世纪里，一定能够提供给人类更多、更优秀的创新成果！

反垄断法律制度

（九届全国人大常委会法制讲座第二十七讲，
2002 年 6 月 29 日）

王晓晔

【内容提要】反垄断法是市场经济国家的基本法律制度，主要任务是防止市场上出现垄断，以及对合法产生的垄断企业进行监督，防止它们滥用市场优势地位。党的十一届三中全会以来，我国经济生活中出现了竞争，开始制定反垄断立法，但至今没有一部系统完整的反垄断法，一些反垄断规定亟待完善，也没有一个统一的执行反垄断法的行政主管机关。应当依据世界贸易组织的基本规则，借鉴其他国家的成功经验，结合我国的具体情况，尽快建立和完善我国反垄断法律制度。第一，尽快制定一个比较系统全面的反垄断法。第二，制定一个有效的法律制度，改变当前对行政性限制竞争监督不力的状况。第三，顺应世界各国反垄断立法的潮流，尽可能在所有行业打破垄断，引入竞争机制。第四，反垄断法应具有域外适用的效力，有效制裁跨国公司损害我国市场竞争和损害我国消费者利益的行为。

【主讲人简介】王晓晔，女，1948 年 10 月生，河北张家口人。主要研究领域为竞争法、经济法和国际经济法，现任湖南大学竞争法研究中心主任，中国社会科学院法学研究所研究员、博士生导师，曾任中国社会科学院法学研究所经济法研究室主任、中国社会科学院欧洲研究中心研究员、中国经济法研究会副会长兼竞争法专业委员会主任，国家社会科学基金学科规划评审组专家，全国人大常委会法工委和国务院法制办反垄断立法专家组成员、国务院反垄断法委员会咨询专家、商务部（多哈议程）贸易与竞争政策专家咨询组组长、国家价格协会咨询委员会委员，国际消费者联盟与信用社会竞争、投资和经济管制研究中心国际咨询委员、竞争法国际协会常务理事、亚洲竞争论坛常务理事、亚洲竞争协会顾问、美国反托拉斯法学会国际咨询委员。

垄断的原意是独占，即一个市场上只有一个经营者。反垄断法，顾名思义就是反对垄断和保护竞争的法律制度。它是市场经济国家基本的法律制度。随着我国加入世界贸易组织，我们应当依据世贸组织的基本规则，借鉴其他国家的成功经验，并且结合我国的具体情况，尽快地建立和完善我国社会主义市场经济的法律制度。其中，一项重要而且紧迫的任务就是尽快地建立和完善我国的反垄断法律制度。

一　社会主义市场经济需要反垄断法

市场经济的一个重要特征就是市场运行的竞争性，竞争的存在是市场运行得以延续、社会资源得以有效配置的必要前提。从一定意义上说，没有竞争的经济不是市场经济。反垄断法的宗旨是反对垄断，反对限制竞争，保护市场主体参与市场竞争的权利。因此，要认识我国建立和完善反垄断法的必要性，我们首先应当认识竞争在市场经济中的重要作用。这些作用主要表现在以下三个方面。

（一）优化配置资源

市场经济与计划经济最重要的区别是，市场经济不是中央集权式的经济。企业生产什么，生产多少，不是靠国家的计划或者政府的行政命令，而是由企业自己来决定。一般来说，当一种商品在市场上比较短缺，它的价格就会上涨，生产者就会对这种商品进行投资；当一种商品供大于求，它的价格就会下降，生产者就会将其资金转移到其他商品或者服务上去。这说明，在市场经济条件下，决定企业生产或者经营计划的重要因素是市场价格，价格机制在调节市场供求和优化配置资源方面起着极其重要的作用。然而，要使价格机制能够发生作用，市场必须至少满足两个前提条件：第一是企业的自主权，第二是保持市场的开放性。这就是说，经营者之间要能够开展竞争。改革开放 20 多年来，我国老百姓感受最深切的一点是，计划经济条件下许多有钱买不到的东西，现在是应有尽有。这简直就是一个经济奇迹。这个奇迹的一个主要原因就是竞争。正是因为我国经济生活中有了竞争，企业的生产和经营活动才能面向市场，社会的供求关系才能得到平衡，社会资源才能得到合理和优化的配置。

（二）推动经济和技术的发展

竞争是一个优胜劣汰的过程。即竞争可以淘汰低效率的企业，淘汰不合理的生产工序和劣质产品。与此相反，那些高效率的企业和优质产品在竞争中则可以得到越来越大的市场份额，甚至可以取得市场支配地位或者垄断地位。在市场经济条件下，因为每个企业都希望扩大自己的市场份额，获取更多的利润，它们就会努力降低成本和价格，不断开发新产品、新工艺，改善经营管理，目的是以最小的成本投入获取最大的收益。而且，一个企业一旦在市场上取得了领先地位，获得了丰厚的利润，其他的企业就会跟着效仿。这就使市场竞争呈现出一派你追我赶、生气勃勃景象。改革开放 20 多年来，我国企业的技术水平和生产能力普遍有了很大提高。特别在家电行业，涌现出一大批资金雄厚、技术先进和经济效益十分显著的企业。这些企业的发展靠的就是竞争！竞争使这些企业有了巨大的压力，但同时也使它们产生了巨大的创新动力，这就为它们的发展创造了条件。因此，可以说，竞争是生产力发展的强大推进器，是一个国家经济活力的源泉。

（三）保护消费者

竞争对企业是一种压力。在竞争的压力下，企业必须努力降低生产成本，改善产品质量，改善售后服务，并且得根据消费者的需求不断地开发新产品，增加花色品种。例如在我国的家电领域，新产品越来越多，产品质量越来越好，价格却是一降再降。再以电信设备为例。20 世纪 90 年代初买一部手机大约需要 3 万元，现在手机价格已降到两三千元，甚至几百元。是竞争迫使生产商和销售商不断地向消费者降价让利，要求他们在产品的质量、数量以及花色品种方面尽量满足消费者的需求。因此，我们可以说，竞争使消费者成为"上帝"，竞争给消费者带来了社会福利。

我们说，在市场经济体制下，竞争是一种不可缺少的机制。只有竞争才能使社会资源得到优化配置，企业才能具有创新和发展的动力，消费者才能得到较大的社会福利。然而，市场经济本身并没有维护公平和自由竞争的机制。为了减少竞争压力和逃避竞争风险，企业总是想方设法地限制竞争。就在我国现阶段市场不成熟和市场机制不完善的条件下，限制竞争的现象也已经频频出现，如企业联合限价，联合限制生产或者销售数量，或者相互分割销售市场等。尤其需要指出的是，在我国当前从计划经济向市场经济的过渡阶段，政企不分的现象尚未完全改变，来自政府方面的行政性限制竞争的情况仍然十分严重，特别是地方保护主义的横行。这些形形色色的限制竞争行为不仅会损害企业和消费者的利益，而且，由于取得了垄断地位的企业没有市场竞争的压力，从而会丧失创新动力，不思进取，其结果就会阻碍国家经济和技术的发展。因此，我国亟待建立一个比较完善的反垄断法律制度。随着我国加入世界贸易组织和国内市场进一步对外开放，更多的外国企业和外国商品将会进入我国的市场，与国内的企业和产品展开激烈的竞争。因此，制定一个符合国际惯例的反垄断法，给国内外企业提供一个公平、公开和有序的竞争环境，这不仅有利于我国经济贸易法制的完善，而且也有利于我国实施对外开放政策，有利于我国的经济进一步融入全球化，促进我国的经济发展和提高我国的国际地位。

反垄断法作为企业在市场上的竞争规则，它与反不正当竞争法有很多相似之处。在经济政策上，它们都是推动和保护竞争，反对企业以不公平和不合理的手段谋取利益，从而维护市场经济秩序的必要手段。它们的不同之处是，反不正当竞争法是反对企业以假冒、虚假广告、窃取商业秘密等不正当手段攫取他人的竞争优势，其前提条件是市场上有竞争，其目的是维护公平的竞争秩序，保护合法经营者和消费者的利益。因此，这个法律可以简称为公平竞争法，它追求的是公平竞争。而反垄断法则是通过反垄断和反对限制竞争，使市场保持一种竞争的态势，保证市场上有足够的竞争者，保证消费者有选择商品的权利。因为在垄断和限制竞争的情况下，企业失去了竞争自由，反垄断法追求的就是自由竞争，这个法律从而也可以简称为自由竞争法，其目的是保障企业在市场上自由参与竞争的权利，提高企业的经济效益，扩大社会福利。因为反垄断法是规范整个市场的竞争，涉及的问题是全局性的，它在推动和保护竞争方面所起的作用就远远大于反不正当竞争法。反垄断法在市场经济国家的法律体系中占有极其重要的地位。在美国，它被称为"自由企业的大宪章"，在德国被称为"经济宪法"，在日本被称为"经济法的核心"。在社会主义市场经济体制下，市场机制和竞争机制在配置资源中起着基础性的作用，是发展我国国民经济的根本手段。因而，反垄断法在我国经济立法中就有着极其重要的地位，是我国经济法的核心。

二　世界各国反垄断立法概况

反垄断法目前在我国还是一种全新的法律制度。但美国早在一百多年前就已经颁布了这种法律。1865 年美国南北战争结束后，随着全国铁路网的建立和扩大，原来地方性和区域性的市场迅速融为全国统一的大市场。大市场的建立一方面推动了美国经济的迅速发展，另一方面也推动了垄断组织即托拉斯的产生和发展。1879 年美孚石油公司即美国石油业第一个托拉斯的建立，标志着美国历史上第一次企业兼并浪潮的开始，托拉斯从而在美国成为不受控制的经济势力。过度的经济集中不仅使社会中下层人士饱受垄断组织滥用市场势力之苦，而且也使市场普遍失去了活力。在这种背景下，美国在 19 世纪 80 年代爆发了抵制托拉斯的大规模群众运动，这种反垄断思潮导致 1890 年《谢尔曼法》（Sherman Act）的诞生。谢尔曼法是世界上最早的反垄断法，从而也被称为世界各国反垄断法之母。美国最高法院在其一个判决中指出了谢尔曼法的意义，即"谢尔曼法依据的前提是，自由竞争将产生最经济的资源配置、最低的价格、最高的质量和最大的物质进步，同时创造一个有助于维护民主的政治和社会制度的环境"。

从谢尔曼法问世到第二次世界大战结束，这期间除美国在 1914 年颁布了《克莱顿法》和《联邦贸易委员会法》作为对谢尔曼法的补充外，其他国家在反垄断立法方面几乎是空白。然而，第二次世界大战一结束，形势就产生了很大的变化。先是在美国的督促和引导下，日本在 1947 年颁布了《禁止私人垄断和确保公正交易法》，德国于 1957 年颁布了《反对限制竞争法》。1958 年生效的《欧洲经济共同体条约》第 85 条至第 90 条是欧共体重要的竞争规则。此外，欧共体理事会 1989 年还颁布了《欧共体企业合并控制条例》，把控制企业合并作为欧共体竞争法的重要内容。意大利在 1990 年颁布了反垄断法，它是发达市场经济国家中颁布反垄断法最晚的国家。现在，经济合作与发展组织（OECD）的所有成员国都有反垄断法。

发展中国家反垄断立法的步伐比较缓慢。直到 20 世纪 80 年代后期，尽管有联合国大会的号召，联合国贸发会还就管制限制性商业实践提供了技术援助，但是颁布了反垄断法的发展中国家仍然不足 12 个，它们包括亚洲的韩国、印度、巴基斯坦和斯里兰卡。发展中国家当时对反垄断法普遍不感兴趣的主要原因是，这些国家的许多产业部门或者主要产业部门是由国有企业经营的。为了维护国营企业的利益，国家自然就会在这些部门排除竞争。此外，当时所有的社会主义国家实行计划经济体制，不允许企业间开展竞争，这些国家自然也没有制定反垄断法的必要性。我国也是这种情况。因为我们当时认为计划经济是最好的经济制度，把竞争视为资本主义制度下的生产无政府状态，认为竞争对社会生产力会造成严重的浪费和破坏，我国当时也完全不可能建立一种崇尚竞争和反对垄断的法律制度。

20 世纪 80 年代后期以来，随着世界各国经济政策总的导向是民营化、减少政府行政干预和反垄断，各国反垄断立法的步伐大大加快了。这一方面表现在亚洲、非洲和拉丁美洲的许多发展中国家纷纷制定或者强化了它们的反垄断法，另一方面表现在苏联和东欧集团的国家也都积极进行这方面的立法。到 1991 年，中欧和东欧地区的绝大多数国家包括保加利亚、罗马尼亚、克罗地亚、爱沙尼亚、哈萨克斯坦、立陶宛、波兰、俄罗斯、匈牙利等都颁布了反垄断法。近年来，随着这些地区的许多国家积极地申请加入欧盟，它们又都根据欧共体竞争法进一步强化了自己的反垄断法。据统计，世界上目前颁布了反垄断法的国家大约有 84 个。发展中国家以及苏联和东欧国家现在之所以积极制定和颁布反垄断法，主要的原因是国有垄断企业的经济效益普遍不能令人满意。因此，除了一些特殊的行业，这些国家都已经开始在原先国家垄断经营的部门注入了私人经济，甚至在电信、电力、煤气等传统上被视为自然垄断的行业引入了竞争机制。现在，世界各国都已经普遍地认识到，垄断不仅会损害企业的效率，损害消费者的利益，而且还会遏制了一个国家或者民族的竞争精神，而这种竞争精神才是一个国家经济和技术发展的真正动力。

三 反垄断法的任务

反垄断法的任务就是防止市场上出现垄断，以及对合法产生的垄断企业进行监督，防止它们滥用市场优势地位。具体地说，反垄断法主要有以下任务。

（一）禁止卡特尔

经济学家亚当·斯密曾经说过，生产同类产品的企业很少聚集在一起，如果他们聚集在一起，其目的便是商讨如何对付消费者。反垄断法上把这种限制竞争性的协议称为"卡特尔"。例如，电视机生产企业通过协议商定，每台电视机的售价不得低于3000元。这种协议就会排除它们在价格方面的竞争。这种卡特尔被称为"价格卡特尔"。为了维护产品的高价，竞争者之间也可以通过协议限制生产或者销售数量，例如1998年我国彩电业生产显像管的八大企业联合限产。这种卡特尔被称为"数量卡特尔"。此外，生产同类产品的企业还可以通过协议划分销售市场，这种卡特尔被称为"地域卡特尔"。

上述这些卡特尔对市场竞争的损害是非常严重的。以"价格卡特尔"为例：因为被固定的价格一般会大大超过有效竞争条件下的价格水平，这种卡特尔自然会严重损害消费者的利益。此外，在价格被固定的情况下，效益好的企业因为不能随意降价，不能根据市场的情况扩大自己的生产规模，它们从而也就不能扩大自己的市场份额。分割销售市场也是对竞争的严重损害。因为在这种情况下，参加卡特尔的企业各自在其销售地域都有着垄断地位，这一方面使消费者失去了选择商品的权利，另一方面使市场失去优胜劣汰的机制，即效益差的企业不能被淘汰，效益好的企业不能扩大生产规模，这就会严重损害企业的竞争力，使社会资源不能得到优化配置。

在各国反垄断法中，上述各种严重损害竞争的协议一般得适用"本身违法"的原则，即不管它们是在什么情况下订立的，都得被视为违法。根据美国的《谢尔曼法》，这种情况下对公司的罚款可以达到1000万美元，对个人罚款可以达到35万美元，此外还可以处以三年以下的刑事监禁。但在具体案件中，美国司法部根据美国刑法的规定，早已大幅度提高了反垄断案件的罚金。在 2000 年，日本三菱公司因为被指控参与了一个固定（石墨电极）价格的国际卡特尔，被美国司法部征收了 1.34 亿美元的罚金。不久前，英国的克里斯蒂（Christie）拍卖行和美国的苏富比（Sotheby）拍卖行作为国际上两家最著名的拍卖行，因商定佣金的价格被指控违反了美国反垄断法。现在，这两家拍卖行不仅被课以巨额罚金，它们的总裁还面临着刑事监禁。

需要指出的是，企业间订立限制竞争的协议有时对经济是有好处的。例如，统一产品规格或者型号的协议，适用统一的生产、交货以及支付条件的协议，中小企业间的合作协议，以及统一出口价格的协议。因为这些限制竞争有利于降低企业的生产成本，改善产品质量，提高企业的生产率，它们一般被视为合理的限制，可以得到反垄断法的豁免。

（二）控制企业合并

在市场经济条件下，企业并购是经常发生的，而且绝大多数的企业并购对经济是有利的。特别在我国当前的情况下，企业并购有利于改变我国企业过度分散和规模过小的状况，有利于促进企业间的人力、物力、财力以及技术方面的合作，从而有利于提高企业的生产效率和竞争力。

然而，市场经济下的企业本身有着扩大规模和扩大市场份额的自然倾向，如果对合并不加控制，允许企业无限制地购买或者兼并其他的企业，不可避免地会消灭市场上的竞争者，导致垄断性的市场结构。正是出于维护市场竞争的需要，各国反垄断法都有控制合并的规定。这种控制的目的不是限制企业的绝对规模，而是保证市场上有竞争者。这方面的法律制度主要是合并的申报和审批制度，即达到一定规模的企业合并需要向反垄断法的主管机关进行申报。根据美国、德国、日本等许多国家的法律，只要合并可以产生或者加强市场支配地位，反垄断法主管机关就可以禁止合并。有些国家的法律还规定，什么样的合并可以推断为是产生或者加强了市场支配地位。例如德国的《反对限制竞争法》规定，如果合并后一家企业达到了三分之一的市场份额，或者三家或三家以下的企业共同达到二分之一市场份额，或者五家或五家以下的企业共同达到三分之二的市场份额，就可以推断合并产生或者加强了市场支配地位。

经济是非常活跃的。有些合并即便产生或者加强了市场支配地位，但是因为某些特殊的情况，政府也应当批准合并。美国司法部 1997 年批准了波音公司和麦道公司的合并，这一方面是因为麦道公司当时处于濒临破产的境地，另一方面因为合并后的企业在国际市场上仍然存在着与欧洲空中客车的竞争。许多国家的反垄断法规定，如果合并有利于整体经济或者社会公共利益，政府应当批准合并。需要指出的是，导致垄断的合并因为会严重损害竞争，损害消费者的利益，政府批准这种合并的时候应当非常慎重。

（三）禁止滥用市场支配地位

实践中，企业可以通过合法的方式取得市场支配地位，甚至垄断地位。例如，国家授权一个企业在某个行业享有独家经营的权利，这个享有特权的企业自然就是一个垄断企业。企业也可以通过知识产权如专利、版权等取得市场支配地位。例如，微软公司就是通过知识产权在全世界的软件市场上取得了市场支配地位。反垄断法虽然不反对合法的垄断，但因为合法的垄断者同样不受竞争的制约，它们就非常可能会滥用其市场优势地位，损害市场竞争，损害消费者的利益。因此，国家必须对那些在市场上已经取得了垄断地位或者市场支配地位的企业加强监督。1997 年美国司法部指控微软公司违反了美国反垄断法，就是这方面的一个重要案例。

在微软公司一案中，美国司法部根据以下三点认定微软公司存在着市场垄断行为。第一，微软公司在电脑软件市场上占据了 80% 以上的市场份额。第二，微软公司实施了限制竞争的行为，即在视窗 95 和视窗 98 的操作平台上捆绑销售英特网浏览器（Explorer），致使其他软件公司（例如网景公司）的产品难以进入市场。根据美国地区法院杰克逊法官的看法，微软公司捆绑销售的目的是排挤和消灭竞争对手。第三，微软公司的捆绑销售行为会影响消费者的选择。现在，美国司法部虽然不再要求法院肢解微软，但是美国最高法院仍然维持地方法院认定微软公司违反了美国反垄断法的判决。

微软公司一案说明，那些在市场上占据垄断地位或者支配地位的企业，它们的市场行为会受到政府更为严格的管制。这就是说，同一种限制竞争的行为如果发生在不同企业的身上，它们会产生不同的法律后果。例如，消费者购买长虹电视机的时候，如果销售商要求消费者必须同时购买一台长虹牌收录机或者其他产品，消费者一般不会接受销售商这种无理的要求，而会转向购买海尔、TCL或者其他品牌的电视机。这说明，在竞争性的市场上，搭售行为一般不会对消费者造成严重的不利后果。然而，消费者安装电话的时候，如果电话局要求他们购买指定的电话机，否则就不给装电话，这种搭售行为对市场就有着严重的不利影响。一方面，这会严重损害消费者的利益，因为他们没有选择其他产品的机会；另一方面，这种行为也会严重损害竞争，因为它会给某些企业的市场销售带来严重的不利后果。因此，反垄断法中关于市场行为的管制主要是针对垄断企业或者占市场支配地位的企业。

在我国，滥用市场支配地位的企业主要是公用企业。例如，邮电局强行为用户配发电话机，电力部门强迫用户购买其指定的配电箱，自来水公司强迫用户购买其指定的给水设备，煤气公司强迫用户购买其指定的煤气灶和热水器等。滥用市场支配地位还有其他表现，例如滥收费用，即对消费者或用户索取不合理的垄断高价；低价倾销，即以低于成本的价格销售商品，目的是将竞争对手排挤出市场；价格歧视，即对处于相同地位的交易对手使用不同的价格条件，从而使某些企业在市场竞争中处于不利的地位。此外还有抵制或者拒绝交易，例如一个占市场支配地位的化学企业拒绝向一个生产药品的企业提供它在生产中必不可少的化学原料，在这种情况下，被拒绝供货的企业就可能被排挤出市场。滥用市场支配地位的法律后果包括停止违法行为，对违法企业进行罚款。此外，受害者还可以要求民事损害赔偿。在美国，法院还可以拆散垄断企业，拆散的目的是将垄断性的市场变为竞争性的市场。美国法院1982年将美国电话电报公司（AT&T）一分为八，在世界上最早打破了电信行业的垄断。

（四）禁止行政垄断

行政垄断是指政府及其所属部门滥用行政权力限制竞争的行为。实际上，不管是在中国还是在外国，是在过去、现在还是在将来，政府限制竞争都是对竞争损害最甚的行为。因此，我们在研究反垄断问题时，就不能把目光仅仅投向企业的限制竞争行为，而还应当注意政府的行为，防止其滥用行政权力，限制竞争。

由于历史和体制方面的原因，苏联和东欧国家尤其重视行政垄断的问题。乌克兰共和国 1992 年颁布的《禁止垄断和企业活动中不正当竞争行为法》第 6 条明确规定，政府及其所属部门不得对企业采取歧视的态度，例如出于限制竞争的目的，禁止在某个经济领域建立新企业，限制企业的某种活动或者某种产品的生产；强迫企业加入企业集团，或者强迫它们向某些企业提供价格便宜的产品；或者禁止在共和国某地区销售来自其他地区的商品，从而导致一定商品市场的垄断化；或者对个别企业提供税收或其他方面的优惠，使它们相对其他企业处于不公平的竞争优势等。

行政垄断在我国当前主要表现为行业垄断和地方保护主义。行业垄断即是政府及其所属部门滥用行政权力，限制经营者的市场准入，排斥、限制或者妨碍市场竞争。这特别表现为一些集行政管理和生产经营于一体的行政性公司、承担着管理行业任务的大企业集团以及一些挂靠这个局、那个部享受优惠待遇的企业。这些企业凭借政府给予的特权，有着一般企业所不可能具有的竞争优势，在某些产品的生产、销售或者原材料的采购上处于人为的垄断地位，从而不公平地限制了竞争。这种现象被称为"权力经商"。地方保护主义主要表现为地方政府禁止外地商品进入本地市场，或者阻止本地原材料销往外地，由此使全国本应统一的市场分割为一个个狭小的地方市场。例如，有些地方政府为了阻止外地的化肥或者其他产品进入本地市场，专门发布地方文件，禁止本地的单位和个人营销外地产品，甚至对营销外地产品的经营者随意没收或者罚款。有些地方为了抵制外地啤酒进入本地市场，要求本地居民喝"爱乡酒"。有些地方为了阻止外地生产的轿车进入本地市场，对外地产品乱收费用。

由于我国当前处于从计划经济向市场经济的过渡阶段，企业的限制竞争行为也往往带有行政色彩。例如 1998 年我国某些行业出台的所谓"行业自律价格"。不管如何解释"行业价格自律"，它们都应当被视为是政府部门纵容企业进行价格协调的行为，是一种强制的价格卡特尔。最先实行行业自律价的中国农机工业协会农用运输车分会甚至还以不执行行业自律价为由对山东时风集团进行了罚款。然而，从市场经济的本质来说，强迫企业按照所谓的行业自律价销售产品是不合理的，因为行业自律价的基础是行业的平均成本。既然是平均成本，这个成本肯定就高于某些经济效益较好企业的个别成本，从而限制了这些企业的降价幅度，使它们失去了扩大生产的机会。

行政性限制竞争行为不仅严重损害了消费者的利益，而且也严重损害了企业的利益。我们可以想象，如果因为地方保护，上海生产的桑塔纳轿车只能在上海地区销售，湖北生产的富康车只能在湖北地区销售，这些企业就不可能扩大生产，实现规模经济，从而也不可能提高企业的竞争力。此外，滥用行政权力的行为还为某些政府官员以权谋私和权钱交易提供了机会，在一定程度上引发了腐败，损害了政府的形象。因此，反垄断法应当将反行政垄断作为一个重要而且非常迫切的任务。

四 关于完善我国反垄断立法的建议

十一届三中全会以来，随着我国经济生活中出现了竞争，我国开始注意反垄断立法。1980 年 10 月国务院发布的《关于开展和保护社会主义竞争的暂行规定》首次在我国提出了反垄断，特别是反对行政垄断的任务。暂行规定指出，"在经济生活中，除国家指定由有关部门和单位专门经营的产品外，其余的不得进行垄断，搞独家经营"，"开展竞争必须打破地区封锁和部门分割，任何地区和部门都不准封锁市场，不得禁止外地商品在本地区、本部门销售"。此后，我国逐步制定了一些涉及反垄断的法律、法规。比较重要的是 1997 年 12 月颁布的价格法和 1993 年颁布的反不正当竞争法。价格法第 14 条第 1 款规定，经营者不得"相互串通，操纵市场价格，损害其他经营者或者消费者的合法权益"。反不正当竞争法第 6 条规定，"公用企业或者其他依法具有独占地位的经营者，不得限定他人购买其指定的经营者的商品，以排挤其他经营者的公平竞争"。该法第 7 条规定，"政府及其所属部门不得滥用行政权力，限定他人购买其指定的经营者的商品，限制其他经营者正当的经营活动；政府及其所属部门不得滥用行政权力，限制外地商品进入本地市场，或者本地商品流向外地市场"。

尽管有上述规定，我国目前的反垄断立法还存在着诸多问题需要解决。第一，我国至今没有一部系统和完整的反垄断法。例如，彩管行业联合限产是严重的限制竞争行为，但我国对此没有禁止性的规定。我国也没有对垄断企业和占市场支配地位的企业进行滥用监督的规定，更没有控制企业合并的规定，这就不能有效制止企业各种各样的限制竞争行为。第二，现行的一些反垄断规定还亟待完善。例如，行政性限制竞争在当前是对竞争损害最甚的行为，可在这个方面我国也缺乏有效的禁止性规定。根据反不正当竞争法第 30 条规定，滥用行政权力的法律后果是由其上级机关责令改正。这种做法是不妥的。因为这里的上级机关不是一个确定的机关，更不是一个确定的司法机关，上级机关的工作人员就不一定具有很强的反垄断意识。另外，如果授权上级机关纠正下级机关的违法行为，法律上就应当有一套包括立案、调查、听证、作出裁决等一系列程序，这从而需要国家投入相当大的人力和财力。这种做法是不现实的。第三，我国目前没有一个统一的执行反垄断法的行政主管机关。而且，即便作为最重要的反垄断执法机关——工商管理部门，它在反垄断法的执行中也不具有足够大的权威性和独立性。特别在各地的地方保护主义中，工商管理部门往往不能以相对超脱的态度，秉公执法。

下面对加强和完善我国反垄断立法提几点建议。

第一，我国应尽快制定一个比较系统和比较全面的反垄断法。反垄断法律制度是市场经济国家一百多年来的成功经验和合理做法，也是我国社会主义市场经济体制下一个基本法律制度。经过 20 多年的经济体制改革，我国已经有了制定和执行反垄断法的基础和条件：一是计划经济条件下的价格垄断制度已经被打破；二是企业的所有制结构已经实现了多元化；三是国有企业享有越来越大的经营自主权，相当程度上已经成为独立自主的市场主体；四是随着我国加入世界贸易组织，我国的经济已经完全融入国际经济。这就要求我国的经济体制按照市场经济的规则运作，建立保护竞争和反对垄断的法律制度，为企业创造一个自由和公平的竞争环境。借鉴其他国家的立法经验，我国反垄断法不仅应当规范限制竞争性的协议，禁止滥用市场支配地位，而且还应当控制企业合并。控制企业合并是预防垄断的有效措施。如果没有这种法律制度，我国的市场就非常容易成为垄断性的结构，特别是那些掌握着高科技和有着资金优势的大型跨国公司非常容易通过并购手段在我国取得市场支配地位，进而滥用它们的市场势力。

第二，鉴于我国当前经济生活中的限制竞争主要是来自旧体制下的行政性限制竞争，我们应当在这方面制定一个有效的法律制度，改变当前对行政性限制竞争监督不力的状况。行政性限制竞争不仅应当与企业的限制竞争行为一样，受到一个明确和统一的准司法机关的管辖，而且这个机关在制止行政性限制竞争行为的时候，应当在立案、调查和作出裁决等方面有一套透明的程序，有明确的处罚权，从而使当事人能够对其行为的法律后果有可预见性。当然，行政性限制竞争是我国经济体制改革的难点，不是一部反垄断法能够完全解决了的问题。然而，反垄断法对此作出明确的禁止性规定，有利于提高各级政府部门的反垄断意识，有利于它们明确是与非、合法与非法的界限，从而自觉地减少和避免这种违法行为。因此，可以说，反垄断法是深化我国经济体制改革的催化剂。

第三，顺应世界各国反垄断立法的潮流，尽可能在所有行业打破垄断，引入竞争机制。制定反垄断法时，有些行业可能会以本行业的特殊情况为由要求从反垄断法中得到豁免。根据发达国家的反垄断立法经验，即便是自然垄断行业，它们也不能凭借其市场支配地位，随意拒绝其他企业进入网络或者其他基础设施。这些规定主要涉及电信、电力、天然气、铁路等与管道设施相关的产业部门。打破这些行业的垄断不仅对于我国履行加入 WTO 所承担的开放市场义务是非常必要的，而且还可以推动这些行业的企业努力降低成本，改善服务质量，改善经营管理，从而有利于提高消费者的福利。对于这些行业的立法，我们一方面应当注意开放网络，另一方面也要注意保护网络和其他基础设施的所有权，例如进入者应当支付合理的费用。

第四，反垄断法应具有域外适用的效力，即这个法律不仅适用于在我国境内产生的限制竞争行为，而且还应当适用于那些在国外产生的但对我国市场竞争有着不利影响的限制竞争行为，这主要指国际卡特尔活动。不久前，欧盟委员会对世界上八家生产维生素的大企业征收了共计 8 亿多欧元的巨额罚款，理由是这些企业商定维生素的销售价格，损害了欧盟消费者的利益。随着我国经济与世界经济的进一步融合，国际卡特尔自然也会影响我国的市场。因此，我国反垄断法应具有域外的效力，否则我们就不能有效制裁跨国公司损害我国市场竞争和损害我国消费者利益的行为。

制定反垄断法早在 1994 年就被列入第八届全国人大常委会的立法规划。1998 年又被列入第九届全国人大常委会的立法规划。这说明，我国已经充分认识到这个法律的重要意义。鉴于市场机制的重要作用，鉴于保护竞争和反对垄断的必要性和迫切性，我国有关部门应当抓紧时间，尽快地制定和颁布这部法律。

依法治国与推进国家治理现代化

（十二届全国人大常委会专题讲座第三讲，
2014 年 7 月 25 日）

李　林

【内容提要】依法治国与国家治理是相互作用、相辅相成、殊途同归的关系，我们不应当将两者对立起来或者隔离开来理解。依法治国是推进国家治理现代化的重要内容和主要途径，推进国家治理体系和治理能力现代化，核心是推进国家治理法治化。坚持和实行依法治国，可以从宪法、法治、立法、依法执政等多方面推进国家治理现代化和法治化。为此，应当根据推进国家治理现代化的改革总目标，全面推进依法治国，加快建设法治中国。

【主讲人简介】李林，男，1955 年 11 月生，云南昆明人。中国社会科学院学部委员，法学研究所研究员、博士生导师，中国社会科学院研究生院法学系主任，中国社会科学院社会政法学部高级职称评审委员会副主任委员。曾任中国社会科学院法学研究所所长，《中国社会科学》杂志社副总编辑。兼任中国法学会副会长，中国法学会学术委员会副主任，中国法学会网络与信息法学研究会会长、法理学研究会常务副会长、海峡两岸关系法学研究会副会长，最高人民法院特邀咨询专家、中宣部司法部中高级领导干部学法讲师团成员、马克思主义理论研究和建设工程首席专家（宪法学）、"法治浙江"咨询专家，十八届四中全会专家咨询建议稿《全面推进依法治国，加快建设法治中国》专家组组长。2018 年 2 月 24 日十九届中央政治局第四次集体学习主讲人；2003 年 9 月十六届中央政治局第八次集体学习主讲人之一；2005 年 8 月十届全国政协第六次集体学习主讲人之一；2014 年 7 月全国人大常委会第三次集体学习主讲人之一。十六届中央政治局第一次集体学习"认真贯彻实施宪法，全面建设小康社会"、第十二次集体学习"法制建设与完善社会主义市场经济体制"课题组成员和主要撰稿人之一。2000 年享受国务院政府津贴。

　　中国共产党第十八届三中全会在《中共中央关于全面深化改革若干重大问题的决定》中，首次提出"推进国家治理体系和治理能力现代化"的改革目标以后，国家治理（State Governance）和国家治理现代化（The Modernization of State Governance）作为政治学的重要概念，很快成为中国理论界学术界高度关注和广泛讨论的"热词"，各种见解纷乱杂陈，各种观点见仁见智，令人眼花缭乱。国家治理其实是一个"老概念"，否则就没有必要把它推进"现代化"了；国家治理是一个政治学概念，更是一个法学命题，否则就难以解释在没有使用国家治理这个概念前的千百年当中，人类文明是如何管理国家和治理社会的。换言之，难道没有国家治理这个概念，几千年的人类社会就没有管理（包括统治、管制、治理、管控等）和秩序了吗？回答当然是否定的。那么，国家治理与依法治国（running the country according to law or rule of law ）是什么关系，包容关系、交叉关系、替代关系、互补关系还是其他关系？由此引发的进一步问题是，在"推进国家治理体系和治理能力现代化"新语境、新目标下，依法治国（法治）具有何种地位和作用？根据国家治理现代的要求，未来应当如何全面推进依法治国、加快建设法治中国？本文拟结合当下我国全面深化改革和大力推进依法治国的实践，对上述提到的部分问题进行粗线条大跨度地探讨分析，恭请大家批评指正。

一　依法治国与推进国家治理现代化的关系

　　党的十八届三中全会提出："全面深化改革的总目标是完善和发展中国特色社会主义制度，推进国家治理体系和治理能力现代化。"依法治国是我国宪法规定的基本原则，是党领导人民治理国家的基本方略。依法治国与国家治理是相互作用、相辅相成、殊途同归的关系。在全面推进依法治国、努力建设中国特色社会主义法治体系的时代背景下，在我国从法律体系走向法治体系、从法律大国走向法治强国进而实现法治中国梦的历史进程中，推进国家治理现代化，应当高度重视并充分发挥依法治国的重要作用。

（一）　依法治国与国家治理的含义

国家应当如何治理？这并不是一个新问题、小问题，而是国家产生以来就始终存在的老问题、重大问题，是马克思主义国家学说[①]需要回答的基本问题，是政治学和法学需要研究解决的核心问题。马克思主义国家学说认为，应当从国体、政体、政治模式、基本方略等方面，分析和把握国家和国家治理问题。从国家治理的国体来看，应当对国家的本质作阶级分析，是国家中多数人对少数人的统治，还是少数人对多数人的专政，这是国家治理需要解决的首要问题。从国家治理的政体来看，是采行共和制还是君主立宪制，联邦制还是单一制，元首负责制还是议会内阁负责制，或者采行人民代表大会制度等政体，这是国家治理需要解决的政权组织形式问题。从国家治理的政治模式来看，是实行直接选举、多党制、三权分立、两院制，还是实行直接与间接选举相结合、一党领导与多党合作相结合、执政党党内民主与人民民主相结合、民主集中制，或者采取其他政治体制治国理政，这是国家治理需要解决的政治模式问题。从国家治理的基本方略来看，是实行专制、人治、独裁，或者实行民主、法治、共和，抑或实行其他方式治国理政，这是国家治理需要解决的路径依赖和治国方略问题。

中国共产党在领导人民夺取革命、建设和改革胜利的伟大实践中，在建立中华人民共和国和实行社会主义制度的基础上，通过宪法、法律和党章等形式，把工人阶级领导的、以工农联盟为基础的人民民主专政规定为共和国的国体，把人民代表大会制度规定为共和国的政体，把共产党的领导、民主集中制、人民代表大会制度、民族区域自治制度、多党合作政治协商制度、基层民主自治制度等，规定为共和国政治模式的主要内容，把依法治国确立为党领导人民治理国家的基本方略，把法治确定为治国理政

[①]　马克思主义国家观认为，"国家无非是一个阶级镇压另一个阶级的机器，而且在这一点上民主共和国并不亚于君主国"（《马克思恩格斯文集》第 3 卷，人民出版社，2009，第 111 页）；"国家是阶级矛盾不可调和的产物和表现"（《列宁选集》第 3 卷，人民出版社，2012，第 114 页），所以 "系统地使用暴力和强迫人们服从暴力的特殊机构……就叫作国家"（《列宁专题文集》，人民出版社，2009，第 285 页）；"政治统治到处都是以执行某种社会职能为基础，而且政治统治只有在它执行了它的这种社会职能时才能持续下去"（《马克思恩格斯选集》第 3 卷，人民出版社，2012，第 559—560 页）；"国家一直是从社会中分化出来的一种结构，是由一批专门从事管理、几乎专门从事管理或主要从事管理的人组成的一种机构。人分为被管理者和专门的管理者"（《列宁专题文集》，人民出版社，2009，第 288 页）。

的基本方式①，不断发展中国特色社会主义民主政治，推进依法治国和国家治理的现代化。

从一般意义上讲，依法治国就是坚持和实行法治，反对人治和专制。②党的十五大报告指出，依法治国，就是广大人民群众在党的领导下，依照宪法和法律规定，通过各种途径和形式管理国家事务，管理经济文化事业，管理社会事务，保证国家各项工作都依法进行，逐步实现社会主义民主的制度化、法律化。依法治国是党领导人民治理国家的基本方略，是发展社会主义市场经济的客观需要，是社会文明进步的重要标志，是国家长治久安的重要保障。

国家治理③，就是人民当家作主，通过全国人民代表大会和地方各级

---

① 1978年2月15日梁漱溟在全国政协五届一次会议上发言说："现在我们又有机会讨论宪法，参与制定宪法了，这是一桩可喜的事情……我的经验是，宪法在中国，常常是一纸空文，治理国家主要靠人治，而不是法治。新中国成立30年，有了自己的宪法，但宪法是否成了最高的权威，人人都得遵守呢？从30年中的几个主要时期看，我的话是有根据的……但我想认真而严肃地指出的是，中国的历史发展到今天，人治的办法恐怕已经走到了头。像毛主席这样具有崇高威望的领导人现在没有了，今后也不会很快就有，即便有人想搞人治，困难将会更大；再说经过种种实践，特别是'文革'十年血的教训，对人治之害有着切身的体验，人们对法治的愿望和要求更迫切了。所以今天我们讨论宪法，很必要，很重要，要以十二分的认真和细心对待这个大问题。中国由人治渐入了法治，现在是个转折点，今后要逐渐依靠宪法和法律的权威，以法治国，这是历史发展的趋势，中国前途的所在，是任何人所阻挡不了的。"见汪东林《梁漱溟问答录》，湖北人民出版社，2004，第297—298页。

② 在1996年4月中国社会科学院法学研究所主持召开的法治理论研讨会上，与会专家学者们大多认为："依法治国即法治，是指依照体现人民意志、反映社会发展规律的法律来治理国家；国家的政治、经济、社会的活动以及公民在各个领域的行为都应依照法律进行，而不受任何个人意志的干涉、阻碍和破坏；它的基本要求是，国家的立法机关依法立法，政府依法行政，司法机关依法独立行使职权，公民的权利和自由受法律的切实保护，国家机关的权力受法律严格控制。"（李林：《依法治国，建设社会主义法治国家研讨会综述》，载李林《法治与宪政的变迁》，中国社会科学出版社，2005，第462页。）

③ 目前国内理论界对于"国家治理"的概念尚无统一认识，大家见仁见智，各有界定。《求是》杂志刊文认为："国家治理，就是党领导人民依照法律规定，通过各种途径和形式，管理国家事务，管理经济和文化事业，管理社会事务。"（参见秋石《国家治理现代化将摆脱人治走向法治》，《求是》2014年第1期）。北京大学王浦劬教授认为："'国家治理'，实际上是在政权属于人民的前提下，中国共产党代表和领导人民执掌政权、运行治权的体系和过程；是指在坚持、巩固和完善我国政治经济根本制度和基本制度的前提下，科学民主依法有效地进行国家和社会管理；是指坚持中国共产党总揽全局、统筹各方的格局下的治国理政。"（王浦劬：《科学把握"国家治理"的含义》，《光明日报》2014年6月18日）。我认为，在我国的话语体系下，描述和界定"国家治理"这个概念，应当紧紧围绕党的领导、人民当家作主、依法治国三者有机统一展开，这既是中国特色社会主义民主政治的本质特征，也是理解和把握"国家治理"的关键。

人民代表大会，执掌国家政权、行使国家权力、管理国家事务的制度安排和活动过程；是在执政党的领导下，全国各族人民、一切国家机关和武装力量、各政党和各社会团体、各企业事业组织等社会主体，依照宪法、法律和其他规范、制度和程序，共同参与国家的政治生活、经济生活和社会生活，共同管理国家和社会事务、管理经济和文化事业，共同推动政治、经济、社会、文化和生态文明建设全面发展的制度安排和活动过程；是执政党坚持依宪执政和依法执政，总揽全局，协调各方，支持各个国家机关依法独立履行职权，领导并支持各种社会主体对国家和社会实施系统治理、依法治理、综合治理、源头治理的治国理政。

（二）依法治国与国家治理的关系

依法治国与国家治理是什么关系？① 我们认为，依法治国主要是一个法学概念，国家治理主要是一个政治学、行政学或者社会学的概念，两者虽然话语体系不同，内涵和外延略有区别，但本质和目标一致，主体与客体相近，方法和手段相似，是国家良法善治的殊途同归。

具体来讲，依法治国与国家治理具有如下共同点。

第一，两者都坚持中国特色社会主义制度，坚持中国共产党的领导，坚持依宪执政和依法执政，在国家宪法框架内并通过主权国家来推进和实行。

第二，两者都坚持主权在民和人民当家作主，人民是国家和社会的主人，人民是依法治国和国家治理的主体，而不是被治理、控制、统治的客体。

第三，两者都强调国家治理制度体系的重要性、稳定性和权威性，要求形成健全完备成熟定型的现代化国家治理的制度体系，其中主要是体现

---

① 考察人类文明史可以发现，法律、法制、法治以及以法治国或者依法治国，是人类有国家以来就始终存在的治理国家、管理社会、构建秩序、调整社会关系行之有效的主要方式，当今的现代化发达国家也多是法治国家，而20世纪中后期出现的"国家治理"只不过是与法治国家有所交叉的一种理念和方式方法，是对法治或者依法治国的补充、完善和创新发展，却没有从根本上取代法治或者依法治国。当今世界上绝大多数国家没有普遍强调"国家治理"的理念和制度，而是坚持法治和依法治国，在实践中它们照样达到了治国理政的预期目的。在我国，国家治理与依法治国实质上是大同小异、殊途同归的一回事。

为国家意志的以宪法为核心的法律制度体系。

第四，两者都坚持以人民民主专政国体的政治统治为前提，都涉及他治、自治和共治等管治方式，都把统治、管理和治理等作为现代国家治国理政不可或缺的方式方法来综合使用。从法律分类的角度来理解，统治主要用于宪法、刑法等公法关系领域，管理主要用于行政法、经济法等公法关系以及公私法关系结合等领域，治理主要用于社会法和私法关系等领域①，三者共存于国家的法律体系和法律关系中，都是调整社会关系和治国理政的重要方式。

第五，两者管理和治理的对象（客体）大同小异，都涉及政治经济文化社会生态、内政国防外交、改革发展稳定、治党治国治军、调整社会关系、规范社会行为、配置社会资源、协调社会利益、处理社会冲突、保障私权和制约公权等各领域和各方面。

第六，两者追求的直接目标都要求实现良法善治，强调不仅要有良好健全完备的国家管理治理的法律和制度体系，而且这种法律和制度体系在现实生活中要能够得到全面贯彻执行和有效实施。

第七，两者的目的都是发展人民民主，激发社会活力，构建良好秩序，促进公平正义，实现国家富强、人民幸福、中华民族伟大复兴的中国梦，把我国建设成为富强民主文明和谐美丽的社会主义现代化强国。

依法治国与国家治理具有以下主要区别：首先，国家治理强调治理与管理在主体、权源、运作、范围等方面存在不同，认为从管理到治理是理念上的飞跃和实践上的创新。② 其次，国家治理不仅坚持法治是治理国家

---

① 联合国的全球治理委员会（The Commission on Global Governance）于 1995 年发表了一份题为《我们的全球伙伴关系》的研究报告，对"治理"一词作出如下界定：治理是各种公共的或私人的个人和机构管理其共同事务的诸多方式的总和。它是使相互冲突的或不同的利益得以调和并且采取联合行动的持续的过程。它既包括有权迫使人们服从的正式制度和规则，也包括各种人们同意或以为符合其利益的非正式的制度安排。它有四个特征：治理不是一整套规则，也不是一种活动，而是一个过程；治理过程的基础不是控制，而是协调；治理既涉及公共部门，或包括私人部门；治理不是一种正式的制度，而是持续的互动。可见"治理"一词主要强调的是一种社会法和私法关系，而不能表达或者反映国家统治和管理、管治的全部内涵。

② 参见俞可平《论国家治理现代化》，社会科学文献出版社，2014；何增科《理解国家治理及其现代化》，《马克思主义与现实》2014 年第 3 期；李忠杰《治理现代化科学内涵与标准设定》，《人民论坛》2014 年第 7 期。

的基本方式、依法治国是治国理政的基本方略，而且注重发挥政治、德治、自治规范、契约、纪律等多种方式手段的作用。再次，国家治理坚持以各种社会主体平等共同参与的共治为主要治理形式，强调治理主体间的平等性、自愿性、共同性和参与性，依法治国则坚持系统治理、综合治理，不仅采用他治（如治安与工商卫生执法管理）和自治（如基层与社区自治），也经常采用人人参与、齐抓共管的共治。最后，国家治理的范围不仅包括国家法律和法治直接规范和调整的领域，而且包括政党和社会组织、武装力量、企业事业单位和社会内部中法律和法治未直接涉及的某些部分。

尽管两者有所区别，但它们同多于异。我们在理解两者关系时：第一，不应当将两者对立起来，既不宜用依法治国取代国家治理，也不宜用国家治理取代依法治国，两者是相辅相成、殊途同归的关系；第二，不应当将两者割裂开来，既不能片面强调依法治国的地位和作用，也不能过分强调国家治理的价值和功能，两者是彼此交叉、相互作用的关系；第三，不应当对治理、管理、统治这三个基本概念作片面解读，三个概念之间不是相互排斥的矛盾关系，不是依次取代的递进关系，而是相互影响的交叉关系，相互作用的共存关系①，但在不同时期、不同条件、不同语境或不同学科视角下，三个概念的使用有主次先后之分、轻重大小之别。

（三）推进国家治理现代化的核心是法治化

国家治理至少包括国家治理体系和国家治理能力两个方面。②

国家治理体系，就是在党领导下管理国家的制度体系，包括经济、政治、文化、社会、生态文明和党的建设等各领域体制机制、法律法规安排，是一整套紧密相连、相互协调的国家制度。形成系统完备、科学规范、运行有效的国家制度体系，是国家治理体系现代化的重要目标。国家治理能力，就是运用国家制度管理社会各方面事务的能力，包括改革发展

---

① 事实上，在我国宪法中有 20 多处使用了管理一词，如第 2 条规定："人民依照法律规定，通过各种途径和形式，管理国家事务，管理经济和文化事业，管理社会事务。"但从未使用过治理概念；在我国现行有效的 240 多部法律中，有 10 多部法律的名称中有管理一词，如治安管理处罚法、公民出入境管理法、外国人出入境管理法等，却无一部法律的名称涉及治理二字。

② 有学者认为国家治理还应当包括国家治理理念、国家治理过程、国家治理绩效等内容。

稳定、内政外交国防、治党治国治军等各个方面。① 习近平总书记指出，国家治理体系和治理能力是一个国家的制度和制度执行能力的集中体现，两者相辅相成，单靠哪一个治理国家都不行。

推进国家治理的现代化②，就是要推进和实现国家治理体系和治理能力的法治化、民主化、科学化和信息化，其核心是推进国家治理的法治化。③

一方面，要推进国家治理制度体系的法治化。董必武说过，"顾名思义，国家的法律和制度，就是法制"④。在法治国家，国家治理制度体系中的绝大多数制度、体制和机制，已通过立法程序规定在国家法律体系中，表现为法律规范和法律制度。因此，发展和完善国家法律体系，构建完备科学的法律制度体系，实质上就是推进国家治理制度体系的法律化、规范化和定型化，形成系统完备、科学规范、运行有效的国家制度体系。另一方面，要推进国家治理能力的法治化。在法治国家，国家治理能力主要是依法管理和治理的能力，包括依照宪法和法律、运用国家法律制度管理国家和社会事务、管理经济和文化事业的能力，科学立法、严格执法、公正司法和全民守法的能力，运用法治思维和法治方式深化改革、推动发展、化解矛盾、维护稳定能力的能力。美国法学家富勒说："法律是使人的行为服从规则治理的事业。"⑤ 推进国家治理能力的法治化，归根结底是要增强治理国家的权力（权利）能力和行为能力，强化宪法和法律的实施力、

① 参见姚亮《国家治理能力研究新动向》，《学习时报》2014年6月9日。

② 全国政协社会和法制委员会副主任施芝鸿将"国家治理体系和治理能力现代化"视为"第五个现代化"。他认为：国家治理体系现代化，既要靠制度，又要靠我们在国家治理上的高超能力，靠高素质干部队伍。从这个意义上，可以把推进国家治理体系和治理能力现代化，看成是我们党继提出工业、农业、国防、科技这"四个现代化"之后，提出的"第五个现代化"。这表明，我们党和国家的治理体系和治理能力，正在不断朝着体现时代性、把握规律性、富于创造性的目标前进。（参见《全国政协社会和法制委员会副主任施芝鸿谈"第五个现代化"》，《北京日报》2013年12月9日）。

③ 参见秋石《国家治理现代化将摆脱人治走向法治》，《求是》2014年第1期。还有学者认为："法治化既是检验制度成熟程度的衡量尺度，也是推进制度定型的基本方式……没有可靠的法治作为保障，制度就会缺乏权威性和执行力，国家治理体系的现代化就无从谈起，治理能力也必然成为水中月镜中花。"（张贤明：《以完善和发展制度推进国家治理体系和治理能力现代化》，《政治学研究》2014年第2期）。胡建淼教授认为："国家治理现代化包括民主化、法治化、科学化和文明化，其中法治化是关键。"（胡建淼：《国家治理现代化的关键在法治化》，《学习时报》2014年7月14日）。

④ 董必武：《论社会主义民主和法制》，人民出版社，1979，第153页。

⑤ Lon L. Fuller, *The Morality of Law* (revised edition), Yale University Press, 1969, p. 106.

遵守力，提高国家制度体系的运行力、执行力。

我们应当高度重视和充分发挥依法治国基本方略在推进国家治理现代化中的重要作用。依法治国不仅是国家治理现代化的主要内容，而且是推进国家治理现代化的重要途径和基本方式，对实现国家治理现代化具有引领、规范、促进和保障等重要作用。

二 充分发挥依法治国对推进国家治理现代化的重要作用

在全面推进依法治国、努力建设中国特色社会主义法治体系的新形势下，应当更加重视充分发挥依法治国（法治）的作用，紧紧围绕全面深化改革的战略部署和"五位一体"建设的总体要求，根据完善和发展中国特色社会主义制度、推进国家治理体系和治理能力现代化的改革总目标，坚持党的领导、人民当家作主、依法治国有机统一，运用法治思维和法治方式推进国家治理现代化。

（一）充分发挥宪法治国安邦总章程的功能，推进国家治理现代化

宪法是国家文明进步的重要标志，是国家的根本法，治国安邦的总章程，具有最高的法律地位、法律权威、法律效力，具有根本性、全局性、稳定性、长期性。[①] 推进国家治理现代化，形成系统完备、科学规范、运行有效的国家治理制度体系，使国家治理各方面的制度更加成熟更加定型，最根本、最核心的是要维护宪法权威，保障宪法实施，充分发挥宪法作为治国安邦总章程的重要作用。

宪法以国家根本法的形式，确立了中国特色社会主义道路、理论体系和制度体系，规定了国家的根本制度和根本任务，国家的领导核心和指导思想，国家的基本制度和相关体制，爱国统一战线，依法治国基本方略，民主集中制原则，尊重和保障人权原则等。对于这些制度和原则，我们必须长期坚持、全面贯彻、不断发展。坚持、贯彻和落实宪法的这些制度和原则，坚持依宪治国和依宪执政，有利于根据治国安邦总章程

---

① 习近平：《在首都各界纪念现行宪法公布施行 30 周年大会上的讲话》，人民出版社，2013。

的宪法要求，从国家顶层设计和战略布局上，促进国家治理制度体系的规范化和定型化，提升国家治理能力的权威性和有效性。例如，现行宪法序言提出要"不断完善社会主义的各项制度"，这既是宪法对改革和完善国家治理制度体系的总体要求，也是宪法对推进国家治理制度现代化的根本法律依据。

国家治理现代化，最根本的是人的现代化。在人民当家作主的社会主义国家，国家治理是人民自己的事业，只有在宪法的框架下和民主法治的基础上，动员人民、依靠人民、组织人民对国家和社会实行共治和管理，才能从人民民主的本质上实现国家治理现代化。宪法是国家治理的总章程、总依据，全面贯彻实施宪法，最广泛地动员和组织人民依照宪法和法律规定，通过各级人民代表大会行使国家权力，通过各种途径和形式管理国家和社会事务、管理经济和文化事业，共同治理，共同建设，共同享有，共同发展，保证人民成为国家、社会和自己命运的主人，有利于最大限度地调动人民群众的积极性和主动性，充分发挥人民群众在国家治理和依法治国中的主体作用。

文明①进步既是国家发展的重要目标，也是国家治理现代化的重要标志。推进国家治理现代化，必须加强物质文明建设，巩固社会主义的经济基础，促进先进生产力的发展；加强政治文明建设（尤其是制度文明建设），完善社会主义的上层建筑，维护国家政权的合法性和正当性；加强精神文明建设，弘扬社会主义核心价值观，繁荣和发展先进文化。我国宪法明确规定国家推动社会主义物质文明、政治文明和精神文明协调发展，并在有关条文中对我国基本的社会制度、经济制度、政治制度、文化制度，对意识形态、思想道德、公民权利义务等作出了专门规定。切实尊重和有效实施宪法，就能够在宪法的指引和保障下，积极推动国家文明进步，推进国家治理现代化。

---

① 据我国学者研究，文明（civilization）一词产生于近代英国。18 世纪初，英国合并苏格兰后，苏格兰的民法开始与英国的普通法融合起来，产生了文明这个词汇，意指法律或审判。1755 年，《英国语言辞典》把文明解释为"民法专家或罗马法教授"。18 世纪后半叶，启蒙思想家用文明一词来抨击中世纪的黑暗统治，赋予了文明与野蛮相对立的含义。由此可见，法律、私法以及司法审判的进步发展，是人类文明最重要的标志和标尺。衡量或者评价今天国家治理的现代化，离不开法治文明。

（二）充分发挥法治的价值评判功能，引领国家治理现代化

现代国家的法律不仅是行为规范体系，而且是价值评判体系，是社会主流价值的制度化体现。国家通过法治推行自由、平等、公平、正义、人权等基本价值，弘扬法治精神，传播法治理念，引领社会进步。"法治的含义不只是建立一套机构制度，也不只是制定一部宪法一套法律。法治最重要的组成部分也许是一个国家文化中体现的法治精神。"① 我国宪法规定了必须坚持中国共产党的领导、社会主义制度、国家的指导思想和人民民主专政的国体，社会主义法治理念强调必须坚持三者有机统一，从中国国情和实际出发学习借鉴人类政治文明和法治文明的一切有益成果，逐步实现工业、农业、国防、科学技术和国家治理的现代化，而绝不能照搬照抄西方资本主义的民主政治模式和法治模式。宪法和法治的这些肯定性或禁止性的要求，明确规定了国家治理的性质，指明了国家治理现代化的正确方向和发展道路。

法治崇尚民主自由、公平正义、平等诚信、人权尊严、秩序安全、幸福和平等基本价值，遵循人民主权、宪法法律至上、保障人权、制约权力、依法执政、依法行政、公正司法、全民守法等基本原则，恪守普遍性、明确性、规范性、统一性、稳定性、可预期性、可诉性②等基本规律。以倡导和推行全球治理闻名于世的国际组织——全球治理委员会在《我们的全球之家》中呼吁：提高全球治理的质量，最为需要的是"共同信守全体人类都接受的核心价值，包括对生命、自由、正义和公平的尊重"。③ 显然，全球治理倡导的核心价值与法治追求的基本价值，在许多方面是一致

---

① 〔美〕詹姆斯·L.吉布森、〔南非〕阿曼达·古斯：《新生的南非民主政体对法治的支持》，载中国社会科学杂志社组织编译并出版的《国际社会科学杂志》（中文版），1998年5月15日第2期，第38—39页。

② 法治意义上的可诉性包括两方面的内容：从公民角度而言，可诉性是指当法律规定的公民权利受到侵害时，公民可以依据该法律到法院提起诉讼，依法寻求法院的权利保护和救济；从法院角度而言，可诉性是指法院可以依据法律的具体规定受理案件，并作出相应裁判。目前在我国法律体系的240多部法律中，能够被法院作为裁判依据而写入判决书的，只有40多部法律。对可诉性的另一种解读是：法律关系主体在认为其受到不公平不公正对待时，认为其权利受到侵害时，可以也应当依法通过司法诉讼程序寻求救济，法院是实现法律意义上公平正义的最后一道防线。

③ 转引自俞可平《论国家治理现代化》，社会科学文献出版社，2014，第32页。

的。但它们有一个显著区别，即前者主要通过呼吁、倡导、舆论等道德宣传方式推行其价值理想，后者却可以通过法治的力量推进其价值目标的实现。因此，我们根据法治的基本价值、原则和规律，运用法治方式推进国家治理现代化，就能够促进国家治理的价值选择与国家法治的价值取向相一致，促进国家治理的现代化与法治化相融合，实现国家和社会的良法善治。

（三）充分发挥法治的规范功能，推进国家治理现代化

法律是治国之重器，是调整社会关系的行为规范。马克思说过："法律不是压制自由的措施，正如重力定律不是阻止运动的措施一样……恰恰相反，法律是肯定的、明确的、普遍的规范……法典就是人民自由的圣经。"[1] 规范性是法治的基本特征，它通过允许性规范、授权性规范、禁止性规范等形式，要求法律关系主体应当做什么、不应当做什么和应当怎样做，达到调整社会关系、规范社会行为、维护社会秩序的目的。

在保障和促进国家治理现代化的过程中，法治的规范功能从以下方面发挥作用。一是通过合宪性、合法性等程序和制度的实施，保证国家治理制度体系建设和治理能力提升在宪法框架下、法治轨道上进行，防止违宪违法行为和现象发生。例如，我国法律体系中有宪法、立法法、民族区域自治法、工会法、村民委员会组织法、全民所有制工业企业法等明确规定了中国共产党的领导地位和领导作用[2]，执政党就可以依据这些法律规定，健全和完善依法执政的有关制度体系，推进依法执政的现代化。二是通过规定权利与义务、权力与责任、行为模式与行为后果以及实体法规范和程序法规范等形式，将国家治理的制度要素和制度创新确认固定下来，使之逻辑更加严谨、内容更加科学、形式更加完备、体系更加协调。三是通过

---

[1] 马克思：《关于新闻出版自由和公布省等级会议情况的辩论》，《马克思恩格斯全集》第1卷，人民出版社，1995，第176页。

[2] 例如，《中华人民共和国立法法》第3条规定，"立法应当遵循宪法的基本原则……坚持中国共产党的领导"；《村民委员会组织法》第4条规定："中国共产党在农村的基层组织，按照中国共产党章程进行工作，发挥领导核心作用，领导和支持村民委员会行使职权；依照宪法和法律，支持和保障村民开展自治活动、直接行使民主权利。"《全民所有制工业企业法》第8条规定："中国共产党在企业中的基层组织，对党和国家的方针、政策在本企业的贯彻执行实行保证监督。"

严格执法、公正司法、全民守法和依法办事、依法治理、综合治理等多种途径和形式，推进宪法和法律规范的全面实施，不断提升国家治理制度体系的权威性和执行力。例如，十八届三中全会提出"把涉法涉诉信访纳入法治轨道解决，建立涉法涉诉信访依法终结制度"，就体现了运用法治方式从根本机制上治理涉法涉诉信访问题的思路。四是通过发挥法治的纠偏和矫正作用，一旦国家治理制度的某些创新偏离正确轨道，国家治理体制机制之间出现某种冲突抵触，国家治理制度体系的贯彻执行遇到某种破坏或障碍，由国家有权机关依法作出应对和处置，就能够保证国家治理现代化更加有序、更加顺利地推进。

（四）充分发挥法治的强制功能，推进国家治理现代化

法律与其他社会规范的重大区别在于，法律是表现为国家意志并由国家强制力保证实施的社会行为规范，国家意志性和国家强制性是它的重要特征。在我国，法律是党的主张与人民意志相统一并通过立法程序转化为国家意志的社会行为规范，法律的执行、适用和运行，是以警察、法庭、监狱甚至军队等国家机器的强制力作为最后的保障实施手段，因此，法律关系主体如果不履行法律义务、不承担法律责任或者违反法律的相关规定，就可能受到执法司法机关以国家名义进行的制裁、惩罚或强制。①

通过发挥法治的强制功能推进国家治理的现代化，一方面，把国家治理体系中有关制度的立、改、废纳入法治轨道，借助法治的强制力量保障和推进国家治理制度的创制和创新，例如设立国家安全委员会、设立知识产权法院、实行大部制改革、深化行政执法体制改革等；依法强制性地取消或者废除那些不合时宜或者阻碍经济社会发展的体制机制，例如取消收容审查制度、取消劳动教养制度、取消某些行政审批事项、减少刑法中的死刑罪名等。另一方面，全面推进严格执法和公正司法，借助国家执法、

---

① 王绍光教授在《国家治理与基础性国家能力》一文中，把"强制能力"视为国家治理八大基础性能力之首。他论道："'强制'听起来是不好听，但是国家这种人类组织跟其他人类组织最大的区别就在于它可以合法地垄断暴力，可以合法地使用强制力。这种国家强制力，对外就是必须有能力抵御外来的威胁，这就要求国家建立和维持一支常备军；对内，国家必须有能力维持国家的安宁，这就要求国家建立一支训练有素、经费充裕、纪律严明、着装整齐的专业警察。"〔王绍光：《国家治理与基础性国家能力》，《华中科技大学学报》（社会科学版）2014 年第 3 期。〕

司法的强制性制度机制，保证国家治理有关制度的有效贯彻实施，增强国家治理法律制度的执行力。例如依法从重从快打击恐怖暴力犯罪，贯彻落实宽严相济的刑事政策，依法查处严重违反国家法律的党员领导干部并追究其法律责任等。

当然，法治对于国家治理领域的介入，一要遵循"对公权力法无授权即禁止，对私权利法未禁止即自由"的原则；二要把法律规范与道德、纪律、内部规定、自治规则等其他社会行为规范区分开来；三要把法治的国家强制功能与其他社会行为规范的约束功能区别开来。代表国家意志的法治强制功能只能在法律的范围内依法进行，而不能取代道德、纪律等其他社会行为规范的作用，更不能强制性地把其他社会行为规范全都法律化和国家意志化。

（五）充分发挥民主科学立法的功能，推进国家治理现代化

亚里士多德认为，立法的本质是分配正义，它通过规定权利与义务、权力与责任、调整社会关系、配置社会资源、分配社会利益、规范社会行为等内容，实现立法的分配正义。现代民主理论则认为，立法的基本功能是人民意志的表达，行政的基本功能是人民意志的执行，司法的基本功能是人民意志的裁断，它们在宪法框架下结合起来，共同对国家和社会进行有效治理。

立善法于天下，则天下治；立善法于一国，则一国治。① 在我国，立法是党的主张与人民意志相统一的体现，是党的路线方针政策具体化、条文化和法律化的表现形式，是我国政治经济社会改革发展的制度化、规范化和法律化。我国立法既是党领导人民通过立法程序分配正义的过程，也是人民通过人民代表大会表达自己意志和利益诉求、实现人民当家作主的过程。立法是为全国人民立规矩、为治理国家定依据的。立法是创制国家制度体系和活动规范的发动机，是构建国家法律制度、实现国家治理制度体系现代化的主要途径和方式。因此，全面推进民主科学立法，充分发挥立法的引领和推动作用，就是国家立法机关运用立法思维和立法方式，通过立法程序和立法技术，对国家治理制度体系的创制、细化、完善和发展。

---

① 王安石：《王文公文集·周公》。

在我国法律体系已经形成和全面深化改革的新形势下，立法对于国家治理现代化的引领和推动作用表现为以下四点。一是创新观念，更加重视运用法治思维和法治方式，把国家治理体系和治理能力现代化纳入宪法框架和法治轨道，国家治理制度创新非但不得违反宪法和法律，而且要先变法、后改革，重大改革于法有据；国家治理行为非但不得违宪违法，而且要依法治理、依规行事、照章办事。二是更加重视把国家治理制度改革创新的重大决策同立法决策结合起来，通过立法程序使之成为国家意志和国家制度，确保改革决策的合法性和制度化。三是根据国家治理现代化的内在需要，更加重视通过综合运用立、改、废、释等立法手段，及时创制新的法律和制度，修改或废除不合时宜的法律法规，不断提升国家治理制度体系的规范性、系统性、针对性和有效性。四是更加重视加强宪法实施监督和立法监督，及时发现和纠正违宪违法的所谓"改革决策"和"制度创新"，为国家治理制度体系的健全和完善提供强有力的法治保障。

（六）充分发挥执政党依宪依法执政的功能，推进国家治理现代化

推进国家治理现代化是一项艰巨复杂的系统工程，必须在党的领导下、坚持依宪执政和依法执政才能取得成功。首先，我们党牢固树立执政党的观念、强化执政党的意识，把坚持党的领导、人民当家作主和依法治国有机统一起来，增强运用宪法思维和法治方式治国理政的能力，努力提高依宪依法执政的水平，就能够从党的规章与国家制度相衔接、党的政策与国家法律相结合的角度，不断推进国家治理的制度化、法律化。其次，我们党充分发挥总揽全局、协调各方的领导核心作用，坚持依法治国基本方略和依法执政基本方式，善于通过发扬民主使党的方针政策充分反映和体现人民意志，善于使党的政策主张通过法定程序成为国家意志，善于使党组织推荐的人选成为国家政权机关的领导人员，善于通过国家政权机关实施党对国家和社会的领导，支持国家权力机关、行政机关、审判机关、检察机关依照宪法和法律独立负责、协调一致地履行职权，就能够更好维护执政党与国家政权的权威、维护执政党党章与国家宪法法律的权威、维护党的领导与法律统治的权威，从而充分体现国家治理现代化的中国特色和制度优势，不断增强国家治理体系的权威性和执行力。再次，我们党领导人民制定宪法和法律，领导人民执行宪法和法律，党在宪法和法律范围

内活动，做到带头守法，廉洁奉公，率先垂范，就能够带动全社会不断提高规则意识、程序意识和责任意识，强化全社会的国家观念、制度观念和法治观念，引领全社会形成办事依法、遇事找法、解决问题用法、化解矛盾靠法的行为习惯，为推进国家治理现代化提供良好法治环境。最后，我们党在长期的革命、建设和改革实践中，积累了政治领导、组织领导和思想领导的领导经验，探索了科学执政、民主执政、依法执政的执政经验，形成了依法治国基本方略。党坚持中国特色社会主义的理论、道路和制度自信，坚持依宪执政和依法执政，切实做到领导立法、保证执法、维护司法、带头守法，就能够运用法治思维引领国家治理现代化的理论创新，运用法治方式推进国家治理现代化的制度创新和实践创新。

习近平总书记指出："现代社会，没有法律是万万不能的，但法律也不是万能的。"① 我们高度重视发挥依法治国和法治在引领和推进国家治理现代化中的重要作用，但不能违背法治规律和法治思维而过分夸大它们的作用，更不能陷入"法治万能主义"的窠臼②。

三　根据推进国家治理现代化的改革总目标，全面推进依法治国，加快建设法治中国

党的十八大和十八届三中全会提出，要加快推进社会主义民主政治制度化、规范化、程序化，建设社会主义法治国家，发展更加广泛、更加充分、更加健全的人民民主，形成系统完备、科学规范、运行有效的制度体系，使各方面制度更加成熟、更加定型；要全面推进依法治国，加快建设法治中国，到 2020 年全面建成小康社会时，实现依法治国基本方略全面落实、法治政府基本建成、司法公信力不断提高、人权得到切实尊重和保障、国家各项工作法治化的目标。这既是对推进国家治理现代化提出的总要求，也是对全面推进依法治国、加快建设法治中国确立的总目标。我们

---

① 习近平总书记 2013 年 2 月在十八届中央政治局第二次集体学习时的讲话。
② 立法对社会关系的调整，应当做到"法网恢恢，疏而不漏"，使民事立法、刑事立法、行政立法、经济立法和社会立法各自的比例均衡适当。诚如英国著名法学家梅因所言：一个国家文明的高低，看它的民法和刑法的比例就能知道。大凡半开化的国家，民法少而刑法多，文明的国家，民法多而刑法少。

应当统筹依法治国与国家治理，在推进国家治理现代化的进程中，努力达成建设法治中国的总目标；在全面推进依法治国、加快建设法治中国的进程中，全面推进和实现国家治理的现代化。

（一）强化法治权威和良法善治，推进国家治理法治化

法治权威是指法律及其制度运行在整个社会调整机制和全部社会规范体系中居于主导和至高地位，任何公权力主体都在宪法和法律范围内活动，任何人都没有超越宪法和法律的特权。美国著名思想家潘恩在《常识》一书中说："在专制政府中国王便是法律……在自由国家中法律便应该成为国王。"① 宪法和法律至上，是当代法治权威的集中体现。党的十八大强调要"更加注重发挥法治在国家治理和社会管理中的重要作用，维护国家法制统一、尊严、权威"。我国宪法和法律是党的主张与人民意志相统一的体现，具有至高的地位和权威，因此，维护宪法和法律的权威、强化法治权威，就是维护和强化人民权威、执政党权威和国家权威的集中体现，是推进国家治理法治化的必然要求。

法治是国家治理的关键，法治化是国家治理现代化的核心。国家治理法治化，是指宪法和法律成为国家和公共治理的最高权威和主要依据，宪法和法律在国家政治生活、经济生活和社会生活中得到切实贯彻实施。国家治理法治化包括许多方面的内容和要求，但从国家治理体系和国家治理能力这两个方面相结合的角度来理解，国家治理法治化的要义，就是良法善治。正如亚里士多德所言："我们应该注意到邦国虽有良法，要是人民不能全都遵循，仍然不能实现法治。法治应该包含两重意义：已成立的法律获得普遍的服从，而大家所服从的法律又应该是本身制订得良好的法律。"②

用现代政治学的话语来表述，良法就是党领导人民管理国家、治理社会的一整套系统完备、科学规范、运行有效、成熟定型的制度体系，其中主要是法律制度体系；善治就是运用国家法律和制度管理国家、治理社会各方面事务的能力、过程和结果。推进国家治理法治化，必须强化良法善治。

良法是善治的前提与基础。国家若善治，须先有良法。习近平总书记

---

① 〔美〕潘恩：《潘恩选集》，马清槐等译，商务印书馆，1981，第35—36页。
② 〔古希腊〕亚里士多德：《政治学》，吴寿彭译，商务印书馆，1981，第199页。

说，"不是什么法都能治国，不是什么法都能治好国"①，就是要求应当以系统完备、科学规范、运行有效的良法治理国家和社会。创制良法就是国家制定和形成一整套系统完备科学有效的制度体系，尤其是法律制度体系。国家治理法治化所倡导的法治基本价值，是评价法"良"与否的重要尺度，是创制良法体系的价值追求和实现良法善治的伦理导向。良法对立法的要求和评判，主要包括以下五个方面：一是立法应当具有良善的正当价值取向，符合正义、公平、自由、平等、民主、人权、秩序、安全等的价值标准；二是立法应当是民意的汇集和表达，立法能否充分保障人民参与并表达自己的意见，能否体现人民的整体意志和维护人民的根本利益，是评价立法良与恶的一个重要标准；三是立法程序应当科学与民主，良法的生产应当通过科学民主的立法程序来保障和实现；四是立法应当符合经济社会关系发展的实际，具有针对性、可实施性和可操作性；五是立法应当具有整体协调性和内在统一性，不能自相矛盾。

善治是良法的有效贯彻实施，是国家治理的最终目标。政治学意义上的善治包括十个要素：一是合法性；二是法治；三是透明性；四是责任性，即管理者应当对其自己的行为负责；五是回应，即公共管理人员和管理机构必须对公民的要求作出及时和负责的反应；六是有效；七是参与，即公民广泛的政治参与和社会参与；八是稳定；九是廉洁；十是公正。②

法学意义上的善治，就是要把制定良好的宪法和法律付诸实施，把表现为法律规范的各种制度执行运行好，公正合理高效及时地用于治国理政，通过法治卓有成效的运行实现良法的价值追求。由于人民是国家的主人、社会的主体，因此善治首先是人民多数人的统治，而绝不是少数人的专制，善治主要是制度之治、规则之治、法律之治，而绝不是人治。

通过良法善治推进国家治理法治化，必须弘扬法治精神，维护法治权威，强化国家治理的合宪性、合法性，坚持科学立法、严格执法、公正司法、全民守法，坚持法律面前人人平等，切实做到有法可依、有法必依、执法必严、违法必究。

---

① 习近平总书记 2013 年 2 月在十八届中央政治局第二次集体学习时的讲话。
② 参见俞可平《善政与善治》，载俞可平《论国家治理现代化》，社会科学文献出版社，2014，第 59—60 页。

（二）加强人民代表大会制度建设，推进国家治理民主化

国家治理民主化，是指"公共治理和制度安排都必须保障主权在民或人民当家作主，所有公共政策都要从根本上体现人民的意志和人民的主体地位"①。《历史的终结》一书的作者、美国斯坦福大学高级研究员福山指出："当下的一个正统观点就是，民主与善治之间存在着相互促进的关系。"② 善治离不开民主，离不开公民和社会组织广泛平等的政治参与和社会参与。

人民民主是社会主义的生命，是依法治国和国家治理现代化的本质特征。人民代表大会制度是人民当家作主，行使民主权利管理国家和社会事务、管理经济和文化事业的根本制度平台，是推进国家治理现代化的根本制度基础，是全面推进依法治国的根本制度保障。邓小平说，没有民主就没有社会主义，就没有社会主义的现代化。③ 推进国家治理现代化，必须推进国家治理的民主化，始终不渝地坚持、加强和完善人民代表大会制度。

在推进国家治理民主化的背景下加强人民代表大会制度建设，应当着力研究解决以下问题：一是积极探索坚持党的领导、人民当家作主和依法治国有机统一的规范化、制度化和法律化，把三者有机统一到宪法和人民代表大会制度的宪制平台上，纳入国家治理的根本政治制度体系，用宪法和人大制度保证国家治理现代化沿着中国特色社会主义民主政治发展道路顺利推进；二是坚持和维护人民当家作主的主体地位，全面落实人民代表大会作为最高国家权力机关的宪法权力、宪法职能和宪法地位，从根本政治制度的建设上加强和推进国家治理体系现代化；三是进一步强化和提高国家权力机关及其代表行使立法权、重大事项决定权、人事任免权和监督权的权力能力（权利能力）和行为能力，使各级人大及其常委会和人大代表有权、有能、有责，能够在依法治国和国家治理中发挥应有作用；四是根据推进国家治理民主化的新要求，在人大制度建设中兼顾民主与效率的平衡，统筹民主立法与科学立法的要求，进一步健全和完善人大

---

① 俞可平：《沿着民主法治的道路，推进国家治理体系现代化》，新华网，2013 年 12 月 1 日。
② 〔美〕弗朗西斯·福山：《什么是治理》，刘燕等译，载俞可平主编《中国治理评论》第 4 辑，中央编译出版社，2013，第 5 页。
③ 《邓小平文选》第 2 卷，人民出版社，1994，第 168 页。

的会期制度①、集会制度、开会制度、公开制度、表决制度、听证制度、旁听制度、询问制度、质询制度、调查制度、立法助理制度等制度建设。

（三）完善我国法律体系，为形成系统完备、科学规范、运行有效的国家制度体系提供法律制度支持

法治是人类文明进步的标志。法律是国家治理制度的规范化、程序化和定型化的载体，国家在各方面各层次的制度体制是法律的主要内容。从国家治理的角度看，法律制度的完备程度反映着执政党依法执政的能力，国家政权的领导力、凝聚力和治理力。国家立法愈发展，法律体系愈完善，国家治理制度体系就愈完备、愈规范、愈成熟。在我国，中国特色社会主义法律体系的如期形成，标志着国家经济建设、政治建设、文化建设、社会建设以及生态文明建设的各个方面实现了有法可依，意味着国家治理的各个主要方面已经有制度可用、有法律可依、有规章可遵、有程序可循，表明以宪法为核心、以法律体系为基础的国家治理制度体系已经形成，体现了国家治理制度体系的基本成熟和定型。

完善中国特色社会主义法律体系，是党的十八大和十八届三中全会对立法工作提出的一项重要任务，也是推进国家治理制度体系现代化的必然要求。在推进法治中国建设和国家治理现代化的新形势下，完善我国法律体系，应当在加强人民代表大会制度建设的基础上和过程中，进一步坚持科学立法，全面推进民主立法，创新立法理论，更新立法观念，转变立法模式，调整立法机制，完善立法程序，改进立法技术，推广立法评估，强化立法监督，不断提高立法质量和水平，为形成系统完备、科学规范、运行有效、成熟定型的现代化国家制度体系，提供强有力的立法保障和法律制度支持。

（四）加强宪法和法律实施，提高国家依法治理能力

宪法和法律的权威在于实施，宪法和法律的生命也在于实施。宪法和

---

① 在立法学上，会期制度是关于立法机关在一定时期内开会的间隔及每次开会的时间的制度。这种制度通常由宪法或者（和）法律加以规定，会期时间自立法机关集会之日起，至其闭会之日止。目前我国全国人大每年的会期过短（不足 10 天），不利于推进民主立法和人大履职。

法律的良好实施是国家治理现代化的基本内容和重要标志。我国宪法和法律对国家治理及其现代化的各项要求和各个方面，大都有相关规定，有些规定和内容还相当详细完备。因此，宪法和法律的良好实施，实质上就是国家治理制度体系的有效运行和贯彻执行；执政党和国家保障宪法和法律实施的能力，实质上就是国家治理能力的综合体现。习近平总书记指出："法律的生命在于实施，如果有了法律而不实施，或者实施不力，搞得有法不依、执法不严、违法不究，那制定再多的法律也无济于事。""有了法律而不能有效实施，那再多法律也是一纸空文，依法治国就会成为一句空话。"他还说："制度的生命力在执行，有了制度没有严格执行就会形成破窗效应。"① 推进国家治理能力的现代化，首要的是提高依宪治国、依法治国和国家依法治理的能力，提高实施宪法和法律、执行各项制度的能力和水平。应当更加重视宪法和法律的实施，努力把纸面的法律变为现实中的法律，把法律条文中的制度变为社会生活中的行动，通过法治方式和法律实施不断提高国家依法治理的能力和水平。

提高国家依法治理能力，进一步健全宪法实施监督机制和程序，把全面贯彻实施宪法提高到一个新水平，除认真落实十八届三中全会的有关改革部署外，还应考虑以下问题：进一步加强党中央对宪法实施的领导和统筹协调，加强党对立法工作的领导和统筹规划；通过完善立法来推进宪法实施；建立法律解释和宪法解释同步推进机制；在全国人大常委会年度工作报告中增加宪法实施情况的内容；完善对法律法规合宪性和合法性的审查机制；建立和完善对党内规章制度合宪性和合法性的审查机制；加强对宪法修改完善和设立宪法监督委员会的理论研究。

（五）推行法治建设指标体系，提高国家依法治理效能

福山在《什么是治理》中提出，治理是"政府制定和实施规则以及提供服务的能力"②，而治理或者善治是需要测量的（测量治理），他提出应当从程序、能力、产出和官僚体系自主性等四个方面测量国家治理质量。世界银行负责的世界治理指标，联合国开发署负责的治理指标项目，美国

---

① 转引自张文显《法治中国建设的重大任务》，《法制日报》2014 年 6 月 11 日。
② 〔美〕弗朗西斯·福山：《什么是治理》，刘燕等译，载俞可平主编《中国治理评论》第 4 辑，中央编译出版社，2013，第 5 页。

律师协会等律师组织发起的"世界正义工程"均认为，国家治理必须是可以量化测量的，未经量化的治理不是科学的治理，量化治理的程度决定着国家治理的现代化水平。

党的十八届三中全会提出，建立科学的法治建设指标体系和考核标准。应当从我国国情和实际出发，根据全面推进依法治国和国家治理现代化的要求，设计一套法治建设指标体系，用以科学量化地评估我国法治建设和国家治理现代化的成效。可将国家治理现代化分为国家治理体系、国家治理能力和国家治理成本三个基本部分。在国家治理体系部分，将宪法规范、法律体系、国家制度、相关体制等制度体系的系统完备、科学规范、运行有效、成熟定型等设计为具体评价指标；在国家治理能力部分，将执政党依法执政能力、人民当家作主能力、行政机关依法行政能力、司法机关公正司法能力，以及公权力主体实施宪法法律和规章制度的能力、治党治国治军的能力、内政外交国防的能力、改革发展稳定的能力等设计为具体评价指标；在国家治理成本部分，将税收负担、资源消耗、立法成本、执法成本、司法成本、维稳成本、风险成本、试错成本、运行成本、反腐成本等设计为具体评价指标，通过一整套科学合理的"法治 GDP"指数①，使依法治国和国家治理现代化的质量可以实际测量，具体评估。

（六）在加快建设法治中国进程中推进国家治理现代化

法治中国是人类法治文明在当代中国的重大实践和创新发展，是传承复兴中华法文化优秀传统的历史新起点，是中国特色社会主义和中国梦的重要组成部分，是推进国家治理现代化和法治化的重要内容，是对改革开放以来法治建设"有法可依、有法必依、执法必严、违法必究"基本方针以及依法治国，建设社会主义法治国家基本方略的全面继承、战略升级和重大发展。

建设法治中国，必须坚持法治文明普遍原理与走中国特色社会主义民

---

① 近年来，马怀德教授常常在媒体上宣传"法治 GDP"的观点，认为"法治 GDP"比"经济 GDP"更重要，呼吁设立"法治 GDP"推动行政法治，用"法治 GDP"考量政府绩效等；有些地方如深圳市、无锡市、昆明市、成都市、杭州余杭区等，也在探索本地法治建设的量化评价指数；俞可平教授主持的"中国国家治理评价指标体系"和"中国社会治理评价指标体系"，应松年、马怀德教授主持的"中国法治政府奖"评选等，均取得了积极成效。

主法治发展道路相结合，坚持党的领导、人民当家作主和依法治国有机统一，坚持依法治国与推进国家治理现代化相辅相成，坚持科学立法、严格执法、公正司法和全民守法全面发展，坚持依法治国、依法执政、依法行政共同推进，法治国家、法治政府、法治社会一体建设，切实维护宪法和法律权威，有效规范和制约权力，充分尊重和保障人权，依法实现社会公平正义。

建设法治中国，应当积极稳妥深化法制改革，着力解决立法不当①、执法不严、司法不公、守法无序、法治疲软等法治建设存在的主要问题，全面推进依法治国，加快建设社会主义法治国家，从法律体系走向法治体系，从法律大国走向法治强国，争取到 2020 年全面建成小康社会时，基本建成法治中国；到 2049 年中华人民共和国成立一百周年时，整体建成法治中国。

---

① 由于对"立法腐败"的提法没有把握，但又确实看到立法过程中存在"行政权力部门化、部门权力利益化、部门利益合法化"，一些明显带有部门或特殊集团利益痕迹的立法，把畸形的利益格局或权力关系合法化等问题，故用"立法不当"来形容这类现象。而且，权力不受监督必然产生腐败；有权力的地方就会有腐败，当下中国各个权力领域都出现了腐败，但立法权领域的问题还未引起人们足够重视。

我国民法典编纂中的几个问题

（十二届全国人大常委会专题讲座第二十四讲，
2016 年 9 月 3 日）

孙宪忠

【内容提要】编纂民法典是实现国家治理体系和治理能力现代化的重大举措，是维护最广大人民根本利益的客观需要，是形成完备的社会主义市场经济制度体系的必然要求，是推进民事立法体系化科学化的基本途径。我国民法典选择什么样的体例应当根据我国的国情来决定，充分考虑我国的立法现状、立法传统、法律文化等因素。我国民法典要真正成为一部优秀民法典，首先要体现中国特色，体现民法典的时代性、民族性，突出对民事权利的保护。在民法典编纂过程中，一定要处理好民法典和其他法律的关系，坚持公法和私法、一般法和特别法、实体法和程序法相区分。

【主讲人简介】孙宪忠，男，1957 年生，陕西西安人。中国社会科学院学部委员，法学研究所研究员、博士生导师，欧洲联盟法研究中心主任，中国民法学研究会常务副会长、中国法学会学术委员会委员、中国社会科学院社会政法学部高级职称评审委员会委员、中国社会科学院人才引进评审委员会委员，十二届、十三届全国人大代表，全国人大常委会法工委民法典物权法立法专家、公安部特邀监督员、住房城乡建设部法律顾问。1999 年获得第二届"全国十大杰出青年法学家"称号，2006 年获得国务院特殊津贴。

中国共产党第十八届四中全会作出的关于编纂民法典的决定，是完善中国特色社会主义法律体系、保障人民基本权利的重大举措。民法作用于社会经济生活的深度和广度为诸法之最，近现代以来，民法典编纂历来是成文法国家法治建设的基本工程，成为有关国家立法活动中的重大事件。《中华人民共和国民法总则（草案）》已于 2016 年 6 月 27 日提交全国人大常委会进行初审，这标志着民法典编纂正式进入立法程序。目前我国民法典编纂工作正在顺利推进，立法机关作出的关于民法典编纂工作分两步走的工作方案，切合我国目前民法体系法律制度建设的实际状况，也符合民法典编纂的基本规律。民法典编纂是一项宏大的法制工程，它涉及很多思想性理论性实践性很强的问题。考虑到这项工作的复杂性和艰巨性，我们还要为它作出更多的理论准备。我自己虽然能力有限，但是非常高兴把自己学习和研究民法典编纂问题的几点体会在这里作一个汇报。汇报的内容有三个方面：第一，民法体系和我国的民事立法；第二，民法典的基本内容；第三，我国民法典编纂的几个现实问题。请大家指正。

一 民法体系与我国的民事立法

（一）民法体系

民法是世界各国法律制度不可或缺的部分，而且各成体系，但从立法例看，民法的立法模式大致可以分为以下两种。

第一，大陆法系的成文法模式，即由国家立法机关依据专门程序进行民事立法。从 17 世纪开始，欧洲大陆国家纷纷开始制定民法典，其中最为著名的是《法国民法典》、《德国民法典》、《瑞士民法典》，它们被称为"世界三大民法典"。日本明治维新后编纂了《日本民法典》。第二次世界大战之后，很多国家获得独立，它们也都陆续制定了自己的民法典。美国和加拿大的一些州、省也编制了民法典。民法法典化运动的浪潮之所以能够席卷世界，虽然各国具体的原因不一样，但是有些原因是相同的。这些原因大体来说，有以下几点。

一是集中立法承认和保障民事权利。在民法法典化运动之前的相当一段时间，在历史上被称为黑暗时期（Dark Time），其基本特点是神权至上、君权绝对、自然人格的等级身份制。基于神权的公共权力普遍存在着滥权和任意，而被统治者的权利被压抑到极致。后来出现的人文主义革命和启蒙思想运动，新兴的社会阶层提出了实现民事主体平等、意思自治、自己责任等原则。作为反对封建统治的工具，民法典的编纂在世界各国有极大的政治动力，获得人民的普遍支持。

二是通过民法典编纂，以实现立法者推动社会进步的雄心壮志。民法法典化，出现在欧洲各个民族国家从罗马教皇手中获得世俗国家主权时期。大家都知道拿破仑在自己成为法兰西皇帝的加冕典礼上从教皇手中夺过皇冠、自己给自己加冕的情节。众多书籍都记载了拿破仑《法国民法典》制定过程中，在法国参议院审议《法国民法典》的 102 次会议中，他至少亲自在 57 次会议上作为主席，力推该法的制定。拿破仑正是要以此来体现自己所代表的新兴力量治理国家、推动国家转型的雄心壮志。事实上法国也就是通过民法典的实施，完成了从封建国家到现代工商业国家的转变。德国民法编制的情形也与此类似。通过民法典编纂以推进国家治理现代化，这一点也成为后来殖民地国家独立之后普遍的做法。

三是统一民法，给现代工商业发展铺平道路。民法法典化运动之前，欧洲社会的法律渊源严重不统一。著名学者梅汝璈先生指出，自罗马帝国瓦解和罗马法失效之后，日耳曼各民族各部落均挟其地方的习惯法以为治，而全欧法律种类之多，以千百计。那时仅法国一国的民法便有数百种之多。伏尔泰曾讥笑说：旅行法国者改换法律次数之多，犹如其换马匹一样。这种情形在德国也是一样，现在的德国境内在当时有 360 个享有主权的邦国，他们施行完全不同的民法规则和体系。法律上的支离破碎，不但与统一的国家意识形成矛盾，而且妨碍了现代工商业和交通的发展。编纂民法典统一民法，可以有效解决这个问题。所以我们也可以看到，在民法典编纂后这些国家都成功地从农业社会转型为现代工商业社会。

四是依据成文法，限制立法者任意立法，限制法官任意司法。在民法法典化之前，人们普遍适用的法律是习惯法。习惯法存在着因时而异、因地而异、法律效果无法统一的弊端。受罗马法中成文法规则的启发，理性法学家们提出了"法律必须是写下来的理性"的名言，指出必须把法律用成文法的方式写下来，把立法者、司法者对于法律的认识固定在书面形式里，以限制他们任意操作，人们把这一点称之为民法典的"形式理性"思想。形式理性思想强调法律尤其是涉及民事权利的立法必须具备完善的形式，要尽可能地从立法上实现社会对于公平正义的追求。这一思想直接推动了民法法典化运动的诞生和扩展。民法法典化运动中的这些思想，有一些可以作为我们今天的借鉴。

第二，英美法系的立法模式，英美法系又称普通法系，系由英国判例法发展而来，与大陆法系相对称。在 11 世纪以后，英国法院对案件的审判以盎格鲁—撒克逊民族固有习惯及以往的判例为主要依据，形成普通法。此后又因为衡平法院的裁决，形成了衡平法。英国资产阶级革命后，延续了原来的普通法和衡平法，同时为适应资本主义市场经济的要求，开始大量制定成文法，形成普通法、衡平法和成文法并存的情况。美国的民商法制度及司法制度沿袭英国法，且英国判例迄今仍为美国法院所引用。因此，美国法渊源于英国法，形成了英美法系。英美法系国家虽然没有采取法典的形式，但普遍制定了契约法、财产法、家庭法和侵权法等单行民事法律。大陆法系和英美法系的民法立法模式各有优点，因此自 20 世纪以来，两大法系出现相互渗透和接近的趋势，集中表现为大陆法系国家对判例的重视以及英美法系国家越来越重视制定成文法。

（二）我国的民事立法

我国自古以来就有成文法的传统，但是在清末以前，我国的法律是诸法合一，刑民不分，以刑为主，没有单独的民事法律，更不存在民法典。清末以来，我国基本选择了大陆法系的成文法模式，例如我国在清末编制完成了《民律草案》，又在 20 世纪 30 年代编纂完成了中华民国民法典。自中华人民共和国成立以来，我国也一直在按照这一路径进行民事立法。中华人民共和国成立以来，我国曾多次尝试制定民法典。第一次是 1954年，全国人民代表大会常务委员会组织民法起草，至 1956 年 12 月完成"民法草案"，包括总则、所有权、债、继承四编，共 525 条。第二次是 1962年，国家立法机关开始起草民法典，1964 年 7 月完成"民法草案（试拟稿）"。这一次的"草案"采取了"三编制"体例：第一编总则，第二编财产所有，第三编财产的流转。这两次民法立法活动均因政治运动而终止。我国改革开放后，民法的地位和作用重新受到重视。1979 年 11 月全国人民代表大会常务委员会的法制委员会成立民法起草小组，开始中华人民共和国第三次民法典起草，1982 年 5 月完成"民法草案"，共 8 编 43 章465 条。第四次是在 2002 年，编制完成了《中华人民共和国民法草案》，在当年 12 月召开的全国人大常委会上进行了审议。

值得说明的是，在中华人民共和国民法典起草制定过程中，奠定我国现行民法体系基础的是第三次民法典起草工作。这一次立法虽然最终没有完成民法典的起草，但制定出了民法通则、经济合同法、继承法等重要民事法律。立法机关此后的很多商事立法、知识产权立法也都是在此基础上进行的。20 世纪 80 年代的中国，经济体制改革刚刚开始，社会生活尚处在变动之中，不具备制定一部体系完整的民法典的现实条件。因此，立法机关在民事立法方面采取了"宜粗不宜细"、"改批发为零售"的立法方针，即首先制定一批社会生活急需的民事单行法，待时机成熟，再考虑制定民法典。实践证明，这是一个正确的抉择，体现了我国的立法智慧。2014 年 10 月，党的十八届四中全会通过的《中共中央关于全面推进依法治国若干重大问题的决定》，明确提出"加强市场法律制度建设，编纂民法典"。应当指出的是，本次是"编纂"而非"制定"民法典。编纂民法典不是制定全新的民事法律，而是对现行分别规定的民事法律规范进行科学整理，也不是简单的法律汇编。法律汇编不对法律进行修改，而法典编纂不仅要去除重复的规定，删繁就简，还要对已经不适应现实情况的现行规定进行必要的修改完善，对社会经济生活中出现的新情况、新问题作出有针对性的新规定。改革开放以来，我国已经制定了民法通则、继承法、收养法、担保法、合同法、物权法、侵权责任法等一系列民事法律，修改了婚姻法，在经济社会发展中发挥了重要作用。从各方面看，编纂民法典已经具备了较好的主客观条件。

（三）编纂民法典的必要性

与大陆法系其他国家制定民法典的背景不同，我们现在编纂民法典是在国家政治制度和经济制度已经稳定，人民权利保障的法律已经基本形成体系的情况下展开的。在这一时代背景下编纂民法典，意义重大。

首先，编纂民法典是实现国家治理体系和治理能力现代化的重大举措。民法与国家其他领域的法律规范一起，支撑着国家治理体系。通过法典编纂，进一步完善我国民事法律规范，对提高国家治理能力具有重要意义。

其次，编纂民法典是维护最广大人民根本利益的客观需要。民法规范人身关系和财产关系，与人民群众关系极其密切。通过编纂民法典，健全民事法律秩序，加强对民事主体合法权益的保护，有利于维护广大人民群众的切身利益。

最后，编纂民法典是形成完备的社会主义市场经济制度体系的必然要求。通过编纂民法典，完善我国民商事领域的基本规则，亦为商事活动提供基本遵循，有利于健全市场秩序，维护交易安全，促进社会主义市场经济健康发展。

此外，从民事立法的体系化、科学化角度看，编纂民法典也十分必要，原因有以下四点。

一是现行民法通则的不少内容被其他法律替代，有的不再继续发挥作用。由于民法通则的制定时间比较早，随着改革实践和后来立法的发展，民法通则当中关于企业法人制度的内容多被公司法等法律替代，财产法的内容多被物权法、合同法、知识产权法等法律替代，侵权责任制度部分被侵权责任法等法律替代，涉外民事法律适用部分被涉外民事关系法律适用法替代，另外该法中联营等规定早已失去制度价值。民法通则对促进和保障改革开放居功至伟，但是其内容有的已经过时，需要与时俱进，修改完善。

二是调整市场经济活动的主要立法中出现的不协调和疏漏的地方，需要从体系上整合。比如1999年颁布的合同法和2007年制定的物权法，在某些条款上存在一些不协调的地方，需要民法典进行整合。另外司法实践意义较强的最高法院司法解释，也与上述法律不完全一致。因此，利用民法典的编纂，实现这些规则的系统整合，是必须要做的事情。

三是涉及民事权利的立法，上位法与下位法之间的关系不协调，需要体系整合予以改进。目前我国涉及民事权利的立法，包括全国人大及其常委会制定的法律和国务院制定的行政法规共200多个。这些法律法规，有一些是改革开放初期甚至改革开放之前制定的；一些法律法规制定的出发点是为了强化社会管理。民法典的编纂虽然不是要修改这些法律法规，但是可以对它们发挥"上位法规则"的体系化效应，以此达到充分承认和保护民事权利的目的。

四是发挥法典化的系统化效应，防止立法碎片化和枝节化。民法典编纂之后，它作为民法的一般法，可以带动民法特别法，形成一般法和特别法构成的体系，体现制定法的形式理性。在民法通则立法时，立法机关提出了"宜粗不宜细、宜短不宜长、成熟一个制定一个"的立法策略，这一策略在改革开放初期是正确的，但也有些不得已，已经开始产生立法碎片化、枝节化的问题。比如，一些有必要制定的法律中，出现了只顾自己的体系完整而不顾及其他立法的情形。人大代表提出的立法议案、一些学者提出的立法建议所表现出的立法碎片化倾向则更严重，所以立法机关承受的碎片化、枝节化的压力也比较大。李适时主任在民法总则草案的立法说明中提出立法应该"讲法理、讲体系"，这一点我认为十分重要也十分必要，编纂民法典就是这一原则的体现，而且也是解决这些问题的最佳方案。

总体而言，民法典编纂是我国现实法律制度发展的必然，中央在我国新的发展阶段适时提出编纂民法典，是重大的立法抉择，我们一定要完成好这一历史任务。

二 民法典的基本内容

民法典作为制定法、成文法，其各项具体制度在民法典中的体例安排应当遵循一定的逻辑。具体来说，民法各项具体制度在法典中的先后次序展开，是按照民事法律关系的理论予以处理的。也就是将民法的全部规范归纳为主体、客体、权利和义务、法律责任等民事法律关系内容的几个方面，并按照这一逻辑来编制法典。民事法律关系理论的基本要求是各个方面的内容原则上应当具体，无论是民事主体、权利客体、民事权利义务等的内容都应当尽量具体确定。民事法律关系的具体性有助于从立法上引导民众的行为，同时便于法官裁判时适用法律。

（一）民法典总则的主要内容

1. 民法基本原则

民法基本原则，是贯穿于整个民事立法，对各项民法制度和民法规范起统率和指导作用的立法方针。它是民法所调整的社会关系本质特征的集中反映，其内涵集中体现了民法区别于其他法律的特征。民法基本原则不仅是民事立法的指导方针，并且是一切民事主体应当遵循的行为准则。此外，司法机关在处理民事纠纷时，对于具体法律规范的解释，也必须遵循基本原则。民法应当确立的基本原则包括以下三种。

（1）平等原则。平等原则是指民事活动中一切当事人的法律地位平等，任何一方不得将自己的意志强加给对方。同时，平等原则还意味着法律应对当事人提供平等的法律保护。必须指出的是，平等原则最集中地反映了民法所调整的社会关系的本质特征，是民法区别于其他部门法的主要标志。

（2）自愿原则。即意思自治原则，是指参加民事活动的当事人在法律允许的范围内可以按照自己的意思自愿从事民事活动，为自己设定权利或对他人承担义务，任何单位和个人不得非法干预。

（3）诚实信用原则和公序良俗原则。民事主体可以依据自愿原则从事民事活动，但同时应当接受一定的限制。诚实信用原则要求民事主体在行使权利和履行义务时，应当诚实守信；公序良俗原则要求民事主体从事民事活动要遵守公共秩序和善良风俗。

2. 民事主体

我国民法通则第 2 条规定，民法调整平等主体之间的财产关系和人身关系。这里的主体主要是指我国民法上的自然人和法人。但是，民事主体的类型不是一成不变的，随着经济社会的发展和满足现实生活的需要，民事主体的类型由只有自然人，发展到自然人和法人，现在又发展到自然人、法人和非法人组织。

自然人就是每一个自然存在的生物人。民法根据生于自然灭于自然的天然规律，确定自然人权利义务的取得和消灭及其法律责任。自然人的法律资格问题，包括权利能力和行为能力。权利能力是指自然人享有民事权利，承担民事义务的资格。行为能力主要指自然人能够以自己的行为独立处分财产或者其他事务的能力。民法基于保护主义的思想建立无行为能力、限制行为能力的制度，目的在于避免某些心智不成熟的自然人处分其财产从而给他们带来损害的情形发生。未成年人在一定程度上存在着心智不成熟的情况，所以民法上的无行为能力人和限制行为能力的制度主要是为了保护未成年人的利益。当然，随着社会的进步，未成年人的意思能力也会有进步，所以法律上规定的无行为能力和限制行为能力的年龄有所降低也是符合趋势的。比如，七八岁的儿童之间交换一下价值大体差不多的玩具，或者用零花钱买零食、学习用品等处分行为，现在看来应该是正常的，不一定非要父母同意。德国、俄罗斯、巴西、朝鲜、越南和我国台湾地区均将限制民事行为能力的年龄下限规定为 6 岁或者 7 岁。按照我国侵权责任法的规定，无民事行为能力人、限制民事行为能力人造成他人损害的，由监护人承担侵权责任。监护人尽到监护责任的，可以减轻其侵权责任。有财产的无民事行为能力人、限制民事行为能力人造成他人损害的，从本人财产中支付赔偿费用；不足部分，由监护人赔偿。这里需要强调的是，民事行为能力和刑事责任能力是完全不同的概念。我国现行的民法通则和刑法对民事行为能力和刑事责任能力的要求就是不同的。民法通则按照完全民事行为能力、限制民事行为能力和无民事行为能力划分了三个年龄档次：18 周岁以上为完全民事行为能力、18 至 10 周岁之间为限制民事行为能力、10 周岁以下为无民事行为能力。刑事责任能力是指行为人构成犯罪和承担刑事责任所必须具备的刑法意义上辨认和控制自己行为的能力，不具备刑事责任能力者即使实施了客观上危害社会的行为，也不能成为犯罪主体。刑法按照年龄也将刑事责任能力主要划分为三个档次，但年龄要求是不同的：16 周岁以上的人犯罪，应当负刑事责任；14 至 16 周岁的人犯故意杀人、抢劫等重罪的，应当负刑事责任；14 周岁以下的人犯罪的，不承担刑事责任。因此，民事行为能力的年龄变化并不必然导致刑事责任能力的年龄变化，刑事责任能力的年龄是否变化应当主要根据刑事领域的具体情况来决定。

法人指的是依据法律成立的，具有民事权利能力和民事行为能力，依法独立享有民事权利和承担民事义务的组织体。当代社会，法人不仅仅只是民法上的主体，而且也是社会经济建设、科学研究、教育以及文化传承等众多的公共事项发展和维护职能的主要承担者。因此，法人制度成为民法当然的立法重点。民法规定的法人制度，重点在于确定法人如何得以组织和成立、如何形成自己的意思、如何承担自己的责任这些基本内容。简而言之，法人是独立的民事主体，按照其章程或者法律的规定产生并从事业务，由股东或其他成员组成的权利人会议形成民法上的独立意思表示；由法人常设机构实施日常决策与执行；由监督机构监督其运行等；并且以其全部独立的财产承担法律责任。

在这里我想专门讲一下法人的分类问题。传统民法一般首先是根据法人设立的法律根据，将法人区分为公法法人和私法法人，这一区分的主要原因在于，公法法人是依据宪法或者行政法设立的国家机关、公有事业单位、公共事业团体等，它们的财产一般来源于财政拨款，因此其法律责任尤其是破产时的责任清偿必须遵守公法上的规定。公法法人只有在参加民事活动时才被称为法人，而在承担国家事务职能时并不被称作法人。法人的常见类型是传统民法所称的私法法人，现在一般称之为民法法人或者民商法法人，他们是民事活动的主要参加者。对于私法人如何分类，不同国家的分类是不完全相同的，有的分为社团法人和财团法人，有的分为营利性法人和公益法人，有的分为营利性法人和非营利性法人。我国学界对我国民法典选择什么样的法人分类模式也有不同意见。部分学者比较坚持财团法人和社团法人的分类方法。也有一些学者提出，财团法人和社团法人的概念脱离我国现实。最主要的原因是"财团"和"社团"这两个概念与我国民众的基本认知不尽符合。在普通老百姓看来，"财团"就是公司等营利性组织，从事的是营利性活动；"社团"就是非营利性组织，主要从事的是非营利性活动。但从传统财团法人和社团法人的定义来看，叫"财团法人"，从事的却是公益性的事情，如基金会等；叫"社团法人"，有些却从事营利性活动，如公司等。我个人认为，这些分类各有利弊。我国的法人制度分类，应该根据我国的情况分析。我国民法通则确立的法人种类有机关法人、事业单位法人、社会团体法人、企业法人这几种。随着我国经济社会的发展，民法通则的法人分类方法已经不能满足实践的需要，有必要进行调整完善。民法总则草案按照各类法人设立目的和功能上的不同，将我国的法人区分为营利性法人和非营利性法人两大类。此外，民法通则规定了自然人和法人两类民事主体，现在民法总则草案又增加了非法人组织。原因是随着社会经济的发展，独资企业、合伙企业等大量不具有法人资格的非法人组织在实践中以自己的名义从事着各种民事活动，民法总则草案承认其民事主体地位符合现实需要。

3. 民事权利

民事法律关系的核心内容是民事权利。传统民法中民事权利分类可以有很多，我国民法通则将其区分为人身权和财产权两大类。民法上的财产权，包括物权、债权、知识产权这些民法已经正面规定的类型化的权利，同时还包括一些在法律上没有正面规定、没有类型化，但是从侵权责任法的角度值得保护的民事权益，比如商业信誉、虚拟财产等无形财产，这些权益可以通过侵权责任法、反不正当竞争法等法律得到保护。民法调整财产权利的法律规范，比较集中地体现在物权法、合同法这些基本民事法律和公司法、专利法、商标法这些民法特别法之中。民法上的人身权，又包括人格权和身份权两类。自然人的人格权基础是人格自由和人格尊严。人格自由和人格尊严来自宪法的规定，但是在单一自然人的人格受到侵害时，民法也从侵权责任法的角度，来保护自然人的人格权，并对自然人失去的利益予以物质补偿。身份关系主要是指自然人在婚姻家庭之中发生的法律关系，比如夫妻相互之间的身份关系，父母子女之间的身份关系等。自然人因为身份关系享有法定的权利，承担法定的义务。对身份关系进行规范的主要法律是婚姻法、继承法、收养法等。

4. 民事法律行为

民事法律行为是指自然人、法人或者非法人组织通过意思表示设立、变更、终止民事权利和民事义务的行为。意思表示是指行为人为了产生一定民法上的效果而将其内心意思通过一定方式表达于外部的行为。意思表示作为民事法律行为中最为核心的要素，对于确定民事法律行为的效力具有重要作用。作为民法总则的一般性规定，民事法律行为是对合同行为、财产处分行为、遗嘱行为等一系列能够产生具体权利义务关系的行为的抽象和概括，这些行为都属于民事法律行为。民事法律行为制度集中体现了民法的基本原则，是民事主体自由、自治和自律品性的集中表现。

5. 民事责任

法律关系本身是动态的，权利义务关系也会发生变化。如果当事人不履行义务，就会产生责任问题。因此，民事责任是不履行民事义务的结果，也是对不履行义务行为的一种制裁。不同法律关系中的责任范围、承担方式存在重大差异。例如合同中的违约责任与侵权责任法中的恢复名誉、赔礼道歉等责任明显不同。总则不可能对民事责任的具体内容作详细、全面的规定，但是可以规定民事责任的一般概念和原则。总则在规定了主体、权利、行为等制度后再规定责任制度，符合法律关系理论的一般逻辑，有利于保持民事责任制度在功能和地位上的统一性。

（二）民法典分则的主要内容

1. 物权法

物权是指权利主体依法对特定物享有直接支配和排他的权利，包括所有权、用益物权和担保物权。2007 年，十届全国人大五次会议高票通过了物权法，这在我国法治进程中具有里程碑的意义。物权法历经八次审议，在内容和体系上都较为成熟，民法典编纂过程中，为了保证物权法体系的科学性和系统性，可以考虑对物权法作适度调整并修改完善，而不宜推倒重来，否则不利于保持法律的稳定性。

2. 合同法

合同是债产生的主要原因。债是按照合同的约定或者依照法律的规定，在当事人之间产生的特定的权利和义务关系，其发生原因除了合同外，还包括侵权行为、无因管理、不当得利等。合同法主要的规范内容包括合同的订立、效力、履行、变更、解除、保全、违约责任等。1999 年，我国颁布了统一的合同法，这是在已有合同立法的基础上，通过总结实践的宝贵经验，并充分借鉴两大法系先进经验制定而成的。合同法的内容丰富、体系完整，具有较强的科学性和可操作性。在民法典分则整合的过程中，可以根据国际上合同法的最新发展趋势，充分吸收实践中行之有效的经验做法，合理吸收最高法院司法解释的相关内容，使合同编的内容更加充实、完善。

3. 侵权责任法

侵权责任法是有关对侵权行为的制裁以及对侵权损害后果予以补救的法律规范。我国 2009 年颁布了侵权责任法，该法对侵权的责任构成和责任方式、免责情形、责任主体的特殊情形作了规定，同时规定了包括产品责任、机动车交通事故责任、医疗损害责任、环境污染责任、高度危险责任、饲养动物损害责任、物件损害责任等在内的具体侵权责任类型。侵权责任法对于保护民事主体合法权益，明确侵权责任，预防并制裁侵权行为，促进社会和谐稳定具有重要意义。民法典编纂过程中，为进一步发挥侵权责任法的作用，应当保持侵权责任法单设一编的基本体例，并在实践发展的基础上对原有法律加以补充、修改和完善。

4. 婚姻家庭法

婚姻家庭法，是规范因婚姻家庭关系所发生的人身和财产关系的法律规范的总和，是调整婚姻家庭等基本制度所引发的社会关系的法律规范。我国 1950 年就颁布了婚姻法，作为调整婚姻家庭的基本规范，后来于 1980 年又重新颁布了婚姻法，并于 2001 年作了修改。但是，"婚姻法"的提法过于狭窄，不能涵盖家庭法的内容，因此，在民法典分则整合的过程中，建议在婚姻家庭编中扩大婚姻法的内容，称为"婚姻家庭法"。内容除原婚姻法的内容外，还应涵盖有关父母子女关系、收养、抚养等制度。婚姻家庭法独立成编后，可以很好地处理民法总则与分则的关系，从而使得整个民法典更富于体系性。

5. 继承法

继承法是指调整因自然人死亡而发生的继承关系的法律规范的总称。换言之，是调整有关自然人死亡后将其遗留的财产转移给生者的法律制度。对自然人继承权的保护，实质上体现的是对其财产权的保护。1985年，我国颁布了继承法，对于保护自然人私有财产的继承权发挥了重要作用。继承法律制度作为民法的重要组成部分，将来民法典分则中应当单列一编，内容方面应在继承法的基础上，结合实践的发展作修改、完善。

以上所介绍的关于民法典分则的主要内容，包括了物权法、合同法、侵权责任法、婚姻家庭法、继承法。应当说明的是，民法典分则的内容并非一成不变，这些内容是在各方面已经基本形成共识，认为应当纳入民法典分则的内容。除此之外，有的意见认为，应将涉外民事关系法律适用法作为分则一编纳入民法典。对于这些问题，目前学界尚未形成共识，还应当继续深入研究，广泛听取意见，根据理论和实践的发展进行取舍。

总之，民法典的总则规定民事活动的基本原则和一般性规则，在民法典中起统率性、纲领性作用；分则是在总则的指引下，规定各方面的具体制度。在分则各编已有比较成熟的立法的前提下，分则的整合工作实际上是对已有相关法律的修改、完善、提高和发展。

三　我国民法典编纂的几个现实问题

（一）民法典的体例选择

民法涉及的内容很多，也很复杂，按什么样的体例对这些内容进行编排是民法典编纂中应当首先解决的问题。从法国、德国、荷兰、俄罗斯、日本、我国台湾地区等国家和地区的民法典编纂情况看，采取什么样的体例主要应根据各自的立法传统、法律文化等因素来决定，不同国家和地区的民法典体例也是不完全相同的。我国民法典选择什么样的体例应当根据我国的国情来决定，充分考虑我国的立法现状、立法传统、法律文化等因素。关于民法总则草案的说明指出，我国民法典的体例将采取"总—分结构"，即民法典将由总则编和物权编、合同编、侵权责任编、婚姻家庭编、继承编等这些分编组成，这一规划基本合理可行，符合我国国情，也是目前学界的共识。原因有以下四点。

（1）总则和分则相区分的结构中，民法总则编规定民法典的一般性规则，发挥着弘扬民法精神，增强民法体系性，消除法律冲突，避免条文重复，填补法律漏洞，促使法官正确适用法律等重要功能；分则对各项民事基本制度作具体规定。这既有利于民法典的体系化、科学化，也符合我国长期形成的由一般到特殊、由抽象到具体的立法习惯，还有助于法律的理解和适用。

（2）这一规划符合民事法律关系科学原理，按照主体、客体、权利、行为、责任的逻辑——展开，制度清晰明了。民法总则编统领民法典各编并普遍适用于民法的各个部分，是整个民法典的纲，纲举目张。总则内容对于维持民法体系内在的协调，增强民法典的形式合理性和体系逻辑性发挥着重要作用。完备的民法总则是民法典的基础，不可或缺，对于民法典的编纂可以起到事半功倍的效果。

（3）适应实践需要。目前，我国民法通则中有关民法总则的相关规定已不能完全适应现实的需要。有的规定与当前经济社会的发展状况以及未来深化改革的方向不相适应；有的规定与合同法、物权法、侵权责任法等民事单行法的规定交叉竞合，或者被后法替代；有的规定过于原则，有的内容缺失。从解决现实问题的角度看，当务之急是制定民法典的民法总则编。同时，民法总则的内容涉及民事基本原则、民事主体制度、法律行为制度、代理制度、时效制度等制度的完善。这些制度与其他各编的内容密切相关，可以说牵一发而动全身。制定民法总则编还应当注重与民法典其他各编内容的协调和衔接，兼顾对其他部分的研究论证。

（4）各分编的体例要符合民法的内在逻辑。例如物权编和合同编符合物权和债权相区分的基本原理，便于对交易生活予以引导，便于对交易案件予以准确分析和裁判。侵权责任法独立成编，符合强化保护财产权利和人身权利的大趋势要求。将婚姻法改名为婚姻家庭编，不但彰显婚姻家庭的民法本质，而且更加体现立法对于婚姻家庭的特别重视，更加有利于实现婚姻家庭的和睦。继承法从民法体系化的角度独立成编，彰显了对当事人私权的重视，有利于保持财产支配秩序的稳定和发展。总体而言，我国民法典编纂涉及的这一体系保持了我国的立法传统。

我国民法典的编纂，并不是将现有民法立法简单地予以归并，而是要建立一个和谐统一的内在体系，这就是我们所说的体系整合的问题。应该看到，我国立法机关多年以来一直在从事着民事法律体系整合的工作，比如担保法的多数内容已经被整合到物权法之中；收养法整合到婚姻家庭一编之内，现在也已经没有争议。但是编纂民法典的任务仍然是艰巨的，面临的问题还比较多，需要解决的比较大的难点问题有：①如何在民法之中坚持意思自治原则，进一步完善法律行为制度的问题；②如何在民法总则的民事权利一章，建立可以对于民法各个特别法具有统率作用的规则问题；③如何协调现行合同法和物权法中一些不协调的地方，使得这两个重要法律的相关规则和谐统一的问题；④如何协调民法典中的人身权制度、债权请求权制度、侵权责任制度，使得它们在保护人格权等方面能够和谐一致发挥作用的问题；⑤如何进一步体现当代社会婚姻家庭关系特点，建立新形势下的和睦家庭关系的问题等；⑥如何使得立法更加符合我国民事活动的现实国情，更加符合民众对于立法的期待的问题；⑦如何进一步提高立法科学性与规范性，如何使得立法语言更加精确、明确、统一、同一方面的问题等。

（二）民法典编纂中如何体现中国特色

民法是社会生活的记载和表达，是法律体系这座"大厦"最重要的支柱之一。民法典编纂是一个国家和民族法律传统、法治信仰和法治自信的集大成者。目前，无论是理论界还是实务界都对我国民法典的编纂表达了相当高的期待。我认为，我国的民法典要真正成为一部优秀民法典，首先就是要体现中国特色。中国特色如何体现呢？我从学者的角度提出三点想法。

一是要体现民法典的时代性。各个国家和地区编纂民法典的时代背景是不完全相同的。正如我前文所讲，法国民法典制定于从农业社会向工业社会过渡的时期，因此法国民法典相当多的内容体现了这样的时代背景。

德国民法典制定于工业社会快速发展和资本主义繁荣的时期，因此德国民法典相当多的内容也体现了这样的时代背景。我国在 21 世纪编纂民法典，21 世纪的中国，既有农业时代的特征，也有工业时代的特征，还有信息化时代的特征，因此，我国的民法典也应当体现这样一个时代背景。民法典的内容和规则设计，既要满足农业时代、工业时代的需要，也要满足信息化时代的要求。例如现在我国互联网飞速发展，这个领域出现了网络侵权、网络虚拟财产保护、大数据的保护等新情况、新问题。这些既对传统民法理论提出了挑战，也是民法典编纂需要解决的问题。民法总则草案"民事权利"一章中专门提到了"网络虚拟财产"和"数据信息"的保护问题，可以说在一定程度上体现了时代性。当然除了民法总则要体现时代性，接下来民法典各分编的编纂过程中也要体现这一点，例如在合同编编纂中，就要将一些新的典型合同类型纳入；在物权编编纂中，可以将一些新的担保物权类型纳入；在继承编编纂中，可以将一些新的财产类型纳入可以继承的财产范围等。

二是要体现民法典的民族性。民法典编纂要立足中国、面向中国，回应中国问题，归根到底是要解决民族性问题。各国和各个地区的民法典编纂在这一点上概莫能外。我国民法典要体现民族性，我想主要应在两方面下功夫。第一，要将我国的社会主义核心价值观全面融入民法典的具体制度和内容中。如何融入呢？我很赞成关于民法总则草案说明中的提法，"要将社会主义核心价值观融入民法典编纂全过程，弘扬中华民族传统美德，强化规则意识，增强道德约束，倡导契约精神，维护公序良俗"。例如在民法总则编中要将诚实信用、公序良俗等作为民法典中的基本原则加以规定，在合同编中将合同必须遵守的契约精神体现在合同编的各个章节中，要将我国传统文化中的"孝"的精神体现在婚姻家庭编和民法总则编中。第二，要将我国独有的民事制度在民法典编纂中予以完善和发展。我国社会制度和传统使我国存在一些特有的民事制度，例如我国的农村土地承包经营权、宅基地使用权等物权制度，我国的家庭养老等婚姻家庭制度等。对这些制度要在民法典各编中予以完善和发展。

三是要突出对民事权利的保护。正如我在上文所讲，民事权利是民法典的核心内容。可以说整个民法典就是通过对民事权利的确认、民事权利的救济等方式对民事权利进行保护的。也正因为如此，有的国家称民法典为"权利法典"。改革开放以来，我国立法机构高度重视对民事权利的保护。鉴于"文化大革命"期间，公民的人身、财产权利受到任意践踏和破坏的情况，1986 年制定的民法通则设专门的章节对民事主体的人身、财产权利作了规定。此后制定的合同法、物权法、侵权责任法等法律对民事权利的保护也作了大量规定。但是要充分认识到，在现实生活中，民事权利的保护与老百姓的要求还是有差距的。因此，民法典编纂过程中，要通过增加民事权利的类型，强化民事权利的保护手段等方式，突出对民事权利的保护。

（三）如何处理好民法典与其他法律的关系

民法的内容是庞大的，但是民法典的内容是有限制的，不是任意而宽泛的，不可能"包打天下"。因此，在民法典编纂过程中，一定要处理好民法典和其他法律的关系。我的基本看法有以下三点。

第一，应该坚持公法与私法相互区分的原则，民法典可以写入的内容原则上应限制在私法范围之内。民法虽然是市场经济体制的基本法，是一般民众权利的基本法，但是它应该遵从宪法。民法典的内容应该从民事权利的角度加以选择，对于应该由宪法或者由公法解决的问题，民法典基本上不作规定。比如人权问题、自由问题等，都应该从宪法的角度加以解决，民法只能从单一民事主体的权利受到损害时的侵权救济的角度作出规定。同时，对于依法行使宪法职权的行政权立法、司法权立法等问题，民法基本上也不宜规定。对于既涉及公共权力也涉及民事权利的问题，民法只能从平等主体的角度、从民事权利的角度解决民法层面的问题或者作衔接性的规定。

第二，应该坚持一般法和特别法相区分的原则，民法典只发挥一般法的作用，应该许可民法典之外存在大量的特别法。民法虽然规范庞大，但是它已经从体系化的角度科学地解决了这个问题。这个方法，就是由民法典作为一般法解决普适性问题，由特别法来解决特殊主体、特殊权利、特殊行为或者特殊责任方面的问题，由此形成一般法和特别法组成的民法体系，并保持民法大体系的和谐统一。一般法和特别法的关系问题，在民法上早已存在。在民法法典化运动时期，曾就商法是否应该纳入民法典体例的问题，在各个民法典编纂国家产生分歧。商法虽然在广义上也是民事法

第三部分　"百名法学家百场
报告会"法制讲座

法制建设与完善社会主义市场经济体制 *

（"百名法学家百场报告会"辽宁大连专场，2007 年 6 月 6 日）

陈　甦

【内容提要】市场经济是法治经济。社会主义市场经济需要社会主义法律作为其有效运行的制度基础。目前，我国社会主义市场经济法律体系的框架已基本完备，相关法律制度的内容正不断充实，实施效果也越来越好。社会主义市场经济体制的不断完善和法制建设的不断发展，为改善执政方式和提高执政能力提供了更广阔的实践空间和更合理的法律依据。在市场经济体制确立初期，政府负担建构市场、培育市场的任务。随着市场经济体制的完善，政府要有勇气转身退出市场，不应再做市场经理人，而应做本地区市场的管理人，切实把政府经济管理职能转到主要为市场主体服务和创造良好发展环境上来。

【主讲人简介】陈甦，男，1957 年生，辽宁大连人。中国社会科学院学部委员，法学研究所研究员，博士生导师。主要研究领域为民商法、经济法，重点从事公司法、证券法、物权法研究。现任中国社会科学院法学研究所所长，《法学研究》主编，法学所国际法所职称评审委员会主任，中国社会科学院民法典编纂工作项目组副组长，兼任国务院学位委员会第七届学科评议组（法学组）成员，中国法学会常务理事，中国商法学研究会副会长，北京市法学会副会长、学术委员会副主任，最高人民法院案例

---

* 本文载中国社会科学院社会政法学部《科学发展、社会和谐——构建社会主义和谐社会的理论与实践》，社会科学文献出版社，2007，第 215—223 页。

指导工作专家委员会委员，国务院国有资产管理委员会法律顾问，北京市人民政府立法工作法律专家委员会委员。

一　法制建设是社会主义市场经济体制有效运行的制度保障

市场经济就是法治经济，这一论断概括了市场经济与法律制度的密切关系，也申明了市场经济的一个基本特征。虽然在非市场经济体制下的经济活动也有效益目标，其经济活动的社会环境中也存在法律，但是，唯有市场经济可称为"法治经济"，这是市场经济对法律的制度依赖以及法律在经济运行机制中的功能所决定的。社会主义市场经济也是市场经济，社会主义市场经济体制同样需要社会主义法律作为其有效运行的制度基础。

1. 法律是实行市场经济秩序的制度基础

经济有秩序地运行是实现经济发展目标的必要条件。或有人言，以前的计划经济岂不是最有秩序的经济，又何曾需要那么多的法律？确实，计划经济体制易于形成经济秩序，但却是以损害经营效率和竞争公平为代价的秩序。以前的观念认为，只要实现了公有制，就可以实行有效率有秩序有公平的计划经济。其实，计划经济得否实行、实行到什么程度，不仅是生产资料所有制决定的，更重要的是生产力决定的。计划制定与实施机制应当属于生产力范畴，如与计划有关的信息处理能力、政策调整能力及组织实施能力等。在全国也没有几台计算机的情况下，搞高度集中统制的计划经济，只能是粗放的、滞后的和无效率的。高度集中统制的计划经济体制不仅束缚了经营者的创造性和竞争能力，也缺乏经济活动中机会均等的公平性。所以在经济体制改革进程中，确立社会主义市场经济体制是必然的选择。

市场经济体制最大限度地拓展了经济活动的时空范围和自由度，具有独立法律地位与享有意思自治的市场主体的自主经营，成为在具有不确定性的市场中追求经济效益并形成经济整体发展的基本方式，经济活动不能再侧重依赖熟人信用或统一计划体系中的单位分工合作，只能侧重依赖能够维护市场主体地位平等、经营自主、竞争公平的法律，依赖体现法律制度有效实施的经济法治。

市场经济秩序是各种具体经济活动合序进行的实际状态，社会主义市场经济也应当是有秩序的经济。在市场经济体制条件下，市场主体具有独立性，市场活动具有趋利性，因而市场经济秩序的形成需要制度的约束与保障。其一，统一规则的存在。市场经济活动必须遵循统一的规则，没有统一的规则，市场主体各行其是，就不可能有市场经济秩序。其二，统一规则的适当性。市场经济活动所须遵循的统一规则，必须符合市场经济规则，必须反映市场经济的内在要求。只有具备这种性质与内容的规则，才能被市场主体主动接受与自觉遵守。其三，统一规则的普遍适用。市场经济秩序是各个市场主体的独立经济活动的综合反映，规范经济活动的统一规则必须适用于所有的市场主体，才有可能形成经济秩序，因此规范市场主体经济活动的统一规则必须具有普遍的约束力。其四，统一规则的有效实施。市场经济秩序是一种实际状态，是规范市场经济活动的统一规则的实现结果，因此，规范市场经济活动的统一规则只有被有效地实施，才能形成市场经济秩序。可见，具备上述条件的统一规则，只能是反映市场经济内在要求和发展需要并且具有普遍约束力的法律，社会主义市场经济秩序只能依法实现，经济秩序的形成过程也就是法律的实现过程或者说是法治过程。

2. 法律构筑市场信用、市场信任与市场信心得以巩固的制度环境

市场经济也是有道德的经济，其核心道德规范就是诚实信用。在市场经济体制中，信用是任何交易得以成就的基础，信用确保交易安全、降低交易成本并增加交易机会，所以说，市场信用既有道德价值也有经济价值。正如十六届三中全会通过的《关于完善社会主义市场经济体制若干问题的决定》所指出的，以道德为支撑、产权为基础、法律为保障的社会信用制度，是建设现代市场体系的必要条件，也是规范市场经济秩序的治本之策。法律通过对市场主体权利义务及责任的规范，通过担保制度、合同制度的实施，保障市场活动中信用的道德价值和经济价值的充分实现。

市场信任是市场主体或管理者对其他主体信用的判断和依赖，一个市

场主体的信用只有达到了使他人或社会足以信任的程度，才能在市场活动中起到促进交易的作用。对于市场信任的巩固，一方面需要反复的市场实践形成的经验总结，另一方面需要法律对基于信任的市场行为预期给予充分保护，维护信赖者的权益，严格追究背信者的法律责任。在法律保护市场信任方面，公正执法与公正司法十分重要，因为这是形成并巩固市场信任的重要机制。当前有些地区的地方保护主义很盛行，在政策的制定与实施方面，在法律制度的实施方面，总是搞内外有别，生怕本地企业或投资者吃亏。地方保护主义严重的地区，司法公正都经常被干扰，表现为用行政权力干预法院的审判活动，生效的法院判决得不到执行。地方保护主义其实是短视的，看起来在一事一案上为本地利益占了便宜，实际上破坏了外界对当地执法公正和司法公正的信任，是市场信任的最大破坏者，是一个地区市场环境的最大破坏者。如果外部对地方保护主义盛行的当地市场失去了信任，与当地有关的投资与交易必然减少。所以，加强公正执法、公正司法，才是增强和巩固外部主体对本地市场信任的根本措施。

市场经济的发展需要市场主体经营活动的长期性与持续性，而这依赖于市场主体对市场环境与发展趋势的信心。政策的稳定性和法治的有效性，都是形成市场信心的重要因素。今年颁布的物权法的重要功能之一，就是通过对市场主体物权的平等保护，坚定社会成员通过诚实劳动持有并利用合法财产实现财富增值的信心，做到以恒产形成恒心、以恒心增加恒产，促进社会成员对社会现实的认同与对社会未来的信心。

3. 经济法治是市场经济中安全、效率与公平协调实现的必要机制

在社会主义市场经济体制条件下，安全、效率与公平的协调实现需要法治机制。安全是有效市场得以存在的前提条件，没有安全的市场环境，交易效率与市场公平就难以实现。在市场经济条件下，市场交易发生于各自独立的主体之间，依法维护交易安全至关重要。交易安全包括市场主体自己的财产不被他人非法侵夺，投资安全受到法律确实保护，交易目的不因对方违约等人为因素所阻碍，以及在遭受侵害时能够得到法律救济等。显然，市场活动中的交易安全只能依靠法律的保障。

市场效率产生于公平竞争，而公平竞争的必要条件就是市场主体的平等，主体平等其实就是法律地位的平等、权利的平等。物权法规定了物权的平等保护，即国家、集体、私人的物权和其他权利人的物权受法律保

护，任何单位和个人不得侵犯，就是为实现市场竞争的主体平等前提，提供财产制度方面的法律保障。法律规定多种财产形式，特别是各种知识产权，丰富社会财富的形式，增加社会财富的种类；法律通过保护经营自主、合同自由，实现市场主体对经营策略和交易内容的自由决定；法律通过规定不同市场领域的基本交易规则，预设权利义务与责任的基本内容与结构，通过提供便于市场主体预测与选择的确定性来提高市场效率；法律通过宏观调控和市场管理，避免市场失灵与失序，确保市场的有效性。可见，只有在市场经济领域实行法治，市场机制才能充分发挥作用。从政府行为角度，依法办事是成本最低的市场经济管理方式，因为提供了最大的预测效能，最大限度地实现了法律的效率安排。

更为重要的是，法治还是实现市场公正的保障。竞争是市场效率的实现机制，保障机会均等，实现公平竞争，是市场公正的重要体现。但是，市场公正并不止于竞争，对于竞争中的失败者和社会弱者，仍需要依据法律建立的社会保障制度予以保障，这是市场经济能够在社会秩序稳定的环境下顺利运行与发展的必要条件，也是社会主义制度的人民性与人道性的重要体现。

4. 法制建设是应对经济全球化的制度准备

在经济全球化的时代背景下，法制建设是应对经济全球化的制度准备。我国要加入国际经济一体化进程，就要尊重并运用国际经济活动的统一规则，而尊重并运用国际经济规则的最主要的方式，就是在经济活动领域实行法治。

实行经济法治，也是加入国际经济一体化的积极手段。国家的法治环境是最为重要的市场条件，依法保护外商投资企业的权益，实行国民待遇并加强引导和监管，有利于吸引和利用国外的资金与人才，用以发展我国的经济。

实行经济法治，依法规范企业的经营行为，也能提高我国企业在法治环境下进行经营活动的素质，有利于我国企业参与国际市场竞争。在社会主义市场经济的运行过程中，制定和实施反映市场经济内在要求和发展需要的法律，建设良好的经济法治环境，既有利于我国市场经济的发展，也可以使我国的市场经济运行机制更符合国际经济交往的需要，从而强化我国在国际经济体系中的地位，增强我国在国际经济活动中的竞争力。

二 社会主义市场经济法制建设的最新进展

我国社会主义市场经济的法制建设，是在建设社会主义法治国家与坚持社会主义基本经济制度紧密结合的基础上，不断深化、不断发展的。市场经济法制建设在立法目的上，以建立和维护健康发展的市场经济法律秩序为目标，实现并维护我国市场的统一性、自由性、竞争性和公正性；在法律体系的结构上，建构对市场经济进行规范的各种性质各异、作用不同的法律规范有机结合体，通过对市场经济活动的不同方面、不同角度、不同性质、不同方式的规范，实现市场经济均衡、持续、有序地发展；在法律的内容上，适应市场经济运行的内在要求和发展需要，使市场经济法律制度既适合我国国情又与世界相通，尽可能地发挥市场机制的积极作用、抑制市场机制的消极作用。

经济体制改革以来，我国社会主义市场经济体制的完善与社会主义法律体系的建设，一直呈现出相辅相成、并行进步的态势。至今为止，社会主义市场经济法律体系的框架已基本完备，相关法律制度的内容正不断充实，市场经济法律制度的实施效果也越来越好。无论是调整平等市场主体之间社会关系、作为市场经济运行的基本规范的民商法，还是规定国家宏观调控规则和市场管理规则、确保市场经济机制得以有效有序运行的经济法，抑或是规范劳动关系和社会保障关系、维护市场经济运行中社会公平与稳定的社会法，都在社会主义市场经济法制建设中不断得到加强与完善。特别是十届全国人大以来，在社会主义市场经济法律体系建设方面加快了步伐，科学发展观在立法过程中得以贯彻落实，建构社会主义和谐社会成为法制建设的重要任务，在立法实践中攻克了许多政策选择上的难点，取得了一系列重大的经济法制建设成就。

近期最为重要的民商立法就是物权法的制定。十届全国人大五次会议通过的物权法，以民事基本法律的形式进一步确认了社会主义基本经济制度，肯定了改革开放以来物权法律制度建设的成果。物权法构建了完整的物权体系，规定了财产归属与利用的基本规则，明确了物权平等保护的原则。物权法在财产法律制度上充分体现了市场经济的基本法则，顺应了继续深化改革的目标与趋势，其有效实施必将增强全社会的财产安全感，鼓励市场主体充分利用财产和努力创造财富，坚定人们坚持改革开放的信念，鼓舞人们坚持以经济建设为中心、建构社会主义和谐社会的信心。

在市场主体法律制度方面，全面修订了公司法、合伙企业法，制定了农民专业合作社法等。这些法律对企业组织的法律形式，在投资者关系、投资者责任、内部治理结构等方面，都设置了不同的模式和权利义务内容，进一步增加了投资者对企业组织形式的选择能力。特别是公司法的修订，进一步完善了公司内部治理结构，协调了投资者、经营管理者和劳动者之间的利益关系，体现了尊重市场机制、强化企业自治的立法政策取向。历经多年讨论终于出台的企业破产法，对于公平有序地实现优胜劣汰的市场机制，也将起到重要作用。在一些特殊的市场领域如证券市场、保险市场等，相关法律如证券法、保险法等，也作了重大的修订。根据我国相关市场的发展状况和规制需要，这些修订后的法律进一步完善了市场交易规则和市场主体行为规范，加强了对投资者的保护，强化了对上市公司、证券公司、保险公司等市场经营主体的监管。这些民商法的制定与修改，有利于促进市场经济的有序运行，有利于保障市场机制充分发挥作用。

在经济法方面，近期重要的立法是今年通过的新企业所得税法。该法把企业所得税由33%降到25%，减轻了企业的税负，有利于鼓励投资和促进企业发展。特别是新企业所得税法由税率的"内外有别"改为"内外统一"，不再以投资来源分别设定税率，有利于建设公平竞争的市场环境。在市场管理法方面，修改后的银行业监督管理法、证券法和保险法等，都以实现市场经济秩序为目标，大大增加了市场监管机构的权限，严格了相关市场经营主体的法律责任，加强了保障市场安全、防范市场风险的制度措施。对维持市场公平竞争秩序具有重要意义的反垄断法，当前也在加紧制定中。

毋庸讳言，在市场经济体制确立的初期，由于对效率与公平的认识深度与政策选择上的原因，在市场经济法制建设中，曾经存在偏重民商立法、经济立法而相对忽略社会立法的倾向。从立法的数量上就可以看出，人大及其常委会每年制定的与市场经济有关的法律，大都属于民商法和经济法，而属于社会法的却很少。至今为止，社会法中的劳动法体系还很不完整，对于保护劳动者权益有重要意义的劳动合同法尚未出台；社会法中的社会保障法体系更是欠缺，大量的社会保障制度只是采取行政法规、部门规章、地方法规或地方政府规章的形式，由不同的部门或地方制定，致使现行的社会保障法律制度位阶低、效力弱、内容凌乱、缺乏统一性。自贯彻落实科学发展观、构建社会主义和谐社会的立法理念确立以来，社会法方面的法制建设相对滞后的局面正在迅速得到改善。随着市场经济体制改革的深入和法制建设的发展，各种社会保障制度正在不断地得到充实与完善。在公司法的修改、破产法的制定中，都充分考虑到对劳动者权益的保护。劳动保障监察条例明确规定了政府在劳动保障监察方面的职责与权限，规定了用人单位违反劳动保障制度的法律责任。当前，关系到劳动者重大利益的劳动合同法、就业促进法等，也在加紧制定中。

三　市场经济法治的发展对执政方式与执政能力提出了更高要求

社会主义市场经济体制的不断完善和法制建设的不断发展，为改善执政方式和提高执政能力，提供了更广阔的实践空间和更合理的法律依据。但是，有一些政府部门或领导干部却认为，法律越来越健全固然是好事，但办事时束手束脚的情形也越来越多。例如，招商引资的税收优惠措施不能再搞了，行政审批的范围大幅度缩小了，政策优惠手段少了程序却严格了，物权法颁布后搞征地拆迁也不容易了，所以政府在促进经济发展方面越来越难有作为，许多事情现在想做做不了，当然也就做不好。这种观点只看到法律对原有执政方式的强制改变或严格限制，却没有看到法制建设对市场经济持续发展的巨大推动力，没有认识到执政能力要随着法制建设水平的提高而提高的必要性。

如果停留在原有的执政方式与执政水平上，法制建设确实为执政行为增加了难度。但是，基于执政为民的理念，这种执政难度的增加是必要的，也是应当的。因为随着市场经济和法制建设的发展，人民的制度需求也在不断地发生变化，促使法律必须根据人民的需要而不断得到改进与完善。就拿城市房屋拆迁来说，在改革初期，人们普遍没有买房、建房能力，因此迫切需要政府来拆迁并希望直接安置，因为拆迁就意味着改善居住条件；随着人们收入的提高和市场选择能力的增强，被拆迁人更喜欢自己去选择新的居所，因此拆迁时的货币补偿就逐渐取代了直接安置；当人们看到房地产开发商利用强制拆迁获得高额利润时，基于平等谈判实现拆迁利益平衡的需求也就愈加强烈；当许多城市居民已经拥有了自己购买的住宅时，就不再希望实践中还存在非公益建设的强制拆迁，因为他们要维护自己住宅财产的安全和生活的稳定。可见，物权法上的房屋拆迁制度是适应人们现实制度需求的合理规定，只看到因此增加了今后城市建设的成本，是片面的短视的。执政要以满足人民的需要为目标，政府部门决不能为了一时的执政业绩或执政便利，就把维护市场经济秩序的法律（如物权法对征地拆迁的限制）视为障碍。执政以人民是否满意为根本衡量标准，法律则是人民整体利益最现实的体现，因此，政府严格遵守法律，在现行法律的框架下展开执政行为，是获取人民持久满意的根本途径。

在社会主义统一市场逐渐形成、经济法律体系不断完善的情况下，地方政府推动经济发展的能动性并不是削弱而是加强了，只是推动经济发展的路径和重点与以往有所不同。政府在市场经济体制中的主要作用，就是在法律规定的职责权限范围内，确定经济发展方向，稳定经济发展水平，维护经济运行秩序，在发生市场失灵的地方，则实施适度的干预。市场经济法律体系是统一的，但地方立法并不因此失去了主动性和创造性。例如辽宁省人大常委会第31次会议批准通过的《大连海域使用管理条例》就很有创造性，其中规定了公益用海制度，以保障市民和游客用海不因海域生产性使用而受影响；还规定了"用海优先"、"承包优先"和"失海补偿"制度，实现海域资源的公平合理配置。这些规定是很有价值的制度创新，是对国家海域使用管理法律制度的充实与发展。

在全国统一市场形成的局面下，作为地方政府还有一个重要职责，就是增强本地区企业及本地区的竞争力，包括吸引投资方面的竞争力。地区的竞争力不等于本地区企业竞争力的简单相加。地区的竞争力，是一个地区各种竞争因素的有机综合，也包括硬件建设和软件建设。硬件如基本建设、企业建设等，软件如政府的效能、执法公正的程度、司法公正的程度、政府与企业的关系、社会秩序程度、社会中介组织的发达程度等。就吸引外来投资而言，以往偏重于硬环境建设，现在应当侧重于软环境建设，因为就投资的安全性和长期效益来说，以执法公正和司法公正为支撑的软环境更为重要，可以说，法制建设是软环境中的硬成分。在投资软环境建设中，要把提高本地区的信用和社会成员的发展信心，巩固外来投资者的信任，放在执政目标的重要位置。提高并维持地区信用的关键，就是加强政府依法执政，首先要提升政府自身的公信力。当前有两个倾向必须克服：一是地方政府在对本地区的内部关系上，表现为对本地区企业的过度干预；二是地方政府在对本地区的外部关系上，表现为实行地方保护主义。从长远上、从根本上，这两种倾向都严重损害地方政府的公信力，严重损害本地企业及地区的竞争力。

在我国市场经济体制确立初期，政府负担建构市场、培育市场的任务。随着市场经济体制的完善，政府在以经济建设为中心的社会政策实现机制中的角色也需要转换。政府应当做本地区市场的管理人，而不应再做市场经理人。所谓市场经理人，是指政府把一个地方作为一个企业看待，而政府则充任董事长或总经理的角色，政府直接招商引资，政府直接参与微观经济活动。所谓市场管理人，是指政府只作为市场发展政策的制定者、市场秩序的维护者和市场利益纠纷的协调者，此外不再参与市场经济活动。政府作为市场经理人，虽然在某一方面可以提高市场运作的效率，但是也会产生严重的弊端。例如，政府作为市场经理人直接参与市场经营活动，会打破市场公平竞争的格局，压抑市场经营主体的积极性，阻碍市场机制的有效运作；政府作为市场经理人，会过于偏重经济事务或具体经济建设项目的运作，而忽略经济建设之外的对社会和谐发展具有重要意义的公共事务；政府作为市场经理人，容易陷入具体的利益纠葛中，易于产生干预司法、实施地方保护的冲动。因此，在市场经济成型并自主运行之后，政府要有勇气转身退出市场，切实把政府经济管理职能转到主要为市场主体服务和创造良好发展环境上来，使政府成为市场经济法律制度的公正执法者。

虽然我国的市场经济体制已经确立多年，但是在东北老工业基地的社会环境中，计划经济观念的残存较深，很多企业参与全国市场竞争的能力较弱。于是，有人担心政府若不在市场活动中打前站，若不具体指导企业的经营活动，企业很难在激烈的市场竞争中生存与发展。这是一种在计划经济体制中生成并强化的政府家父情结，是与市场经济体制不相适应的过时观念，也是在市场经济法制环境中不可能充分施展的执政理念。只要完善市场经济法制环境，做到社会管理上的"三通一平"，即观念通彻、政令通达、办事通顺、社会公平，人民会自己挣钱的，企业会自己寻求发展的。当然，东北地区国企改制的任务相当艰巨，政府在国企改制中的主导角色仍需坚持。但是，在国企改制中也要坚持市场经济机制和经济法治观念，以充分保证国企改制方案的合理性和公正性。例如，在国企改制的价格决定上，不应仅以评估价格作为国有资产是否流失的判断标准，而应以公开市场竞价作为国有资产的转让价格形成机制；对于改制国企的收购人或接管者，不应以内部协商小范围确定，而应以严格的程序进行公开选择。也就是说，要用体现市场机制和法治理念的措施，公正有效地实现经济转型、企业转制和政府职能转换。

总的说来，虽然东北老工业基地在开放改制上曾经落后一步，但在建设社会主义市场经济的法治环境方面仍可争先赶上。而且我们应当有理由相信，只要建构了良好的社会主义市场经济法治环境，社会经济的持续有序发展是指日可待的。

坚持依法治国和以德治国相结合

（"百名法学家百场报告会"内蒙古锡林浩特专场，
2017 年 8 月 29 日）

莫纪宏

【内容提要】法律实施有赖于道德支持，道德践行离不开法律约束。在新的历史条件下，我们要把依法治国基本方略、依法执政基本方式落实好，把法治中国建设好，必须坚持依法治国和以德治国相结合。以德治国首先表现为"以德治党"，对人们行为的高标准和严要求在通过立法途径进入法治建设领域之前，要靠党员干部来发挥道德的先进性和引领作用。把社会主义核心价值观融入法治建设，必须贯彻落实宪法精神，抓住领导干部这个关键少数，在立法、执法、司法中体现核心价值观的要求，把法治教育与道德教育结合起来。

【主讲人简介】莫纪宏，男，1965 年 5 月生，江苏靖江人。现任中国社会科学院国际法研究所所长、研究员、博士生导师，中国法学会学术委员会委员、中国宪法学研究会常务副会长、中国法学会律师法学研究会副会长、北京市法学会立法学研究会会长、海峡两岸关系法学研究会常务理事、中国人权研究会理事、全国港澳研究会理事、最高人民检察院专家咨询委员、北京市人民代表大会会常务委员会法制顾问，兼任国际宪法学协会终身荣誉主席、执委会副主席。2004 年获得第四届"全国十大杰出青年法学家"称号，2005 年入选"当代中国法学名家"，第三批国家"万人计划"哲学社会科学领军人才。

党的十八届四中全会明确提出全面推进依法治国必须"坚持依法治国

和以德治国相结合”原则，在党的正式文件中第一次把以德治国与依法治国作为治国理政同等重要的方式来对待。作为治国理政的重要方式之一，以德治国究竟与依法治国有什么不同？为什么在依法治国方略提出之后还要再提出以德治国？两者为什么要有机结合起来共同发挥作用？这些都是当前国家治理和社会治理面临的重大理论与实践问题。

今天，我主要从三个方面同大家交流一下：以德治国的由来、基本内涵、正当性、价值要求，依法治国与以德治国的关系，以及将社会主义核心价值观融入法治建设对于推进以德治国的重要意义。

一 以德治国的由来、基本内涵、正当性及其价值要求

（一）以德治国的由来

在中国历史上，最早把“德”与治国联系起来的是春秋战国时期郑国的政治家和思想家子产。公元前533年，子产任郑国相。子产提出一系列富国强兵的政策。在国家治理上选贤任能，主张以众为师，以德治国，主张“德，国之基也”。子产任相期间，郑国逐渐强盛，百姓安居乐业。

德主刑辅是我国历代封建王朝基本的治国方略，其最早可追溯到周礼，其理论源头来自儒家的礼治和德治思想。儒家治国理政思想既强调以德治国，又不排斥法治，主张“礼法合治”、“德主刑辅”。《论语》说过：“道之以政，齐之以刑，民免而无耻；道之以德，齐之以礼，有耻且格。”从孔子提出“宽猛相济”，到孟子提出“徒善不足以为政，徒法不能以自行”，荀子提出“隆礼重法”，到汉代董仲舒强调“阳为德，阴为刑”，唐代提出“制礼以崇敬，立刑以明威”，到宋元明清时期一直延续德法合治，都体现了德治与法治相结合的治国之道。

当然，历代封建统治者提倡德主刑辅的治理理念，其出发点还是为了维护封建皇权的合法性以及封建统治阶级的利益，治国理政的根本方式属于人治。德也好，法也罢，都属于统治者的统治工具和手段，只不过德更偏向于怀柔，法则倾向于控制。德治、法治中“治”的对象不可能是封建统治者自己，而是作为被统治者的广大劳动人民群众以及服务于封建统治政权的大大小小的官吏。

中国共产党走上历史舞台之后，是以解放全人类为己任的。因此，不论是在民主革命时期，还是在中华人民共和国成立之后的社会主义革命和建设阶段，共产党人的根本宗旨就是全心全意为人民服务，因此，不可能把人民群众当成统治的对象。道德也好，法律也罢，都属于国家治理和社会治理的方式，对于所有的社会成员一体适用。尤为重要的是，中国共产党作为全体中国人民的先锋队组织，更要以严格的纪律和规矩来要求党组织和党员的行为，党要求社会组织和普通民众做到的事，自己首先要做到，而且还要做好，为人民群众树立榜样。所以说，中国历代封建王朝推崇的德主刑辅治国之策并不符合共产党人的执政理念。

从中国共产党的成长历史来看，一直比较重视纪律、规矩、法律在管党治党及治理国家和社会中的作用，但也没有放弃思想上的教育和引导。始终不渝地抓好思想建设，用马克思主义理论为指导，以符合共产党人奋斗纲领的先进道德和价值观来规范和约束党组织和党员的一言一行，成为党建工作行之有效的措施和手段。党的历代领导集体都比较重视党的思想路线，对于思想政治工作一刻也没有放松。

（1）以德治国与抓思想工作有关。党的第一代领导集体的核心毛泽东同志在《山东有可能成为战略转移的枢纽》指出："掌握思想领导是掌握一切领导的第一位。"正是掌握了思想政治工作这个强大的精神武器，共产党才逐渐走向强大，最终夺取了全国政权。为了加强思想政治工作，毛泽东同志提出了"支部建在连上"的组织原则，并使之成为建党、建军的一项基本原则和制度。1927 年 9 月，毛泽东同志率秋收起义余部挺进井冈山途中，有感于南昌、秋收起义相继失败，认识到"这是缺乏革命中心力量招致革命失败的血的教训"。遂确定在江西永新三湾村改编部队，实行"支部建在连上"：在连队设党支部，在优秀士兵中发展党员，在班排设党小组，在连以上设党代表并担任党组织书记。这就在部队建起严整的党组织体系，通过及时和有效地掌握士兵的思想动态，为党全面建设和掌握部队提供了可靠的组织保证。

党的第二代领导集体核心邓小平同志也非常重视思想政治工作的重要性。在《贯彻调整方针，保证安定团结》一文中他旗帜鲜明地指出："我们说改善党的领导，其中最主要的，就是加强思想政治工作。"针对一些领导干部淡化意识形态工作重要性的现象，他说："四个坚持、思想政治工作、反对资产阶级自由化、反对精神污染，我们不是没有讲，而是缺乏一贯性，没有行动，甚至讲得都很少。"他强调，"总结历史经验，坚持四项基本原则十分重要，特别是坚持社会主义和党的领导，决不能放松，否则我们非垮台不可"。

（2）以德治国概念的正式提出。党的十五大正式提出了"依法治国，建设社会主义法治国家"的治国方略，这是我党执政史上具有历史里程碑意义的重大决策。依法治国方略的提出，吸取了中华人民共和国成立后长时期轻视法治，特别是"文革"十年严重破坏法治的历史教训，解决了法律在治国理政中的核心地位问题，为中国特色社会主义事业提供了可靠的制度保障。法治相对于人治以及一切形式的乱治和随心所欲的治理来说，是治国理政方略上的巨大的历史进步。当然，从科学执政的角度来看，我党在新时期面临的执政环境是极其复杂的，法治可以建立社会的基本价值秩序，但变动不居的社会现实又需要执政党具有巨大的理论和制度创新的勇气，不能墨守成规，而要大胆改革。对于法治与社会发展需要不相适应的部分，就需要运用先进的道德理念和社会主义核心价值观来加以规范和引导，不论是管党治党，还是治国理政，都不能把依法治国方略简单化，甚至作为一劳永逸的"绝对真理"，必须要从治国理政的实际情况出发，注重综合治理，充分发挥各种治理手段在治国理政中的不同功能和治理功效的合力，实现国家治理和社会治理方式的最优化。在众多的治理手段中，反映社会主义核心价值观要求的先进道德是不可忽视的治理方式。2000 年 6 月，党的第三代领导集体核心江泽民同志在中央思想政治工作会议上指出："法律与道德作为上层建筑的组成部分，都是维护社会秩序、规范人们思想和行为的重要手段，它们互相联系、互相补充。法治以其权威性和强制手段规范社会成员的行为。德治以其说服力和劝导力提高社会成员的思想认识和道德觉悟。道德规范和法律规范应该互相结合，统一发挥作用。"2001 年 1 月，在全国宣传部长会议上，他进一步明确提出了"把依法治国与以德治国紧密结合起来"的治国方略，至此，以德治国与依法治国一样，进入了治国理政的治理方式体系之列，以德治国在国家治理和社会治理中的重要地位和作用也得以正名。

（3）习近平总书记关于以德治国的重要讲话精神。党的十八大以来，以习近平同志为核心的党中央高度重视依法治国与以德治国的有机结合，对以德治国在管党治党和治国理政中的重要作用给予了充分肯定。党的十八届四中全会审议通过的《中共中央关于全面推进依法治国若干重大问题的决定》把"坚持依法治国和以德治国相结合"作为全面推进依法治国，建设中国特色社会主义法治体系，建设社会主义法治国家必须遵循的五项原则之一。明确提出：国家和社会治理需要法律和道德共同发挥作用。必须坚持一手抓法治、一手抓德治，大力弘扬社会主义核心价值观，弘扬中华传统美德，培育社会公德、职业道德、家庭美德、个人品德，既重视发挥法律的规范作用，又重视发挥道德的教化作用，以法治体现道德理念、强化法律对道德建设的促进作用，以道德滋养法治精神、强化道德对法治文化的支撑作用，实现法律和道德相辅相成、法治和德治相得益彰。

为了进一步阐述依法治国与以德治国之间的辩证关系，充分发挥以德治国在管党治党和治国理政中的重要作用，中共中央政治局 2016 年 12 月 9 日下午就我国历史上的法治和德治进行第 37 次集体学习。中共中央总书记习近平在主持学习时强调：法律是准绳，任何时候都必须遵循；道德是基石，任何时候都不可忽视。在新的历史条件下，我们要把依法治国基本方略、依法执政基本方式落实好，把法治中国建设好，必须坚持依法治国和以德治国相结合，使法治和德治在国家治理中相互补充、相互促进、相得益彰，推进国家治理体系和治理能力现代化。他指出，法律是成文的道德，道德是内心的法律。法律和道德都具有规范社会行为、调节社会关系、维护社会秩序的作用，在国家治理中都有其地位和功能。法安天下，德润人心。法律有效实施有赖于道德支持，道德践行也离不开法律约束。法治和德治不可分离、不可偏废，国家治理需要法律和道德协同发力。由此可见，坚持依法治国和以德治国相结合是马克思主义中国化在治国理政领域的重要体现，是执政党科学执政、民主执政和依法执政的重要指导思想。

（二）以德治国的基本内涵

我们今天所讲的以德治国，其内涵完全不同于中国历史上为封建王朝所推崇和广为采用的德治，而是中国共产党作为执政党适应新时期管党治党和治国理政的要求，根据中国特色社会主义国家治理和社会治理的实践需要提出的治国理政的崭新命题，是中国共产党作为执政党科学执政、民主执政和依法执政理念的重要表现形式。以德治国就是要以马列主义、毛泽东思想、邓小平理论、科学发展观以及习近平系列重要讲话精神为指导，以为人民服务为核心，以集体主义为原则，以爱祖国、爱人民、爱劳动、爱科学、爱社会主义为基本要求，以职业道德、社会道德、家庭美德建设为落脚点，积极建立适应社会主义市场经济发展的社会主义思想道德体系，并使之成为全体人民普遍认同和自觉遵守的规范。以德治国是执政的中国共产党人借鉴中国历代的治国之道，吸取国外法治国家管理国家事务和社会事务的经验教训，在新的历史条件下，对如何管理国家事务，对如何管党治党，如何教育引导人民崇尚高尚的精神生活集体思考的理论结晶，体现了以习近平同志为核心的党中央依法执政理念的重要特色。

（三）以德治国的正当性

习近平总书记在 2014 年 10 月 13 日中共中央政治局第 18 次集体学习时明确指出，我国古代主张民惟邦本、政得其民，礼法合治、德主刑辅，为政之要莫先于得人、治国先治吏，为政以德、正己修身，居安思危、改易更化。要治理好今天的中国，需要对我国历史和传统文化有深入了解。德主刑辅肇始于西周时期周公提出的"明德慎罚"，中经春秋战国儒家传扬的"为政以德"，形成于董仲舒的"德主刑辅"，此后成为封建社会基本的治国策略之一。德主刑辅，是中国几千年来治国理政基本经验的总结。"刑"，在中国古代是法的代名词。"德"，则有两层基本的意思：一是"为政以德"的"德"，指与法相对应的国家与社会治理措施，即执政者治国的措施应该得到民众的认同，符合民众的利益；二是"大学之道，在明明德"的"德"，指一种社会规范，即以社会民众普遍认同的是非观、价值观为基本内容的道德。德治也是人类文明发展的共同理想追求，是中国人的大同思想。共产主义理想，所追求的是一个现实的平等的世界。

以德治国作为与依法治国相并行的国家治理和社会治理的重要方式，在规范人们行为方面具有独特的社会价值和治理功效：一是以德治国中的"德"不是一般性的社会道德，而是集中体现了社会主义核心价值观的先进道德，这里的"德"对人们行为的要求要比作为公共道德的"法"更高，以德治国在规范人们行为时具有倡导、引导的作用，不只限于通过权利性规范、义务性规范和禁止性规范来满足法律和制度所明确的一般性行为要求。二是以德治国中的"德"可以弥补依法治国中的"法"的规范功能和社会功能的不足。法作为人们的行为规范，主要是针对具有确定性的行为模式的，而在中国特色社会主义实践中，有大量的新生事物不可能通过法来简单地确立行为规则，特别是在改革开放中的一些创新领域，在法不能及时跟进的前提下，德就要发挥自己的治理作用。所以，以德治国中的"治"有一定的治理对象和治理领域，既不能简单地认为提出以德治国就是要否定依法治国或者是用以德治国来代替依法治国，也不能仅仅把以德治国视为"以德育国"，不敢发挥德的治理功能，要旗帜鲜明地弘扬道德在很多社会生活领域所具有的独立的行为规范价值。三是以德治国可以吸纳国家治理和社会治理中一切科学和先进的治理理念、治理手段和治理方式，形成与依法治国相辅相成、互为补充的治理体系。在一般民众无法达到以德治国要求的地方，可以通过优先适用于管党治党领域，将"纪律挺在法律前面"，充分发挥执政党的党组织和党员的先锋模范带头作用，特别是通过强化"四个意识"，进一步提高党员干部的政治责任意识和敢于担当、敢于负责的高尚品格，最大限度地发挥执政党的先进性、引领性，通过建设一个强大的执政党来推动治国理政事业的健康和有序地进行。

（四）以德治国的价值要求

近期，中共中央办公厅、国务院办公厅印发了《关于进一步把社会主义核心价值观融入法治建设的指导意见》。意见规定：社会主义核心价值观是社会主义法治建设的灵魂。把社会主义核心价值观融入法治建设，是坚持依法治国和以德治国相结合的必然要求，是加强社会主义核心价值观建设的重要途径。

由于以德治国作为治国理政的重要方式具有自身独立的国家治理和社会治理价值，因此，以德治国发挥作用的方式以及对人们行为的具体要求也有自身的特点。

一是以德治国的规范功能和社会作用可以作广义和狭义两种区分。从广义上说，依法治国中的"法"作为人们的行为规则，是集中体现了符合社会成员价值观要求的公共道德，因此，依法治国也是以德治国的一个方面，依法治国中的"法"必须具有最基本的道德品质，而不是随心所欲、为所欲为，法律不能成为违背基本道德准则的单纯的统治工具，依法治国崇尚的是形式法治与实质法治两者之间的有机统一。因此，以德治国首先要求依法治国中的"法"应当符合最低限度的道德标准的要求，具有最低程度的公共道德性。

二是依法治国是实现以德治国最重要的手段，由于依法治国中的"法"具有公共道德的特性，因此，全面推进依法治国本身就是运用制度化的手段来弘扬以德治国的总体价值要求。

三是作为以德治国中的"德"在狭义上表现为集中体现了马克思主义伦理观和价值观的无产阶级的先进道德，其核心内容表现为社会主义核心价值观，即"富强、民主、文明、和谐；自由、平等、公正、法治；爱国、敬业、诚信、友善"。社会主义核心价值观的道德要求要远远超越于一般社会公共道德所坚持的道德标准。由于依法治国已经为以德治国搭建了制度化的基础性平台，因此，从尊重法律权威和充分有效地发挥以德治国的规范功能和社会作用的角度来看，社会主义核心价值观也应当融入法治建设总体框架中来发挥自身的作用。将社会主义核心价值观融入法治建设总体框架中有着非常重要的治理价值：一方面，社会主义核心价值观作为一种先进形态的道德，在法律制度之外通常只能发挥自身的引导、规劝作用，而不宜对人们的行为产生规范强制效力，否则，就容易与法律在规范人们行为时的规范效力发生冲突；另一方面，作为公共道德的体现，法律如果在社会不断发展的过程中不能适应公共道德发展的要求，出现了一些原本高于公共道德的道德要求逐渐演变成被社会公众普遍接受的道德标准，那么，法律就必须要把这些发展变化的道德要求及时吸收进来，从而提升法律的道德层次，社会主义核心价值观就属于已经被社会公众普遍认同的需要在法律中加以确认的公共道德。社会主义核心价值观进入法治建设总体框架，就使得以德治国中的"德"通过依法治国中的"法"所具有的行为规范的特性而具有了治的功能，以德治国由此才能真正从"德育"上升为"德治"，体现自身治的特性和价值。

四是以德治国首先要在管党治党方面发挥重要作用。集中了马克思主义伦理观和价值观要求的社会主义先进道德，是执政党带领全体中国人民在从事具有中国特色的社会主义现代化建设的伟大实践中逐渐形成的。这种先进道德是整个社会道德体系中最具有活力和最有利于社会大众和社会发展的价值理念。相对于依法治国中的法所具有的稳定性、确定性和基础性而言，以德治国中的德的价值要求更加具有令人奋进、催人向上的精神感染力。这种对人们行为的高标准和严要求在通过立法途径进入法治建设领域之前，必须要靠执政党的党员干部的先锋模范带头作用，才能发挥道德的先进性和引领作用。所以，超出一般法律的道德标准的先进道德理念必须要首先对执政党的党组织和党员干部起到行为上的约束和指引作用，才能进入公共道德领域。以德治国首先要表现为"以德治党"，社会主义核心价值观在进入法治建设领域之前，首先应当在管党治党领域发挥重要的治理作用。只有执政党的党组织和党员干部能带头遵守先进道德理念，才能在以德治国的生动实践中逐步融入法治建设总体框架，成为社会公众应当一体予以遵循的公共道德标准。

五是以德治国要求社会公众不断追求健康向上的生活方式，积极培育自利利他的精神人格，努力提升自己的道德修养和做人的价值标准。全面推进依法治国方略的贯彻落实，必须要关注法律与社会现实的适应性，同时也要考虑到法律规范所反映的公共道德价值要求的合理性和发展性。许多原先在较高的道德标准基础上制定的法律规范随着社会的发展，可能会把一些法律规范的道德功能转嫁给社会道德来加以引导，也就是说，由原来通过法律规范体现出来的德的治进而转化为由社会道德来承担的育、引导、教化。在缺少治的强制力监督下，对于同样的行为社会公众如何来把握，这就需要提升社会公众的道德水准，如果因为法律规范把某些道德要求回归了社会道德，而社会公众缺少必要的道德自持力，导致了在某些领域道德水准的急剧下降甚至是道德沦丧，这也不符合以德治国的要求。因此，以德育国是高标准、严要求，而以德治国是依托法律等制度来充分发挥道德在国家治理中的重要规范功能和社会作用。

二 依法治国与以德治国在国家治理和社会治理中作用的联系与区别

中共中央总书记习近平 2013 年 2 月 23 日在主持中共中央政治局第 4 次集体学习时强调：要坚持依法治国和以德治国相结合，把法治建设和道德建设紧密结合起来，把他律和自律紧密结合起来，做到法治和德治相辅相成、相互促进。改革开放以来，我们深刻总结我国社会主义法治建设的成功经验和深刻教训，把依法治国确定为党领导人民治理国家的基本方略，把依法执政确定为党治国理政的基本方式，走出了一条中国特色社会主义法治道路。这条道路的一个鲜明特点，就是坚持依法治国和以德治国相结合，强调法治和德治两手抓、两手都要硬。这既是历史经验的总结，也是对治国理政规律的深刻把握。以法治承载道德理念，道德才有可靠的制度支撑。法律法规要树立鲜明道德导向，弘扬美德义行，立法、执法、司法都要体现社会主义道德要求，都要把社会主义核心价值观贯穿其中，使社会主义法治成为良法善治。要把实践中广泛认同、较为成熟、操作性强的道德要求及时上升为法律规范，引导全社会崇德向善。要坚持严格执法，弘扬真善美、打击假恶丑。要坚持公正司法，发挥司法断案惩恶扬善功能。

由于道德与法律之间紧密的价值联系，因此，要正确地处理依法治国和以德治国之间的相互关系，只有坚持依法治国和以德治国相结合，才能更好地发挥依法治国与以德治国在国家治理和社会治理中所产生的治理合力，提高国家治理和社会治理的现代化能力和水平。

（一）首先要抓好全面推进依法治国的各项工作

党的十五大明确指出：依法治国，就是广大人民群众在党的领导下，依照宪法和法律规定，通过各种途径和形式管理国家事务，管理经济文化事业，管理社会事务，保证国家各项工作都依法进行，逐步实现社会主义民主的制度化、法律化，使这种制度和法律不因领导人的改变而改变，不因领导人看法和注意力的改变而改变。依法治国，是党领导人民治理国家的基本方略，是发展社会主义市场经济的客观需要，是社会文明进步的重要标志，是国家长治久安的重要保障。党领导人民制定宪法和法律，并在宪法和法律范围内活动。依法治国把坚持党的领导、发扬人民民主和严格依法办事统一起来，从制度和法律上保证党的基本路线和基本方针的贯彻实施，保证党始终发挥总揽全局、协调各方的领导核心作用。

党的十八届四中全会审议通过的《中共中央关于全面推进依法治国若干重大问题的决定》明确规定：依法治国，是坚持和发展中国特色社会主义的本质要求和重要保障，是实现国家治理体系和治理能力现代化的必然要求，事关我们党执政兴国，事关人民幸福安康，事关党和国家长治久安。全面建成小康社会、实现中华民族伟大复兴的中国梦，全面深化改革、完善和发展中国特色社会主义制度，提高党的执政能力和执政水平，必须全面推进依法治国。

党的十八大以来，以习近平同志为核心的党中央把法治上升到治国理政的基本方式高度来对待，这是面对中国社会主义现代化建设的具体国情、总结既往的历史经验所得出的重要结论。当前，必须坚定不移地贯彻落实全面推进依法治国的各项措施，以法治中国建设为契机，深化法治改革，不断完善社会主义各项法律制度，建设具有中国特色的社会主义法治体系，努力实现建设中国特色社会主义法治国家的总目标。为此，依法治国作为治国方略是基础性的、根本性的战略决策，任何时候都不能动摇，全面推进依法治国是全面建成小康社会、全面深化改革以及全面从严治党的基本保障，没有法治，就没有现代化，就不可能如期建成小康社会，深化改革也就无法有效推进，从严治党就会大打折扣。所以，任何时候，我们都必须高举依法治国这面大旗不动摇。

（二）要不断充实和巩固社会主义法律的道德基础，把社会主义核心价值观融入法治建设总体框架

在全面推进依法治国各项工作中，除了要坚守法治原则，坚持依法办事、于法有据、依法行政和依法推进司法改革等依法治国的基本要求之外，也要重视综合治理在国家治理和社会治理现代化中的重要作用。党的十八届四中全会明确提出了坚持依法治国和以德治国相结合的主张，表明在全面推进依法治国的过程中，在坚守法治原则的前提下，要学会运用道德的手段来营造有利于法律治理的制度环境和社会氛围。当前，关键是要把社会主义核心价值观有机地融入法治建设总体框架，通过将社会主义核心价值观融入法治建设来提升法律的道德性和道德品质，充分发挥先进道德通过法律规范对人们日常行为的规范作用，防止将法律与道德截然对立开来的两张皮现象的发生。要把依法治国与以德治国视为治国理政的同等重要方式，把以德治国的价值目标紧紧地限定在依法治国的总目标上，在依法治国与以德治国之间建立起牢固的制度纽带，辩证和灵活地发挥两者在国家治理和社会治理中的功能，形成治国理政的合力。

（三）要将以德治党作为以德治国的重点

党的十八届四中全会明确指出：依法执政，既要求党依据宪法法律治国理政，也要求党依据党内法规管党治党。必须坚持党领导立法、保证执法、支持司法、带头守法，把依法治国基本方略同依法执政基本方式统一起来。党要依法执政，不仅要重视依法治国，而且也要管党治党。管党治党除了依靠党内法规、宪法法律之外，还要求以社会主义核心价值观为基础的社会主义先进道德对于执政党的党组织和党员干部的行为应当具有规范约束力，特别是相对于普通社会公众来说，社会主义核心价值观在管党治党方面应当具有直接的行为规范的约束力。只有党员领导干部带头奉行社会主义核心价值观，才能运用先进的道德价值来引导和教育广大民众，不断地增强自我道德修养，提升自己的道德境界。因此，以德治国首先表现为以德治党，只有道德在以德治党中发挥出自身应有的规范作用，才能在总结经验基础上，通过将社会主义核心价值观融入法治建设来推动以德治国治理方式的实现。

（四）要充分发挥以德治国中的德育功能

以德治国虽然也是治国理政的重要方式，但相对于依法治国来说，以德治国在国家治理和社会治理中对人们行为的规范作用是辅助性的，调整社会关系和人们行为的基本社会准则要靠法律，而不是依靠道德，更不能用以德治国来代替依法治国，或者是过度强调以德治国的规范功能和社会作用而冲淡了依法治国作为治国理政基本方式的重要功能的发挥。以德治国由于法律之外非公共道德性的局限，即便是先进的道德，也不能直接针对所有社会成员直接产生约束力。对于绝大多数人来说，需要通过先进团队和模范人物的带头遵守和自觉服从作为示范，逐渐地加以吸收和予以接纳。所以，法律之外的道德标准在价值形式上都不具有公共性，必须依靠教育、引导机制来发挥自身的作用。所以，德育是以德治国的重要内容和主要形式，必须摆正以德治国在国家治理和社会治理中的位置，特别是要从执政党依法执政的高度来全面认识以德治国的重要意义，才能准确地界定以德治国的性质，充分有效地发挥以德治国在国家治理和社会治理中的重要作用。

三 把社会主义核心价值观融入法治建设的主要途径

把社会主义核心价值观融入法治建设总体框架是以德治国的一个重要方式，即通过社会主义核心价值观进入法律领域，来摒弃那些与社会主义核心价值观格格不入的法律规定，改造那些道德要求不高、不适应社会发展要求的法律规定，提高社会公众对某些行为的道德标准的要求、不断丰富公民法律义务的内涵，弥补法律规定的不足、把社会主义核心价值观作为处理某些复杂社会问题和现象的法律原则，使得法律制度的道德水准得到整体提升，净化法律的道德品格，同时，依托渗透了社会主义核心价值观的法律法规，强化执法、司法、法律监督等法治运行环节对道德理念的关注，在法律实践中有效地践行社会主义核心价值观的基本要求。

在将社会主义核心价值观融入法治建设的具体路径上，2016 年 12 月底，中共中央办公厅、国务院办公厅印发的《关于进一步把社会主义核心价值观融入法治建设的指导意见》提供了很好的范本。该意见规定：社会主义核心价值观是社会主义法治建设的灵魂。把社会主义核心价值观融入法治建设，是坚持依法治国和以德治国相结合的必然要求，是加强社会主义核心价值观建设的重要途径。为此，落实意见要求主要应当抓好以下几个方面的工作。

（一）贯彻落实宪法的精神

我国现行宪法第 24 条规定，国家通过普及理想教育、道德教育、文化教育、纪律和法制教育，通过在城乡不同范围的群众中制定和执行各种守则、公约，加强社会主义精神文明建设。国家提倡爱祖国、爱人民、爱劳动、爱科学、爱社会主义的公德，在人民中进行爱国主义、集体主义和国际主义、共产主义教育，进行辩证唯物主义和历史唯物主义教育，反对资本主义的、封建主义的和其他的腐朽思想。现行宪法的上述各项规定，与社会主义核心价值观的基本价值要求是完全一致的。因此，要以现行宪法关于精神文明建设的各项规定为依据来指导社会主义核心价值观融入法治建设，特别是应当以现行宪法关于精神文明建设的各项要求作为立法原则来修改完善法律法规的各项规定，保证社会主义核心价值观有效和有序地进入中国特色社会主义法律体系之中。

（二）立法中要体现核心价值观的要求

社会主义核心价值观融入法治建设，首先是如何根据社会主义核心价值观的要求和现行宪法关于精神文明的各项规定，来完善现有的各项法律法规，使法律法规更好体现国家的价值目标、社会的价值取向、公民的价值准则。特别是要加快完善体现权利公平、机会公平、规则公平的法律制度，依法保障公民权利，维护社会公平正义。不断完善社会主义市场经济法律制度，加快形成保护产权、维护契约、统一市场、平等交换、公平竞争、有效监管的体制机制，促进社会诚信建设。注重把一些基本道德规范转化为法律规范，把实践中行之有效的政策制度及时上升为法律法规，推动文明行为、社会诚信、见义勇为、尊崇英雄、志愿服务、勤劳节俭、孝亲敬老等方面的立法工作。强化公共政策的价值目标，制定经济社会政策和重大改革措施，出台与人们生产生活和现实利益密切相关的具体政策措施，要充分体现公平正义和社会责任，注重政策目标和价值导向有机统一，注重经济效益和社会效益有机统一，形成有利于培育和弘扬社会主义核心价值观的良好政策导向和利益引导机制。完善政策评估和纠偏机制，防止具体政策措施与社会主义核心价值观相背离，实现公共政策和道德建设良性互动。

（三）执法中要体现核心价值观的要求

以德治国不仅体现在纸面上，更关键的是要落实到具体行动上。因此，推动社会主义核心价值观建设既要靠良法，又要靠善治。社会治理要承担起倡导社会主义核心价值观的责任，注重在日常管理中体现鲜明价值导向，使符合社会主义核心价值观的行为得到倡导和鼓励，违背社会主义核心价值观的行为受到制约和惩处。行政执法和刑事司法要善于把握引导社会心态和群众情绪，综合运用法律、经济、行政等手段和教育、调解、疏导等办法，融法、理、情于一体，引导和支持人们合理合法表达利益诉求，妥善化解各类社会矛盾。推进多层次多领域依法治理，深入开展道德领域突出问题专项教育和治理，依法惩处公德失范、诚信缺失的违法行为，大力整治突破道德底线、丧失道德良知的现象，弘扬真善美、贬斥假恶丑。加强社会信用体系建设，完善守法诚信褒奖激励机制和违法失信行为惩戒机制，加大失信被执行人信用监督、威慑和惩戒力度。完善科研诚信规范。激发社会组织活力，加强自我约束、自我管理，发挥好参与社会事务、维护公共利益、救助困难群众、帮教特殊人群、预防违法犯罪的作用。深化政风行风建设，切实纠正行业不正之风。完善市民公约、乡规民约、学生守则、行业规章、团体章程等社会规范，发挥党和国家功勋荣誉表彰制度的引领作用、礼仪制度的教化作用，使社会治理的过程成为培育和践行社会主义核心价值观的过程。

（四）司法中要体现核心价值观的要求

以德治国作为治国理政的重要方式，必然会对人们的具体行为起到规范作用。既然是行为规范，在引导人们行为时就难免会出现争议和纠纷，所以，作为维护社会公正的最后制度防线，司法机关就起到非常重要的作用。司法是维护社会公平正义的最后一道防线，司法公正对社会公正具有重要引领作用。要在司法环节保证社会主义核心价值观有效地发挥作用，把先进的道德理念和价值要求作为判断人们行为对错是非的标准和参考依据，才能使以德治国真正起到作用。故要全面深化司法体制改革，加快建立健全公正高效权威的社会主义司法制度，确保审判机关、检察机关依法独立公正行使审判权、检察权，提供优质高效的司法服务和保障，努力让人民群众在每一个司法案件中都感受到公平正义，推动社会主义核心价值观落地生根。完善司法政策，加强司法解释，强化案例指导。遵循法律精神和原则，实行适应社会主义核心价值观要求的司法政策，增强适用法律法规的及时性、针对性、有效性，为惩治违背社会主义核心价值观、严重失德败德行为，提供具体、明确的司法政策支持。准确把握法律精神和法律原则，适应社会主义核心价值观建设的实践要求，发挥司法解释功能，正确解释法律。完善案例指导制度，及时选择对司法办案有普遍指导意义，对培育和弘扬社会主义核心价值观有示范作用的案例，作为指导性案例发布，通过个案解释法律和统一法律适用标准。

（五）把法治教育与道德教育结合起来

以德治国作为治国理政的重要方式之一，相对于依法治国来说，关键还是要实现德育，也就是要充分发挥道德教化人心的作用。要不断增强法治的道德底蕴。把法治教育与道德教育结合起来，深化社会主义核心价值观学习教育实践，深入开展社会公德、职业道德、家庭美德、个人品德教育，大力弘扬爱国主义、集体主义、社会主义思想，以道德滋养法治精神。强化规则意识，倡导契约精神，弘扬公序良俗，引导人们自觉履行法定义务、社会责任、家庭责任，努力形成中华儿女互有责任的良好风尚。广泛开展时代楷模、道德模范、最美人物和身边好人学习宣传活动，积极倡导助人为乐、见义勇为、诚实守信、敬业奉献、孝老爱亲等美德善行。大力弘扬中华优秀传统文化，深入挖掘和阐发中华民族讲仁爱、重民本、守诚信、崇正义、尚和合、求大同的时代价值，汲取中华法律文化精华，使之成为涵养社会主义法治文化的重要源泉。

（六）以德治国重点是要抓领导干部这个关键少数

党的十八届六中全会提出，建设廉洁政治，坚决反对腐败，是加强和规范党内政治生活的重要任务。必须筑牢拒腐防变的思想防线和制度防线，着力构建不敢腐、不能腐、不想腐的体制机制。领导干部特别是高级干部必须带头践行社会主义核心价值观，讲修养、讲道德、讲诚信、讲廉耻。各级领导干部都是人民公仆，没有搞特殊化的权利，要带头执行廉洁自律准则，带头遵守社会主义核心价值观的要求，自觉同特权思想和特权现象作斗争，注重家庭、家教、家风，教育管理好亲属和身边工作人员。以德治国首先表现在管党治党领域，也就是说，以德治国首先要实行以德治党。要禁止党员领导干部利用职权或影响力为家属亲友谋求特殊照顾，禁止领导干部家属亲友插手领导干部职权范围内的工作、插手人事安排。要坚持有腐必反、有贪必肃，坚持无禁区、全覆盖、零容忍，党内决不允许有腐败分子的藏身之地。

法律是最低限度的道德，是公共道德，是大家都能接受的，依法治国和以德治国两者缺一不可。依法治国和以德治国相统一实际上是指治国理政要考虑到方方面面的不同问题，是一种综合治国的方式。国家和社会治理需要法律和道德共同发挥作用，不断开拓中国特色社会主义事业更加广阔的发展前景，就必须一手抓法治、一手抓德治，既重视发挥法律的规范作用，又重视发挥道德的教化作用，实现法治和德治相得益彰。把社会主义核心价值观有机融入法治建设中，就是要通过把以德治国中的"德"转化为依法治国中的"法"，来发挥自身"治"的功能，从而使以德治国与依法治国在治国理政中既能各自发挥独特的规范和价值功能，又能有机地结合起来发挥治理合力，共同推进国家治理和社会治理的现代化。

学习宪法及修正案，加强宪法实施及监督

（"百名法学家百场报告会"广东广州专场，
2018 年 4 月 9 日）

翟国强

【内容简介】我国宪法是治国安邦的总章程和国家根本法，兼具政治性和法律性，体现了普遍性和特殊性、民族性和世界性的统一。宪法同党和人民进行的艰苦奋斗和创造的辉煌成就紧密相连，同党和人民开辟的前进道路和积累的宝贵经验紧密相连，必须随着党领导人民建设中国特色社会主义实践的发展而不断完善。把党的十九大确定的重大理论观点和重大方针政策特别是习近平新时代中国特色社会主义思想载入国家根本法，对于新时代坚持和发展中国特色社会主义，实现"两个一百年"奋斗目标和中华民族伟大复兴中国梦，具有重大现实意义和深远历史意义。合宪性审查是保障宪法有效实施的关键制度。推进合宪性审查工作，有利于全面激活宪法的价值和功能，进一步保证各级国家机关认真贯彻实施宪法、所有公职人员模范遵守宪法。

【主讲人简介】翟国强，男，1979 年 3 月生，河南焦作人。现任中国社会科学院法学研究所研究员、宪法行政法研究室副主任，兼任中国宪法学研究会常务理事，北京市法学会立法学研究会副会长兼秘书长，国际宪法学协会理事会理事。

宪法作为人类政治文明的重要成果，有许多普遍性概念和一般性特征。例如，成文宪法通常使用国家、主权、民主、法治、自由、平等、人权、政府、选举、监督等概念，规定保障人权、维护主权、规范公权、构

建政府、法律效力等内容。我国宪法从国情出发，同时借鉴世界各国的有益经验，既具有宪法的一般普遍特征，也具有鲜明的中国特色。比如，我国宪法明确规定了国家的指导思想、国家根本任务、发展道路、奋斗目标等。此次宪法修改对指导思想、根本任务、发展道路又做了进一步的修改和明确。整体而言，我国宪法是立足中国国情和借鉴域外经验的产物，体现了普遍性与特殊性的统一。

我国宪法作为治国安邦的总章程和国家根本法，兼具政治性和法律性。作为人民国家的总章程，宪法是立国安邦、强国发展、长治久安的总纲领。它记载了近代以来中华民族为实现伟大复兴而奋斗的光辉历史，宣示了党领导人民进行革命、建设和改革取得的伟大成就，阐述了国家的核心价值、指导思想和基本原则，宣告了国家的基本路线、大政方针和奋斗目标，确立了国家的制度体系和权力架构，规定了人民与国家、中央与地方、公民基本权利与义务等重大关系，具有鲜明的政治性、引领性和宣示性。同时，作为国法体系的根本法，宪法是科学立法、严格执法、公正司法和全民守法的基础和依据，具有最高的法律地位、法律权威、法律效力，具有明显的法律性特征。此次宪法修改完善了宪法实施和依法治国的重大举措，强化了我国宪法的法律属性。总章程与根本法相结合，政治性与法律性相融合，宣示性与规范性相统一，是我国宪法的一个显著特点。

我国宪法是充分发扬民主、反映人民共同意志和根本利益的宪法。彭真同志在 1982 年宪法修改草案的报告中说：这次全民讨论的规模之大、参加人数之多、影响之广，足以表明全国工人、农民、知识分子和其他各界人士管理国家事务的政治热情的高涨。通过全民讨论，发扬民主，使宪法的修改更好地集中了群众的智慧。毛泽东同志说过，搞宪法就是搞科学。我国宪法秉持实事求是的科学精神，遵循制宪、行宪、修宪的立法技术和法定程序，反映了人类法治文明的基本价值和宪法的一般规律，贯彻了人民当家作主的民主原则，是一部兼具民主性与科学性的宪法。此次宪法修改充分发扬民主、广泛凝聚共识，严格依法按程序推进，成为科学立法、民主立法、依法立法的典范。

宪法是国家大厦的四梁八柱。宪法稳则国家稳，宪法强则国家强。但宪法又不是僵死的教条，必须随着国家和经济社会的发展而发展。宪法具有稳定性与变动性，是我国革命、建设、改革不同时期的阶段性特征在宪法上的必然反映，是我国统筹改革发展稳定动态关系、协调改革与法治互动关系在宪法上的集中体现。改革开放初期，我们"摸着石头过河"推进改革，一些改革探索突破了宪法法律的规定。对此，法学界提出了"良性违法""良性违宪"的概念。如果说，在过去某个特定时期的具体条件下，改革"良性违宪违法"有其必然性，那么在全面依法治国新时代，应当严格遵循"在法治下推进改革，在改革中完善法治"的原则，正确处理改革与宪法（法治）的关系，既要坚持重大改革于法有据，也要坚持重大改革于宪有据，避免改革与宪法脱节。为了统筹稳定性与变动性，此次宪法修改坚持必要性原则，只修改那些非改不可的内容，这也是我国修宪的一条重要经验。

中华民族有着深厚文化传统，中华文明延续着我们国家和民族的精神血脉。宪法确认中国各族人民共同创造了光辉灿烂的文化，全国各族人民共同缔造了统一的多民族国家。宪法体现了中华文化的优良传统和中华民族的共同意志，具有鲜明的民族性，是维护国家统一、民族团结、实现中华民族伟大复兴中国梦的根本法。宪法还明确规定了坚持独立自主的对外政策，坚持和平共处五项原则，反对帝国主义、霸权主义、殖民主义等内容，这是其包含的国际主义精神。因此，我国宪法是民族性与世界性的统一。

一　宪法是治国安邦的总章程

宪法是国家的根本法，是治国安邦的总章程，具有最高的法律地位、法律权威、法律效力。

我国宪法具有政治性和法律性的双重特征。一方面，我国宪法作为治国安邦的总章程，是重要的政治纲领和政治宣言。我国宪法确认了国家的根本道路和政治方向，确立了国家的指导思想、根本任务和奋斗目标，是人民共同意志和根本利益的体现。另一方面，作为根本法，宪法是法治体系的根基，是"一切法度之根源"，是立法、执法、司法的根本法律依据。因此，依法治国首先要依宪治国，建设中国特色社会主义法治体系，建设社会主义法治国家。全面贯彻实施宪法，是建设社会主义法治国家的首要任务和基础性工作。

　　从政治的角度看，宪法作为治国安邦的总章程，在治国理政的实践中发挥了重要作用，有效保障了国家各项工作沿着既定的道路和目标前进，避免了在各种大是大非问题上出现颠覆性错误。我国现行宪法实施以来的实践证明，宪法作为治国安邦的总章程，有力坚持了中国共产党领导，有力保障了人民当家作主，有力促进了改革开放和社会主义现代化建设，有力推动了社会主义法治国家建设进程，有力维护了国家统一、民族团结、社会稳定。实践证明，我国现行宪法是符合国情、符合实际、符合时代发展要求的好宪法，是充分体现人民共同意志、充分保障人民民主权利、充分维护人民根本利益的好宪法，是推动国家发展进步、保证人民创造幸福生活、保障中华民族实现伟大复兴的好宪法，是我们国家和人民经受住各种困难和风险考验、始终沿着中国特色社会主义道路前进的根本法治保障。

二　此次宪法修改意义重大

　　现行宪法实施以来的经验表明，我国现行宪法是符合国情、符合实际、符合时代发展要求的好宪法。同时，我国宪法同党和人民进行的艰苦奋斗和创造的辉煌成就紧密相连，同党和人民开辟的前进道路和积累的宝贵经验紧密相连，必须随着党领导人民建设中国特色社会主义实践的发展而不断完善发展。这是我国宪法发展的一个显著特点，也是一条基本规律。

　　我国现行宪法是 1982 年由五届全国人大五次会议通过并公布施行的。之后，根据我国改革开放和社会主义现代化建设的实践和发展，在党中央领导下，全国人大于 1988 年、1993 年、1999 年、2004 年先后 4 次对 1982 年宪法即我国现行宪法的个别条款和部分内容作出必要的、也是十分重要的部分修改。自 2004 年宪法修改以来，党和国家事业又有了许多重要发展变化。特别是党的十八大以来，以习近平同志为核心的党中央团结带领全国各族人民毫不动摇坚持和发展中国特色社会主义，统筹推进"五位一体"总体布局、协调推进"四个全面"战略布局，推进党的建设新的伟大工程，形成一系列治国理政新理念新思想新战略，推动党和国家事业取得历史性成就、发生历史性变革，中国特色社会主义进入了新时代。

中国特色社会主义进入新时代，这是我国发展新的历史方位。党的十九大在新的历史起点上对新时代坚持和发展中国特色社会主义作出重大战略部署，提出了一系列重大政治论断，确立了习近平新时代中国特色社会主义思想在全党的指导地位，确定了新的奋斗目标，对党和国家事业发展具有重大指导和引领意义。根据新时代坚持和发展中国特色社会主义的新形势新实践，在总体保持我国宪法连续性、稳定性、权威性的基础上，对我国现行宪法作出适当的修改完善，把党和人民在实践中取得的重大理论创新、实践创新、制度创新成果通过国家根本法确认下来，使之成为全国各族人民的共同遵循，成为国家各项事业、各方面工作的活动准则，对于全面贯彻党的十九大精神、广泛动员和组织全国各族人民为夺取新时代中国特色社会主义伟大胜利而奋斗具有十分重大的意义。这次修宪是新时代首次宪法修改，是党和国家政治生活中的一件大事，是以习近平同志为核心的党中央从新时代坚持和发展中国特色社会主义全局和战略高度作出的重大决策，是推进全面依法治国、推进国家治理体系和治理能力现代化的重大举措。

在党中央领导下，通过历次宪法修改实践，已经形成了符合宪法精神、行之有效的修宪工作程序和机制。这次修宪是决胜全面建成小康社会，开启全面建设社会主义现代化国家新征程中的一次宪法修改。把党的十九大确定的重大理论观点和重大方针政策特别是习近平新时代中国特色社会主义思想载入国家根本法，在总体保持我国宪法连续性、稳定性、权威性的基础上推动宪法与时俱进、完善发展，对于新时代坚持和发展中国特色社会主义，为实现"两个一百年"奋斗目标和中华民族伟大复兴中国梦提供有力宪法保障，具有重大现实意义和深远历史意义。

三　加强宪法实施监督，推进合宪性审查

宪法的权威和生命在于实施，合宪性审查制度是保障宪法有效实施的关键制度。十九大报告指出，加强宪法实施和监督，推进合宪性审查工作，维护宪法权威。为深入推进合宪性审查，维护宪法权威，此次宪法修改在全国人大下设立宪法和法律委员会，此举对于加强宪法实施和监督具有重大意义。

合宪性审查，是依据宪法对法律文件或具体行为是否符合宪法进行审查，确认其与宪法规定是否不一致、相抵触或矛盾，并根据宪法作出具有法律效力的判断。我国现行宪法确定了一切法律、行政法规和地方性法规不得与宪法相抵触的合宪性原则。在现阶段，合宪性审查的职权主要由全国人大常委会行使。通常由全国人大常委会法工委对报送全国人大常委会备案的行政法规、地方性法规、司法解释进行审查，对公民、组织提出的审查建议进行研究处理。立法法规定，国务院、中央军事委员会、最高人民法院、最高人民检察院和各省、自治区、直辖市的人民代表大会常务委员会认为行政法规、地方性法规、自治条例和单行条例同宪法或者法律相抵触的，可向全国人大常委会书面提出进行审查的要求，由常委会工作机构分送有关专门委员会进行审查、提出意见。上述国家机关以外的"其他国家机关和社会团体、企业事业组织以及公民"，只能提出合宪性审查的建议。全国人大常委会如果认为有必要，才纳入正式审查程序。

当前对法律的合宪性审查主要是事前审查，即对法律草案尚未生效之前的合宪性审查。同时，立法法也规定了事后审查。但由于缺乏完善有效的合宪性审查制度，当下某些违宪改革、违宪用权等行为不能通过宪法渠道公开及时纠正，宪法所规定的某些基本精神、基本原则、基本要求、基本权利不能得到全面落实。从实际效果看，纠正一次违宪行为，要比宣讲百次宪法的效果更好。缺少或者弱化合宪性审查这一环节，宪法权威就可能是一个"稻草人"，国家宪法就可能蜕变为一纸空文的"闲法"。推进合宪性审查工作，有利于全面激活宪法的价值和功能，确保宪法成为"长满牙齿"、切实管用的刚性宪法，从而进一步保证各级国家机关认真贯彻实施宪法、所有公职人员模范遵守宪法。

后 记

按照法学所 60 周年所庆工作安排，由法学所国际法所法治战略研究部汇编法学所部分研究人员在中南海、人民大会堂及"百名法学家百场报告会"上所作的讲座文稿。对于编者来说，这是莫大的荣幸，也是莫大的责任。

接受任务后，我们努力通过多种渠道收集文稿。中南海和人民大会堂法制讲座的文稿基本上找齐了。王家福研究员在中央政治局和全国人大常委会法制讲座上讲过同一个题目《关于社会主义市场经济法律制度建设问题》，两个讲座的内容大体相同，但后一个讲座根据形势任务的发展变化增加了一些内容，这两个文稿均收入了本书。郑成思研究员在中南海的第二次讲座文稿没有找到，所收录的文稿是在法学所知识产权室管育鹰、周林研究员的帮助下确认的。遗憾的是，一些文稿因各种原因未能收入本书。"双百"法治宣传活动的文稿因信息不全等原因仅收录 3 篇。这些遗憾，希望以后再次汇编时能够弥补。

我们按照讲座类别和时间次序来编排文稿。编辑工作遵循最大限度保留原文的原则，但根据权威依据和新形势新情况，对有的表述、个别讹误作了校订。本书保留了文稿中的时间、人数等表述和数据，读者阅读时敬请留意。

编辑本书比想象的要难一些，能够完成本书的编辑工作，主要仰赖于各方面的帮助。李林研究员提供了商务印书馆 1999 年出版的《在中南海和大会堂讲法制》，解决了 2000 年前的文稿来源问题。他还提供了法学所参加现行宪法及历次修改的资料，并对编辑的原则和思路提出了指导意见。刘海年研究员不顾高龄和酷暑，为编者系统介绍了法学所 60 年来发挥智库作用的重要事件。管育鹰研究员不仅提供了郑成思研究员的文稿信息，而且为方便我们编辑文稿，不厌其烦地把其中一份 PDF 版式文稿转化为 Word 文档。编辑中就文稿内容的修订征求了部分主讲人的意见。法学所博士后研究人员赵心作了大量文稿收集工作，陈欣新研究员审核了吴建璠研究员的文稿，人事处陈立华副处长提供了部分主讲人的资料信息，社科文献出版社芮素平、韩欣楠编辑对书稿作了精心审校，在此一并表示感谢！

　　本书既是法学所成立 60 周年的巡礼，也是法学所对改革开放 40 周年的最好纪念。希望本书的出版，能够对读者有所裨益。

编　者

2018 年 7 月 31 日

图书在版编目（CIP）数据

国家高端法治智库报告／李忠主编. —— 北京：社
会科学文献出版社，2018.11
（法学所 60 年学术精品选萃）
ISBN 978 - 7 - 5201 - 3764 - 5

Ⅰ.①国…　Ⅱ.①李…　Ⅲ.①社会主义法制 - 建设 -
中国 - 文集　Ⅳ.①D920.0 - 53

中国版本图书馆 CIP 数据核字（2018）第 238808 号

法学所 60 年学术精品选萃
国家高端法治智库报告

主　　编／李　忠

出　版　人／谢寿光
项目统筹／芮素平
责任编辑／郭瑞萍　韩欣楠

出　　版／社会科学文献出版社·社会政法分社（010）59367156
　　　　　　地址：北京市北三环中路甲 29 号院华龙大厦　邮编：100029
　　　　　　网址：www. ssap. com. cn
发　　行／市场营销中心（010）59367081　59367018
印　　装／三河市尚艺印装有限公司

规　　格／开　本：787mm × 1092mm　1/16
　　　　　　印　张：21.25　字　数：344 千字
版　　次／2018 年 11 月第 1 版　2018 年 11 月第 1 次印刷
书　　号／ISBN 978 - 7 - 5201 - 3764 - 5
定　　价／89.00 元